本成果受到中国人民大学 2022 年度"中央高校建设世界一流大学（学科）和特色发展引导专项资金"支持

重组与再造

从行政审批到智慧政务

Government Reorganization
and Reengineering:
from Administrative Approval
to Smart Services

张楠迪扬　著

中国社会科学出版社

图书在版编目（CIP）数据

重组与再造：从行政审批到智慧政务/张楠迪扬著．—北京：中国社会科学出版社，2023.3

ISBN 978-7-5227-1655-8

Ⅰ.①重… Ⅱ.①张… Ⅲ.①行政管理—电子政务—研究—中国 Ⅳ.①D630.1-39

中国国家版本馆 CIP 数据核字（2023）第 051184 号

出 版 人	赵剑英	
责任编辑	赵 丽	朱亚琪
责任校对	朱妍洁	
责任印制	王 超	

出 版	中国社会科学出版社
社 址	北京鼓楼西大街甲 158 号
邮 编	100720
网 址	http://www.csspw.cn
发 行 部	010-84083685
门 市 部	010-84029450
经 销	新华书店及其他书店

印刷装订	北京明恒达印务有限公司
版 次	2023 年 3 月第 1 版
印 次	2023 年 3 月第 1 次印刷

开 本	710×1000 1/16
印 张	13.25
插 页	2
字 数	218 千字
定 价	69.00 元

目　录

前　　言

　　改革开放以来，随着中国经济社会的不断发展，结构调整与政府职能转变贯穿改革的全进程。1992年，党的十四大提出要建立和完善社会主义市场经济。自此，中国开始持续推进政府职能转变，使得政府职能、履职方式、政企、政社关系等得以适应社会主义市场经济不断变化的发展要求。

　　行政审批制度改革是转变政府职能，加强和改善政府宏观管理及调控，充分发挥市场在资源配置中的决定性作用，规范行政行为、推进廉政建设、提高行政效率和政务服务质量的代表性行政体制改革。21世纪以来，中国开始正式启动行政审批制度改革。时至今日，改革历经多个不同的阶段：行政权力廉政建设；精简审批事项、机构改革与职能转变；优化营商环境驱动的政务服务改革；数字政府和智慧政务建设。围绕这些主题，国际及地方政府出台系列政策、推动改革探索创新，持续推进行政审批与政务服务改革。

　　重组和再造是本书的主题。本书关注中国行政审批与政务服务改革背后的逻辑、推进机制，以及改革取得成绩的结构和制度性原因。改革启动至今，在简政放权、提高审批效率、提升政务服务质量等方面取得了显著成效。改革何以通过优化行政权力的运行机制、平台机制、组织结构等提升政府的治理能力是本书的主要研究问题。行政审批权力作为行政权力的重要表现形式，是政府行使行政管理、经济及社会规制职能的治理工具。优化行政审批权力的运行机制及组织环境是提升行政审批及政务服务质量的主要方式，也是转变政府职能的实现路径。将中国多年来推进的行政审批制度及政务服务改革置于行政权力的运行机制及组织机构环境的分析框架下，有助于在连贯的逻辑下理解改革推进的整体机制，提炼中国改革实践的理论元素。

20多年来，中国的行政审批及政务服务改革在不断探索中走出了一条具有中国特色的改革之路。这其中既有国家自上而下的顶层设计和推动，也有地方自主改革的探索和创新。在中央与地方探索、试验、总结、归纳、提炼、规划、推广等多种改革元素的交替互动结合之下，改革呈现螺旋上升的推进趋势。改革在价值导向下主动设计规划方案，不断顺应经济社会发展的新要求，发展出独特的、内在逻辑一以贯之、一脉相承的改革路径，既形成了理论逻辑，也彰显出时代变迁。

具备特定规制内容的行政权力运行于组织机构的业务流程中。从传统的科层制视角来看，这其中包括行政权力的规制内容、组织机构及业务流程三个要素。以此三个维度为主轴、层层递进推动改革是提升行政权力运行效能的重要方向。本书的章节结构遵循此设置逻辑。

第一，行政权力的规制内容。行政权力的规制内容包括行政权力的行使主体、行使对象。厘清行政权力的职能范围，划清政府与市场及社会的边界，明确行政权力的行使范围是推动改革的第一步。中国行政审批制度改革对行政权力清单及管理制度的改革是对厘清政府权力边界的探索创新。通过分类梳理权力清单厘清政府的职权范围，继而清理不必要的冗余权力，将可以下放的权力向下级及基层释放、将应该交由市场及社会的权力向市场及社会转移，是简政放权的主要改革措施。通过梳理行政权力行使主体及对象，调整权力主体对行政权力的行使范围及对象。行政权力的边界厘定是推行平台机构改革、业务流程优化的前提和基础。本书第一、第二章以此为讨论主题。

第二，行政权力运行的组织机构。行政权力受到组织机构及其部门设置的分隔，带有部门归属特征，运行机制遵循组织机构及职能部门规范，受其约束。这往往划定了行政权力改革的组织机构职能范围。改变组织机构及职能部门的边界划分、职责分工，对组织机构及平台进行重组可以改变行政权力运行的物理场所分布结构、部门职能边界，对行政权力进行结构性导流和汇集。

行政审批及政务服务改革中，机构及平台改革与再造主要指"一站式"行政审批及政务服务大厅和行政审批局改革。"一站式"大厅的改革是通过搭建平台的方式，实现职能部门审批权力的物理集中，减少办事人员跑动次数，提高行政效率。行政审批局通过机构改革，以新设机构整合原属于各部门的行政审批职能，聚合行政审批职能推动深度优化。本书第三、第四章以此为讨论主题。

第三，行政权力运行的业务流程。行政权力运行需要依托特定的业务流程。业务流程的环节设置、顺序安排、组织结构、衔接逻辑等都会影响行政权力的运行机制和效能。行政审批制度及政务服务改革中，对行政审批业务流程的优化贯穿改革历程，精简审批环节、并联审批、联合审批、审批系统的数字平台建设等多项改革涉及优化流程。很大程度上，组织机构改革以及再造的制度环境是业务流程深度优化的基础。"一站式"大厅为审批环节跨部门衔接提供了平台；行政审批局为深度重构行政审批流程提供了组织机构环境。本书第五章以此为讨论主题。

第四，新技术要素赋能。随着互联网及现代通信信息技术的发展，新技术为传统行政体制的组织流程等结构性改革注入了新的改革要素。互联网技术应用使得政府建设步入电子化进程，电子政府从建设政务网站发展到着力提供在线办事等综合性政务服务。大数据、人工智能、区块链等新技术的应用及迭代开启了数字政府及智慧政务建设。行政审批及政务服务改革从电子化的互通互联，开始进入人性化、个性化、精准化供给的智慧时代。同时新技术的应用也为行政权力的传统运行机制带来变革性影响。本书第六章以此为讨论主题。

在对行政审批权力及其运行的组织机构、流程机制的重组和再造中，中国行政审批制度改革经历了从行政审批到智慧政务的变迁，改革也在不断走向深化。厘清政府行政权力边界是改革的初始及前提；"一站式"大厅和行政审批局是从机构改革的角度优化行政权力运行的组织结构。"一站式"大厅是比较浅层的平台型职能聚集，将多部门审批职能物理汇集于一处；行政审批局是比较深层的机构重组，将政府的行政审批职能统一划归新设部门。两者为深度优化业务流程提供了组织环境。由于改革的深度不同，"一站式"大厅和行政审批局为业务流程再造提供了不同的组织空间。"一站式"大厅主要促进窗口外部的表层流程优化；行政审批局则可促进后台跨部门流程的深度优化。单纯的平台机构重组，或业务流程再造都难以实现优化行政权力运行机制的改革目标。

以政府机构改革和流程再造改善行政权力的运行机制、提高政府履职质量，是中国行政审批的制度和政务服务改革的推进机制。平台与机构重组，无论深度如何，只是优化权力运行机制的组织前提；单纯的业务流程再造则很可能受限于组织环境壁垒，难以切实推进。两者相结合，以深度平台与机构重组为前提推进业务流程再造，更可能促进改革目标的实现。这也是本书以重组与再造为内在逻辑分析讨论中国行政审批制度和政务服务改革的理论关切。在建设数字政府的背景下，新技术要素的赋能拉开了政务服务智慧化改革的帷幕。数字技术会为传统的组织机构及业务流程再造带来哪些崭新的影响和变化，将是值得理论界和实务界研究及推进改革探索的时代课题。

绪　　论

第一节　行政审批制度改革与政府职能转变

中国行政审批制度改革整体上从 21 世纪之后开启。1992 年，中国共产党第十四次全国代表大会正式提出要 "建立和完善社会主义市场经济"①，政府开始通过制度化改革使行政权力依法依规行使，明确政府的职权范围、明晰政府和市场之间的边界。在此背景下，行政审批制度改革历经转变政府职能、"放管服" 与政务服务改革、优化营商环境、数字政府与智慧政务几个阶段。这些主题成为行政审批及政务服务改革的政策背景和引导改革的阶段性重点任务。

一　行政权力廉政建设

中国行政审批制度改革的起点是行政权力廉政建设。改革最早由中国共产党纪律检查委员会会议决定推行。"2000 年 12 月 27 日，中国共产党第十五届中央纪律检查委员会第五次全体会议通过《中国共产党中央纪律检查委员会第五次全体会议公报》。公报提出要推进 '改革行政审批制度，规范行政审批权力'"②，要求 "中央国家机关各部门，各省（区、市）的地

---

① 中国共产党历次全国代表大会数据库：《江泽民在中国共产党第十四次全国代表大会上的报告》（http://cpc. people. com. cn/GB/64162/64168/64567/65446/4526308. html）。

② 张楠迪扬：《规制之手：中国建设工程领域政府与行政审批中介关系》，中国社会科学出版社 2018 年版。

（市）级及其以上的政府部门继续清理行政审批项目。可以取消的行政审批项目都要取消；可以用市场机制替代行政审批的，要通过市场机制来处理。确需保留的行政审批项目，要建立健全对权力的监督制约机制；要规范程序，减少审批环节，公开审批程序和结果，接受群众监督。"①

改革初期，行政审批制度的具体改革部署由国家纪检廉政系统部署和推进，改革的主要内容和重点聚焦在行政权力反腐和廉政建设上。"2001年1月16日，国务院召开第三次廉政工作会议。会议继续将行政审批制度改革作为廉政建设和反腐败的重点工作，要求'进一步推进行政审批制度改革，改进政府的管理和服务，推行政务公开。国务院各部门和各级政府，要按照减少审批事项、简化和规范审批程序、改进管理和服务的要求，继续对现有行政审批事项进行清理'，'严防权钱交易'。"②

2001年9月，行政审批制度改革在国家层面的领导机构正式成立。2001年9月24日，国务院行政审批制度改革工作领导小组成立（以下简称"领导小组"），负责"指导和协调全国行政审批制度改革工作"③。这标志着行政审批制度改革工作在全国范围正式启动。领导小组组长由时任国务院副总理担任，副组长由时任国务委员兼国务院秘书长和监察部部长担任。在领导小组的办事机构设置上，领导小组办公室设在监察部，承担领导小组的日常工作。办公室主任由时任监察部部长、领导小组副组长兼任。④虽然此阶段的改革提及了转变政府职能，强调减少行政审批，促进政府少管微观、多管宏观，⑤但改革的出发

---

① 中共中央纪律检查委员会、中华人民共和国监察部：《中国共产党中央纪律检查委员会第五次全体会议公报》（https：//www.ccdi.gov.cn/xxgkn/hyzl/201307/t20130726_40471.html）。
② 张楠迪扬：《规制之手：中国建设工程领域政府与行政审批中介关系》，中国社会科学出版社2018年版。
③ 《国务院办公厅关于成立国务院行政审批制度改革工作领导小组的通知》，国办发第71号，2001年9月24日（http：//www.gov.cn/zhengce/content/2016-10/10/content_5116889.htm）。
④ 《国务院办公厅关于成立国务院行政审批制度改革工作领导小组的通知》，国办发第71号，2001年9月24日（http：//www.gov.cn/zhengce/content/2016-10/10/content_5116889.htm）。
⑤ 《国务院批转关于行政审批制度改革工作实施意见的通知》，国发第33号，2001年10月18日（http：//www.gov.cn/gongbao/content/2001/content_61155.htm）。

点更多侧重于"加强和改进作风建设，从源头上预防和治理腐败"①。在领导小组副组长的职务安排、办事机构的设置上，可以看出国务院行政审批制度改革的日常工作由监察部履行，突出了改革对于行政权力反腐和廉政建设的强调。

二 机构改革与政府职能转变

2004 年《中华人民共和国行政许可法》（以下简称《行政许可法》）开始实施，标志着中国行政审批制度改革驶入法制化轨道。2008 年 3 月，国务院第一次常务会议审议通过精简和规范国务院议事协调机构方案，决定"撤销国务院行政审批制度改革工作领导小组，工作由监察部等有关部门承担"②。同年，国务院设置行政审批制度改革工作部际联席会议制度，联席会议由监察部、中央编办、发展改革委、工业和信息化部、民政部、财政部、农业部、商务部、人民银行工商总局、质检总局、法制办等 12 个部门组成。③ 2008 年 10 月，12 个部门联合发布《关于深入推进行政审批制度改革的意见》，开始发挥部级联席会议制度对行政审批制度改革的领导和牵头职能，撤销行政审批制度改革工作领导小组，并取消监察部独立承担领导小组办公机构的职能，同时成立多部门组成的部际联系会议制度作为国务院行政审批制度改革的领导机制。这意味着行政审批改革工作重心将从侧重作风廉政建设，调整转向新的改革面向。中央编办在部级联席会议制度的 12 个部门中位列第二位，显示出行政审批制度改革的工作重心开始出现调整。

经过了部级联席会议制度作为行政审批制度改革的领导机制的过渡期，2013 年 6 月，国务院正式将"行政审批制度改革工作牵头单位由监察部调整为中央编办，国务院审改办设在中央编办"④，完成了由监察部牵头改革转向

① 《国务院批转关于行政审批制度改革工作实施意见的通知》，国发第 33 号，2001 年 10 月 18 日（http：//www. gov. cn/gongbao/content/2001/content_ 61155. htm）。
② 《国务院关于议事协调机构设置的通知》，国发第 13 号，2008 年 3 月 21 日（http：//www. gov. cn/zhengce/content/2016-06/14/content_ 5082270. htm）。
③ 孙彩红：《改革开放以来行政审批制度改革历史与发展逻辑》，《行政论坛》2022 年第 2 期。
④ 中国机构编制网：《国务院明确行政审批制度改革工作由中央编办牵头》（http：//www. scopsr. gov. cn/zlzx/bbwj/201811/t20181120_ 326710. html）。

由中央编办牵头改革的变更。改革牵头部门的调整意味着改革开始侧重通过启动政府机构改革、流程再造、职能优化等多种方式推进行政审批制度改革，深化政府职能转变。

2013 年以来，国务院加大了行政审批制度改革的力度，国务院各部门行政审批事项 1700 多项，……政府下要再削减三分之一以上。① 截至 2016 年 12 月 1 日，国务院已经分 14 批，② 取消、调整、下放 1186 项行政审批事项，基本达到削减 1/3 的目标。③ 此外，国家通过推动行政权力清单制度改革全面系统梳理行政权力底账；通过推进相对集中的行政许可改革，探索政务服务大厅模式和行政审批局模式对于行政权重组、提升政务服务质量的改革效果；通过深化行政审批业务流程再造，推进一窗受理、联合审批、统一出件等提高政务服务效率的综合改革。

第二节　"放管服" 与政务服务改革

2015 年，国务院正式推行 "放管服" 改革，将 "简政放权、放管结合、优化服务" 作为改革的主要目标和工作内容，行政审批制度改革也随之进入了新的阶段。5 月 12 日，国务院召开全国推进简政放权放管结合职

---

① 今日中国：《国务院总理李克强答中外记者提问（实录）》（http://www.chinatoday.com.cn/ctchinese/news/article/2013-03/17/content_ 528144. htm）。

② 《国务院关于取消和下放一批行政审批项目等事项的决定》，国发〔2013〕19 号；《国务院关于取消和下放 50 项行政审批项目等事项的决定》，国发〔2013〕27 号；《国务院关于取消和下放一批行政审批项目的决定》，国发〔2013〕44 号；《国务院关于取消和下放一批行政审批项目的决定》，国发〔2014〕5 号；《国务院关于取消和调整一批行政审批项目等事项的决定》，国发〔2014〕27 号；《国务院关于取消和调整一批行政审批项目等事项的决定》，国发〔2014〕50 号；《国务院关于取消和调整一批行政审批项目等事项的决定》，国发〔2015〕11 号；《国务院关于取消一批职业资格许可和认定事项的决定》，国发〔2015〕41 号；《国务院关于第一批取消 62 项中央指定地方实施行政审批事项的决定》，国发〔2015〕57 号；《国务院关于取消一批职业资格许可和认定事项的决定》，国发〔2016〕5 号；《国务院关于第二批取消 152 项中央指定地方实施行政审批事项的决定》，国发〔2016〕9 号；《国务院关于取消 13 项国务院部门行政许可事项的决定》，国发〔2016〕10 号；《国务院关于取消一批职业资格许可和认定事项的决定》，国发〔2016〕35 号；《国务院关于取消一批职业资格许可和认定事项的决定》，国发〔2016〕68 号。

③ 张楠迪扬：《规制之手：中国建设工程领域政府与行政审批中介关系》，中国社会科学出版社 2018 年版。

能转变工作电视电话会议，提出要在前期简政放权、放管结合、政府职能转变的改革基础上，进一步优化服务，要求将"简政放权、放管结合、优化服务"作为政府工作的核心要求，三管齐下，通过"推动简政放权向纵深发展，进一步释放市场活力和社会创造力"；通过"创新和加强政府管理，使市场和社会活而有序"；通过"优化政府服务，更好满足人民群众和经济社会发展需求"。①

随着"放管服"改革的推行，行政审批制度改革进入政务服务改革的阶段。在改革内容上，两者有较大幅度的重叠，也存在较为明显的不同。在"放管服"改革背景下，前期的行政审批制度改革更多集中在"简政放权"，即"放"方面的改革，在强化监管、优化服务方面的改革政策和举措强调较少。与之相比，政务服务在理念上更加强调从服务供给的角度理解政府履职，主张从办事人角度出发，注重政务服务对办事人需求的满足，以及服务质量的提升。此外，政务服务改革还包括在简政放权的基础上，强化事中事后监管，建立新型的政府监管理念。"放管服"改革背景下，政务服务改革不仅仅涉及减少行政干预、政府高效、阳光地行使行政审批权力，也并非因为强化服务淡化政府本应行使的规制职能，而是三者的结合，在划清政府与市场和社会的边界、简政放权的基础上，对应该由政府行使规管权限的领域监管到位，同时强化对企业和群众的服务，管得少，管得好，服务贴心满意是政务服务改革的核心目标。

国家"放管服"改革的牵头部门于 2015 年成立。2015 年 4 月，国务院推进职能转变协调小组成立（以下简称"职能转变协调小组"），作为国务院议事协调机构，负责统筹推进国家"放管服"改革，②"在各地区各部门推进简政放权、放管结合、职能转变的基础上，统筹研究重要领域和关键环

① 中央政府门户网站：《李克强在全国推进简政放权放管结合职能转变工作电视电话会议上的讲话》（http://www.gov.cn/guowuyuan/2015-05/15/content_2862198.htm）。
② 《国务院办公厅关于成立国务院推进职能转变协调小组的通知》，国办发第 29 号，2015 年 4 月 18 日（http://www.gov.cn/zhengce/content/2015-04/21/content_9648.htm）。

节的重大改革措施"①。职能转变协调小组"下设行政审批改革组、投资审批改革组、职业资格改革组、收费清理改革组、商事制度改革组、教科文卫体改革组6个专题组和综合组、督查组、法制组、专家组4个功能组"②。其中，行政审批改革组成为国务院行政审批制度改革的牵头部门，组长由国务院审改办（中央编办）主任担任。③ 由此可以看出，行政审批制度改革的主要工作被吸纳进职能转变协调小组，成为"放管服"改革的必要组成部分。

第三节　优化营商环境与重点改革领域

一　营商环境：经济发展新方略

党的十八大以来，优化营商环境成为国家的经济发展新方略。2013年11月，中国共产党第十八届中央委员会第三次全体会议通过《中共中央关于全面深化改革若干重大问题的决定》，指出"推进国内贸易流通体制改革，建设法治化营商环境"④，首次提出了"营商环境"的概念。

随后，国务院在促进贸易便利化营商环境方面出台相关文件，提出了具体的建设意见和工作方案。2015年8月，《国务院关于推进国内贸易流通现代化建设法治化营商环境的意见》（国发〔2015〕49号）发布，对在国内贸易流通方面推进法制化营商环境建设提出了具体的建设要求和目标。⑤ 2018年10月，《国务院关于印发优化口岸营商环境促进跨境贸易便利化工作方案的通知》（国发〔2018〕37号）发布，提出了"进一步优化口岸营商环境，

---

① 《国务院办公厅关于成立国务院推进职能转变协调小组的通知》，国办发第29号，2015年4月18日（http://www.gov.cn/zhengce/content/2015-04/21/content_9648.htm）。
② 《国务院办公厅关于成立国务院推进职能转变协调小组的通知》，国办发第29号，2015年4月18日（http://www.gov.cn/zhengce/content/2015-04/21/content_9648.htm）。
③ 《国务院办公厅关于成立国务院推进职能转变协调小组的通知》，国办发第29号，2015年4月18日（http://www.gov.cn/zhengce/content/2015-04/21/content_9648.htm）。
④ 《中共中央关于全面深化改革若干重大问题的决定》，2013年11月15日（http://www.gov.cn/jrzg/2013-11/15/content_2528179.htm）。
⑤ 《国务院关于推进国内贸易流通现代化建设法治化营商环境的意见》，国发第49号，2015年8月26日（http://www.gov.cn/zhengce/content/2015-08/28/content_10124.htm）。

实施更高水平跨境贸易便利化"① 的具体方案。

自 2018 年以来，国务院连续发布多个文件对优化营商环境做出整体部署。例如，2018 年 11 月，《国务院办公厅关于聚焦企业关切进一步推动优化营商环境政策落实的通知》（国办发〔2018〕104 号）发布，从破除市场准入壁垒、外商投资和贸易便利化、提升审批服务质量、降低企业生产经营成本、产权保护、强化事中事后监管等更多个方面提出优化营商环境的具体要求。② 再如，2019 年 8 月，《国务院办公厅关于印发全国深化"放管服"改革优化营商环境电视电话会议重点任务分工方案的通知》（国办发〔2019〕39 号）发布，要求"深化'放管服'改革，加快打造市场化法治化国际化营商环境"，并对会议确定的重点任务制定分工方案，明确牵头和负责部门、任务完成的时间表。分工方案从市场准入、行业许可、监管体制机制、信用建设、政务服务质量等多个方面做出具体任务分解和安排，牵头及负责部门涉及国务院办公厅、国家发展改革委、住房和城乡建设部、自然资源部、财政部、交通运输部、司法部、农业农村部、文化和旅游部、市场监管总局、生态环境部、海关总署、铁路局、银保监会、医保局、人民银行等多个国务院部门。③

2020 年 7 月，《国务院办公厅关于进一步优化营商环境更好服务市场主体的实施意见》（国办发〔2020〕24 号）（以下简称《实施意见》）发布，在前期取得显著改革成绩的基础上，针对优化环境的短板和薄弱环节，部署改革措施破解"企业生产经营中的堵点痛点"，激发市场活力，增强发展内生动力。《实施意见》从提升投资便利度、简化企业生产经营审批和条件、优化外贸外资企业经营环境、降低就业创业门槛、提升涉企服务质量和效

---

① 《国务院关于印发优化口岸营商环境促进跨境贸易便利化工作方案的通知》，国发第 37 号，2018 年 19 月 13 日（http：//www.gov.cn/zhengce/content/2018-10/19/content_ 5332590.htm）。

② 《国务院办公厅关于聚焦企业关切进一步推动优化营商环境政策落实的通知》，国办发第 104 号，2018 年 10 月 29 日（http：//www.gov.cn/zhengce/content/2018-11/08/content_ 5338451.htm）。

③ 《国务院办公厅关于印发全国深化"放管服"改革优化营商环境电视电话会议重点任务分工方案的通知》，国办发第 39 号，2019 年 8 月 1 日（http：//www.gov.cn/zhengce/content/2019-08/12/content_ 5420694.htm）。

率、完善优化营商环境长效机制等多个方面向国务院及各地区、各部门提出了具体要求。

围绕优化营商环境，政务服务改革的领导机构设置和职能也做出了相应调整。2018年7月，国务院决定对职能转变协调小组更名，并对其职能进行调整。"国务院推进职能转变协调小组的名称改为国务院推进政府职能转变和'放管服'改革协调小组（以下简称'协调小组'），作为国务院议事协调机构。"① 在延续先前职能的基础上，调整过后的协调小组更加强调优化营商环境改革，这集中体现在协调小组的专题组的组成上。"协调小组下设精简行政审批组、优化营商环境组、激励创业创新组、深化商事制度改革组、改善社会服务组5个专题组和综合组、法治组、督查组、专家组4个保障组。"② 这既是针对前期已经阶段性完成的改革工作做出调整，同时也是针对优化营商环境的新任务做出的职能优化。可以看出，行政审批被列为独立的专题组，除改善社会服务组，其他三个专题组均与优化营商环境紧密相关，并将优化营商环境组作为独立组别设置，体现其重要性。

二 评价驱动：从营商环境到宜商环境

随着国家对优化营商环境的重视，参与世界银行全球营商环境评估成为深化改革的抓手。世界银行《营商环境报告》是通过对内资中小企业进行考察，对世界范围内190个经济体以及所选地方城市的营商法规及其执行情况进行评价。《营商环境报告》项目于2002年启动，首次报告于2003年发布，最初包括5项指标和133个经济体。2020年的报告包括开办企业、办事施工许可证、获得电力、登记财产、获得信贷、保护少数投资者、纳税、跨境贸

---

① 《国务院办公厅关于成立国务院推进政府职能转变和"放管服"改革协调小组的通知》，国办发第65号，2018年7月19日（http://www.gov.cn/zhengce/content/2018-07/25/content_5309035.htm）。

② 《国务院办公厅关于成立国务院推进政府职能转变和"放管服"改革协调小组的通知》，国办发第65号，2018年7月19日（http://www.gov.cn/zhengce/content/2018-07/25/content_5309035.htm）。

易、执行合同、办理破产等①11 项指标和 190 个经济体。"大多数指标涉及各经济体中最大的商业城市的一个案例情景"。对于 11 个人口超过 1 亿的经济体（孟加拉国、巴西、中国、印度、印度尼西亚、日本、墨西哥、尼日利亚、巴基斯坦、俄罗斯和美国），数据采集范围扩大到第二大商业城市。②

近年来，中国在优化营商环境上取得了显著成绩。"2013 年至今，中国营商环境全球排名从第 96 位跃升至最新的第 31 位。"③ 世界银行也将中国的改革经验作为范本，"对外发布了题为《中国优化营商环境的成功经验：改革驱动力与未来改革机遇》的专题报告"，"充分肯定中国近年来在优化营商环境领域取得的成就，从中国国家领导人重视、鼓励地方先行先试、建立改革协调机制、鼓励市场主体参与、加强信息技术应用、推动国际国内改革经验双向交流等方面深入分析了中国的成功经验"。④

世界银行的营商环境评价体系为跨境经济体比较提供了参考基础，但也存在一定问题，例如"体系不周全、采集的数据不完整、评价范围有限"等，难以全面适应和评价中国不断发展变化的社会经济现状。这迫切需要开发出契合中国实际、具有中国特色营商环境要素的评价体系。

2018 年，国务院首次提出"中国营商环境评价"。当年 8 月，国务院办公厅印发《全国深化"放管服"改革转变政府职能电视电话会议重点任务分工方案的通知》，要求由国务院发展和改革委员会牵头，"加快构建具有中国特色的营商环境评价体系"⑤，于"2018 年底前构建营商环境评价机制，在 22 个城市开展试评价；2019 年，在各省（自治区、直辖市）以及计划单列市、副省级城市、省会城市、若干地级市开展营商环境评价，编制发布

① 世界银行：《研究方法》（https：//archive. doingbusiness. org/zh/methodology）。
② 世界银行：《营商环境报告》项目简介（https：//archive. doingbusiness. org/zh/about-us）。
③ 光明网：《十年来我国营商环境全球排名从第 96 位跃升至第 31 位》（https：//m. gmw. cn/baijia/2022-06/28/1303018761. html）。
④ 鲍聪颖：《世界银行积极评价中国营商环境改革成效 "北京样本" 向全球推广》（http：//m. people. cn/n4/2020/0728/c1198-14273731. html）。
⑤ 《全国深化"放管服"改革转变政府职能电视电话会议重点任务分工方案的通知》，国办发第 79 号，2018 年 8 月 5 日（http：//www. gov. cn/zhengce/content/2018-08/14/content_ 5313752. htm?trs＝1）。

《中国营商环境报告》；2020 年，建立健全营商环境评价长效机制，在全国地级及以上城市开展营商环境评价，定期发布《中国营商环境报告》。"① 2018 年，国家发展和改革委员会组织开展基于中国营商环境评价体系的试评价，评价体系从衡量企业全生命周期、反映城市投资吸引力、体现城市高质量发展水平三个维度进行构建，在东、中、西部和东北地区选取 22 个城市进行评价。②

2019 年 10 月，"国务院发布《优化营商环境条例》，正式推出包括 18 个大项和 87 个小项的中国营商环境评价指标体系"③，由发改委每年发布《中国营商环境报告》。此外，"各地也出台了系列配套措施，包括地方配套法规政策、结合地方实际增加评价指标，发布地方自评报告等，发现共性问题和典型经验"④。

营商环境评价体系主要指标所涵盖的范围不仅涉及政务服务改革，也涉及法律规范等制度建设及执行。其中与政务服务密切相关的指标领域也成为近年来的重点改革抓手。这些重点改革领域既包括对前期行政审批制度重点改革的延续，也包括近年来集中推进的新专题。

例如，商事登记制度改革是行政审批制度改革延续多年的重点领域，主要指通过放宽工商登记条件，破除市场准入壁垒，提升准入效率的综合改革。"开办企业"是营商环境评价体系的主要指标之一，通过测评开办企业所需的时间、环节和成本评价商事登记的效率。早期的商事登记改革聚焦工商登记，在营商环境评价的促进下，国家持续深化商事登记改革，除持续提升工商登记效率之外，继续深化行业许可审批改革，以解决行业许可难、

---

① 《全国深化"放管服"改革转变政府职能电视电话会议重点任务分工方案的通知》，国办发第 79 号，2018 年 8 月 5 日（http://www.gov.cn/zhengce/content/2018-08/14/content_ 5313752. htm? trs＝1）。

② 中央政府门户网站：《发改委：我国已初步构建中国特色、国际可比的营商环境评价指标体系》（http://www.gov.cn/xinwen/2018-08/28/content_ 5317019. htm）。

③ 中央政府门户网站：《发改委：我国已初步构建中国特色、国际可比的营商环境评价指标体系》（http://www.gov.cn/xinwen/2018-08/28/content_ 5317019. htm）。

④ 中央政府门户网站：《发改委：我国已初步构建中国特色、国际可比的营商环境评价指标体系》（http://www.gov.cn/xinwen/2018-08/28/content_ 5317019. htm）。

"准入不准营"的问题。国家推广"先照后证""证照分离""告知承诺"等改革，简化行业准入流程，深化商事登记改革所取得的成效。与此同时，国家推动职业资格制度改革，实行职业资格目录清单管理制度，清单之外不得开展职业资格的许可及认定工作，破除人才职业准入壁垒；建立职业资格清理常态化机制；编制职业资格框架，完善职业标准和评价规范；等等。①

再如，工程建设项目审批制度改革于 2004 年启动。2004 年 7 月，国务院发布《国务院关于投资体制改革的决定》（国发〔2004〕20 号），提出深化投资体制改革，简化和规范政府投资项目审批程序。② 此后，通过多轮精简审批环节，工程建设项目行政审批效率获得持续提升。"施工许可"作为工程建设项目的关键审批环节，是营商环境评价体系的主要指标之一。近年来，国家持续深化工程建设项目审批制度改革，对工程建设项目进行全流程、全覆盖改革，不仅仅限于施工许可环节，通过精简审批事项、下放审批权限、合并审批事项、转变管理方式、调整审批时序、推行告知承诺等多种改革措施提升工程建设项目行政审批效能。③ 此外，围绕工程建设全流程行政审批制度改革，国家推动行政审批中介改革，清理规范行政审批流程中的中介服务，提升整体审批效率。

此外，营商环境评价的"登记财产"指标促进了固定资产登记制度改革；"跨境贸易"指标促进了跨境贸易便利化综合改革；"纳税"指标促进了构建优质便捷的税费服务体系的系统改革。整体上，优化营商环境改革为政务服务改革注入了新的改革元素。

2021 年 9 月，世界银行宣布停发《营商环境报告》。2022 年 2 月，世界银行公布了新的营商环境评价体系（Business Enabling Environment，"BEE"，"宜商环境"）前期概念书（Pre-Concept Note），并于 2022 年 6 月发布概念

---

① 中央政府门户网站：《人社部将深入推进职业资格制度改革》（http：//www.gov.cn/xinwen/2016-02/01/content_ 5038145.htm）。
② 《国务院关于投资体制改革的决定》，国发第 20 号，2004 年 7 月 16 日（http：//www.gov.cn/zwgk/2005-08/12/content_ 21939.htm）。
③ 《国务院办公厅关于开展工程建设项目审批制度改革试点的通知》，国办发第 33 号，2018 年5 月 14 日（http：//www.gov.cn/zhengce/content/2018-05/18/content_ 5291843.htm）。

书（Concept Note）。① "宜商环境"评价体系拟采用企业准入、经营场所、公共服务接入、劳动力、金融服务、国际贸易、纳税、争议解决、市场竞争、企业破产10项评价指标考察评价营商环境。新的评价报告于2023年发布。② 这标志着世界银行持续十年的营商环境评价进入了新的阶段。

第四节　数字政府与智慧政务

一　政府信息化建设

20世纪90年代以来，随着信息及互联网技术的快速发展，政府信息化建设开始受到各国普遍关注。③ 中国的政府信息化建设也在这一时期起步。"1992年，国务院办公厅就提出建设全国行政首脑机关办公决策服务系统的目标和具体实施方案并在全国政府系统推行办公自动化。2001年，国务院办公厅又制定了全国政府系统政务信息化建设的5年规划，对中国政府信息化的指导思想、方针、政策等做出了明确规定。"④ 2005年7月，国务院信息化工作办公室正式对外发布《2005中国信息化发展报告》。这是政府有关部门首次公开发表有关国家信息化发展状况的政府文告。⑤ 电子政务是其中一项重要内容。

这一时期的政府信息化建设主要聚焦政务网站建设。1999年，中国实施"政府上网工程"，主要目的在于"推动各级政府部门为社会服务的公众信息资源汇集和应用上网，实现信息资源共享"，带动和促进国民经济和社会

---

① The World Bank, "Business Enabling Environment（BEE）"（https：//www.worldbank.org/en/programs/business-enabling-environment）.

② The World Bank, "Business Enabling Environment（BEE）"（https：//www.worldbank.org/en/programs/business-enabling-environment）.

③ 中国行政管理学会政府信息化建设课题组：《中国电子政务发展研究报告》，《中国行政管理》2002年第3期。

④ 中国行政管理学会政府信息化建设课题组：《中国电子政务发展研究报告》，《中国行政管理》2002年第3期。

⑤ 中国政府门户网站：《国信办首次公开发布信息化发展的政府报告》（http：//www.gov.cn/zfjs/2005-08/12/content_ 22198.htm）。

生活的信息化。① 2006 年 1 月，中国政府门户网站正式开通。同期，国务院信息办起草了《政府网站建设指南》，推进各级政府和部门的网站建设。② 在国家自上而下的推动下，各级政府网站的普及率快速提升。2005 年，96.1%的部委单位拥有网站；81.3%的地方政府拥有网站。③

在政府网站的功能与内容上，这一时期大多数政府网站的主要功能为政务信息公开。2008 年 5 月，《中华人民共和国政府信息公开条例》实施，要求行政机关通过政府网站等多种方式渠道主动公开政府信息。④ 虽然国家提出信息公开、在线办事、公众参与应为政府网站的功能定位，指出政府网站应建设在线办事功能，服务好企业和社会公众的办事需求，但此时期地方政府网站的在线办事指数相对较低，在线政务办理仍是绩效瓶颈。⑤

一　网上行政审批

随着政府网站建设的不断深化，2007 年左右，地方政府开始建设并强化政府网站的办事功能，推行网上审批改革。例如，2007 年 5 月，福建泉州市启动"全程式网上审批"改革，办事人通过网络向政府部门申报有关手续，审批人员在线进行审核、签署意见、拟发批文，同时通过手机或电话告知办事人，办事人通过相关设备远程输出审批结果，"实现市、县和重点乡镇三级审批联动"⑥。

再如，广东省也经历了选择省直部门、部分城市作为试点推进网上审批，并逐步扩大改革范围的过程。2009 年，广州市印发《新一轮行政审批

---

① 钟晓军：《怎样建设好政府网站》（https：//www.gmw.cn/01gmrb/2006-02/14/content_ 373099.htm）。

② 钟晓军：《怎样建设好政府网站》（https：//www.gmw.cn/01gmrb/2006-02/14/content_ 373099.htm）。

③ 钟晓军：《怎样建设好政府网站》（https：//www.gmw.cn/01gmrb/2006-02/14/content_ 373099.htm）。

④ 国务院：《中华人民共和国政府信息公开条例》，2007 年 4 月 5 日。

⑤ 钟晓军：《怎样建设好政府网站》（https：//www.gmw.cn/01gmrb/2006-02/14/content_ 373099.htm）。

⑥ 中央政府门户网站：《福建泉州市日前正式启动"全程式网上审批"模式》（http：//www.gov.cn/zfjs/2007-05/28/content_ 628155.htm）。

制度改革工作方案》，提出在进一步精简行政审批事项的基础上推进"网上"审批，并提出到 2010 年年底实现广州网上办理审批业务率达到 80% 的工作要求。① 2012 年 2 月，广东省政府工作报告提出"在省直部门开展优化审批流程、实行网上审批试点"②。同年，广东首批选择省住房城乡建设厅、交通运输厅、农业厅、外经贸厅和卫生厅开展试点，提出扩大网上行政审批试点范围，至 2012 年覆盖省直部门，审批时限在现有基础上总体提速 30% 以上。③ 2011 年，广东省在佛山、东莞、广州开展网上审批试点改革，2012 年提出进一步扩大改革范围，将在珠三角 9 市推行网上审批制度。

此后，多省启动网上行政审批平台建设，推行网上审批改革，改革在全国范围扩展落地。网上审批和平台系统建设从具体业务部门的审批系统，逐渐发展到全省统一建设网上审批平台。例如，2011 年 11 月，青海电子口岸网上审批系统正式启用；④ 2012 年 12 月，吉林省商务厅推行网上审批取得良好成效；⑤ 2012 年 7 月，宁夏国土资源厅建设用地网上审批系统正式运行，实现申报、受理、审查、上报、审批系统的全程网上运行；⑥ 2014 年 5 月，安徽省启动建设全省统一的网上行政审批平台；⑦ 2014 年 9 月，辽宁省提出要建立省市县统一的网上审批平台。⑧

---

① 中央政府门户网站：《广州：816 项行政审批再砍一半积极推行网上审批》（http://www.gov.cn/gzdt/2009-04/06/content_ 1278517. htm）。

② 《2010 年广东省人民政府工作报告》，2010 年 2 月 5 日（http://www.gov.cn/govweb/test/2010-02/05/content_ 1529229_ 3. htm）。

③ 中央政府门户网站：《粤将扩大网上审批试点范围三年内覆盖省直部门》（http://www.gov.cn/gzdt/2010-07/07/content_ 1647333. htm）。

④ 中央政府门户网站：《青海省电子口岸企业入网网上审批系统正式启用》（http://www.gov.cn/gzdt/2011-11/04/content_ 1985956. htm）。

⑤ 中央政府门户网站：《吉林省商务厅推动政务公开提高网上审批质量》（http://www.gov.cn/gzdt/2011-12/18/content_ 2023087. htm）。

⑥ 中央政府门户网站：《宁夏建设用地全程网上审批时间缩减为 8 个工作日》（http://www.gov.cn/gzdt/2013-01/11/content_ 2309655. htm）。

⑦ 中央政府门户网站：《安徽省建设统一网上审批平台年底前投入试运行》（http://www.gov.cn/xinwen/2014-05/18/content_ 2681504. htm）。

⑧ 中央政府门户网站：《辽宁省将建立省市县统一的网上审批平台》（http://www.gov.cn/xinwen/2014-09/04/content_ 2745129. htm）。

三　从"互联网+政务服务"到数字政府、智慧政务

随着"互联网+"理念的普及和推广，互联网技术开始被引入多个行业及政府治理领域，支撑带动行业形态及治理模态的升级再造。"互联网+政务服务"是将互联网技术全面系统应用到政务服务的多个方面，发挥技术赋能政府治理、提升政府服务质量的作用。2016 年 9 月，国家出台了"互联网+政务服务"的完整顶层设计。国务院印发《关于加快推进"互联网+政务服务"工作的指导意见》（国发〔2016〕55 号），提出从规范网上政务服务事项、优化网上服务流程、创新网上服务模式、信息公开、网上政务服务平台建设、政务大厅与网上服务平台的融合发展、基层服务网点与网上服务平台的对接、信息共享、制度标准规范、网络和信息安全保护等多个方面，发挥互联网技术的驱动和赋能作用,[①] 全面提升政务服务效能。可以看出，此阶段的改革不再局限在网上审批、网上办事的层面，而是依托互联网技术的网上办事、流程优化、信息共享与公开、保障机制及制度建设等政务服务的综合改革，大幅拓宽了网上行政审批的改革范围。

2019 年，党的十九届四中全会正式提出要"推进数字政府建设"。2021 年，"数字中国"被首次写入政府工作报告。[②] 2022 年 4 月 19 日，中央全面深化改革委员会第二十五次会议审议通过《关于加强数字政府建设的指导意见》，提出了数字政府建设的顶层方案。在数字政府的建设框架下，"互联网+政务服务"改革开始出现迈向智慧政务的趋势。智慧政务以应用大数据、人工智能、云计算、区块链等新技术为标志，通过深度学习用户习惯，提供高效便捷、精准化、个性化、高质量政务服务。这不仅要求政府持续推进机构改革和流程再造，更需要在政务服务改革的不同场景下，准确发挥各项技术的优势，突破以往的改革壁垒和难题。目前中国正处于智慧政务建设的起

---

①　《国务院关于加快推进"互联网+政务服务"工作的指导意见》，国发第 55 号，2016 年 9 月 25 日（http://www.gov.cn/zhengce/content/2016-09/29/content_5113369.htm）。

②　《政府工作报告——2021 年 3 月 5 日在第十三届全国人民代表大会第四次会议上》，2021 年 3 月 15 日（http://www.gov.cn/premier/2021-03/12/content_5592671.htm）。

步阶段，新技术赋能之下的政务服务改革也由此开启了新的篇章。

第五节　研究问题与章节结构

本书关注中国行政审批及政务服务改革的推进逻辑和机制，特别关注行政权力在其中的运行机制，即政府改革何以优化行政权力的运行机制，以促进治理目标的更好实现。行政审批权是行政机关行使行政管理权力、治理及规制市场和社会的重要手段。行政审批的职权范围、行使方式、承载机构及其结构特征，都关乎行政权力是否可以良性运行。21世纪以来，中国持续推进行政审批制度及政务服务改革，通过明晰行政权力的内容及类型，界定政府与市场及社会的边界，明确政府的履职范围；通过推进政府机构改革，探索机构职能重组的新方式；通过优化行政审批及政务服务流程，探索业务流程再造的实践路径；通过引入新技术，为优化行政权力运行机制赋予新的要素维度。

全书共分为八个部分。绪论回顾了中国行政审批制度及政务服务改革的政策背景。21世纪以来，中国行政审批及政务服务改革可以划分为四个阶段：行政审批制度改革及政府职能转变、"放管服"与政务服务改革、优化营商环境与重点改革领域、数字政府与智慧政务。

第一章为行政权力及政府改革路径。本章主要通过界定行政许可、行政审批、政务服务等与行政权力相关的关键概念，厘清本书核心概念的内涵和外延。行政权力在特定的组织环境中运行，通过讨论构成组织环境的主要维度和结构特征，阐述政府机构改革的组织空间及方向。理论路径部分讨论了职能重组与业务流程再造两种政府改革的推进路径。

第二章为边界厘定：权力清单。本章讨论了中国行政权力清单制度及改革。通过回顾权力清单制度的缘起与发展，阐述改革从地方自主探索、到中央定调—全国推广，以及国务院部门同步推行的改革推进过程。讨论延伸至具有中国特色的行政权力清单的管理模式，从权力清单、负面清单、责任清单三个维度分析管理模式的特征和逻辑。

第三章为平台集成："一站式"政务服务大厅。本章讨论通过平台整合推进行政审批及政务服务机构改革。主要讨论内容包括作为平台型政府的"一站式"政务服务大厅的缘起和发展；"一站式"政务服务大厅在全国范围的整体建设情况，以及"一站式"政务服务大厅平台整合的两阶段改革。

　　第四章为职能重组：行政审批局。行政审批局是通过重组行政审批权的方式对构建新型政府机构进行探索。本章讨论了行政审批局的机构性质、改革的缘起及发展历程、发展现状，以及地方行政审批局的类型特征。

　　第五章为流程再造：简化与重组。本章讨论了行政审批制度及政务服务业务流程再造。基于中国的改革实践总结归纳行政审批及政务服务流程再造的主要逻辑和路径，从业务流程简化及重组两个面向分析了业务流程的清除、合并、置换、顺序倒置、连接逻辑变更等多种路径。

　　第六章为技术赋能：行政权力与智慧政务。本章聚焦新技术对政务服务改革的赋能以及对行政权力运行机制带来的改变。讨论内容包括电子政务到智慧政务的变迁及代际特征、中国智慧政务发展历程、新技术与政务服务、新技术与行政权力重塑。

　　第七章为未来展望：智慧政务治理框架。综合全书的讨论及分析，本章结合现阶段政务服务改革的国家宏观政策方向、前沿议题、前期改革经验及存在的问题，从管理端改革、用户端改革、系统端三个面向，提出并构建未来智慧政务的治理模式。

第一章　行政权力及政府改革路径

第一节　行政权力

学界从不同角度对行政权力进行界定，不同定义虽各有侧重，但在行政权力的性质、目的、主要内容等方面也达成了共识。在性质和目的上，主流观点认为行政权力是国家政权的组成部分，[①] 其目的是执行国家意志、体现国家观念。[②] 行政权力是国家行政机关或法定组织依宪法和法律享有的[③]强制性手段，[④] 是行政主体依法进行行政管理、提供公共服务、完成行政职能[⑤]的公共权力。[⑥]

在行政权力的内容上，多数学者认为行政权力是对内政、外交等国家事务[⑦]、社会事务的管理权力。例如，罗豪才认为行政权力是国家行政机关执

[①] 参见应松年：《行政行为法——中国行政法制建设的理论与实践》，人民出版社 1992 年版；参见罗豪才《行政法学》，北京大学出版社 1996 年版。

[②] 参见张国庆《行政管理学概念》，北京大学出版社 1990 年版；[美] 弗兰克·古德诺《政治与行政》，王元、杨百朋译，华夏出版社 1987 年版；[日] 西冈久鞭、松本昌悦、川上宏二郎《现代行政法概论》，康树华译，甘肃人民出版社 1990 年版。

[③] 参见张弘《行政权概念冲突与重新认识和确定》，《辽宁大学学报》（哲学社会科学版）2004 年第 3 期；应松年《行政行为法——中国行政法制建设的理论与实践》，人民出版社 1992 年版。

[④] 参见张国庆《行政管理学概念》，北京大学出版社 1990 年版。

[⑤] 参见 [法] 莫里斯·奥里乌《行政法与公法精要：上册》，龚觅等译，春风文艺出版社 1999 年版。

[⑥] 参见莫于川《行政职权的行政法解析与建构》，《重庆社会科学》2004 年第 1 期；朱最新《行政权概念新释》，《武汉大学学报》（哲学社会科学版）2005 年第 6 期；江赛民《论对行政权的重新界定》，《石家庄法商职业学院教学与研究》（综合版）2006 年第 4 期。

[⑦] 参见刘瀚等《依法行政论》，社会科学文献出版社 1993 年版。

行法律、管理国家行政事务和社会事务的权力，是一种国家治理和服务社会的公权力。[1] 张弘认为行政权力是对国家事务和社会事务进行各种管理、服务的权力。[2] 张国庆认为行政权力是"国家行政机关依靠特定的强制手段，为有效执行国家意志而依据宪法原则对全社会进行管理的能力。"[3]

　　在行政权力的类型上，目前较为全面清晰的分类是《中共中央办公厅、国务院办公厅印发的〈关于推行地方各级政府工作部门权力清单制度的指导意见〉》对行政权力的类别列举，包括行政许可、行政处罚、行政强制、行政征收、行政给付、行政检查、行政确认、行政奖励、行政裁决……[4]在行政审批制度改革背景下，与改革内容最为相关的概念是行政许可、行政审批、政务服务。三个概念的性质、内涵外延、侧重点各不相同。

一　行政许可

　　行政许可具有明确的法律界定。《中华人民共和国行政许可法》（2019修正）将行政许可定义为：行政机关根据公民、法人或者其他组织的申请，经依法审查，准予其从事特定活动的行为。[5]

　　学界对于行政许可的定义与行政许可法的界定基本一致，总体上聚焦在对从事特定活动的资质的准许。例如，罗豪才认为，行政许可是"依法赋予行政相对方从事某种活动的法律资格或实施某种行为的法律权利的行政行为。"[6] 行政许可是行政机关或相关机构行使的重要的行政管理权力，是通过规制外部行为的方式行使对经济社会等事务的管理权限。行政许可具备"无许可即禁止""依申请""审核验证"等特点。

　　第一，"无许可即禁止"。"无许可即禁止"突出了行政许可的强制性特

　　① 罗豪才：《行政法学》，北京大学出版社 1996 年版，第 3 页。
　　② 张弘：《行政权概念冲突与重新认识和确定》，《辽宁大学学报》（哲学社会科学版）2004 年第 3 期。
　　③ 张国庆：《行政管理学概论》，北京大学出版社 1990 年版，第 218 页。
　　④ 《关于推行地方各级政府工作部门权力清单制度的指导意见》，2015 年 3 月 24 日（http://www.gov.cn/xinwen/2015-03/24/content_ 2837962. htm）。
　　⑤ 全国人民代表大会常务委员会：《中华人民共和国行政许可法》，2003 年 8 月 27 日。
　　⑥ 罗豪才：《行政法学》，北京大学出版社 1996 年版，第 175 页。

征，在特定领域未经行政机关许可批准的行为活动属于违法违规行为，行政相对人不具备从事有关活动的资质及权限。例如，黎国智认为，行政许可是国家行政机关对一般人的禁止措施和对于特定人和特定事的禁止措施依法予以解除的行政措施。① 非许可即禁止的特点使得行政机关及相关机构行使行政许可权本质上成为解除禁止的行为。

第二，"依申请"。"依申请"指的是相关部门行使行政许可权需要行政相对人提出申请，这说明行政许可权是一种被动的行政权力，须经外在于行政序列的主体发起方可行使。这实际上是对行政许可权的约束性规定，避免权力行使者依主观偏好做出运用权力不当的行为。较多学者在行政许可的定义中强调"依申请"的特征。例如，应松年认为，行政许可指"行政机关根据相对人申请，做出决定允许相对人做某事、行使某种特权、获得某种资格和能力的行为"②。胡建淼认为，行政许可指"行政主体依据行政相对人的申请，依法赋予特定行政相对人拥有可以从事为法律所一般禁止的权利的资格的法律行为"③。

第三，"审核验证"。"审核验证"指行政机关及相关机构在行使行政许可权力时所做出的实质性行为。通过审核验证行政相对人是否符合从事特定活动的相关条件规定，决定是否允许行政相对人获得相关资质。例如，杨解君认为，行政许可是"基于当事人的申请，行政主体经过对申请的审查而决定是否准许所申请的活动（或从事某种活动的资格）的行政行为"。④ 林毅认为，行政许可是行政主体对提出许可申请的行政相对人是否具备法定的权利的资格和行使权利的条件的审查。⑤

---

① 黎国智：《行政法辞典》，山东大学出版社 1989 年版，第 92 页。

② 应松年：《行政行为法——中国行政法制建设的理论与实践》，人民出版社 1992 年版，第 418 页。

③ 胡建淼：《行政法学》，法律出版社 1998 年版，第 315 页。

④ 杨解君：《行政许可的概念与性质略谈——与郭道晖先生共同探讨》，《南京大学学报》（哲学·人文科学·社会科学版）2000 年第 3 期。

⑤ 林毅：《行政许可的性质探讨》，《西南交通大学学报》（社会科学版）2002 年第 2 期。

二 行政审批

与行政许可相比，行政审批更多的是行政性概念，在理论和实务部门的研究及实践中更为常见。有学者认为行政审批行为的性质、与行政许可的关系等皆不甚明确。① 也有学者认为行政审批的内涵外延大于行政许可。行政审批并非严格意义上的法律概念，通常在指意和使用上更加宽泛，"行政审批的形式多样、名称不一，有审批、核准、批准、审核、同意、注册、许可、认证、登记、鉴证等多种形式"。② 还有观点认为行政审批与行政许可应属同一概念，是对行政机关及相关机构行使同一项行政权力的不同称谓。这使得行政审批的边界在较长时期内较为含混。

地方政府对于行政审批的界定也不尽相同。有的地方将行政许可与行政审批作为不同的行政权力，认为"审批机关根据公民、法人和其他组织的申请，以书面方式允许其从事某种行为、确认某种权利、授予某种资格的行为，包括行政许可、审批、核准、注册登记、认证、资质评定等性质相同或相似的行政行为"③。有的地方将备案归入行政审批的概念范畴，认为行政审批是"本级政府及其行政管理机关根据自然人、法人或者其他组织依法提出的申请，经依法审查，准予其从事特定活动、认可其资格资质、确认特定民事关系或者特定民事权利能力和行为能力的行为，主要包括审批、核准（含审核）和备案"④。

2001 年，中央政府对行政审批做出较为明确的定义。国务院行政审批制度改革工作领导小组印发《关于贯彻行政审批制度改革的五项原则需要把握的几个问题》的通知，将行政审批界定为"行政审批机关（包括有行政审批权的其他组织）根据自然人、法人或者其他组织依法提出的申请，经依法

---

① 王克稳：《我国行政审批与行政许可关系的重新梳理与规范》，《中国法学》2007 年第 4 期。

② 王克稳：《我国行政审批与行政许可关系的重新梳理与规范》，《中国法学》2007 年第 4 期。

③ 《成都市行政审批制度改革若干规定》，成都市政府令第 81 号，2000 年 12 月 12 日（http://www. asianlii. org/chi/cn/legis/sc/laws/3f3d208ecb38a30871be963bc6ec3604ad4f94b3/）。

④ 《汕头市行政审批制度改革若干规定》，汕府第 50 号，2002 年 4 月 1 日（http://www.law-lib. com/law/law_ view1. asp? id=38727）。

审查，准予其从事特定活动、认可其资格资质、确认特定民事关系或者特定民事权利能力和行为能力的行为"。① 此文件对行政审批的界定逐渐成为被理论和实务界广为接受的定义。

三　政务服务

政务服务是比较晚近出现的概念。随着国家推行"放管服"改革，建设人民满意的服务型政府，政务服务开始被实务部门作为与行政审批交替使用的概念。行政审批制度改革由此开始出现向政务服务改革过渡的趋势。2018年5月，中共中央办公厅　国务院办公厅印发《关于深入推进审批服务便民化的指导意见》，② 其中使用了"审批服务"的概念。这是国家政策文件中行政审批向政务服务过渡的中间阶段的表述方式。在建设服务型政府的背景下，行政审批不仅是政府部门及相关机构照章行使的行政权力，应同时作为政府提供的服务，从用户角度出发，关注服务态度和用户满意度。

国务院有关部门和部分地方对政务服务做出了界定。例如，司法部将政务服务定义为"行政机关或者法律、法规授权的具有管理公共事务职能的组织通过网上政务服务平台，向行政相对人提供的行政许可、行政确认等纳入行政权力事项目录清单和公共服务事项清单的各项服务"。③ 江苏省政府将政务服务定位为"各级地方人民政府及其所属部门或法律、法规授权的具有管理公共事务职能的组织，依公民、法人或者其他组织的申请，实施行政许可、行政确认等具有依申请实施特征的行政权力和公共服务事项的行为"④。四川省政务服务条例将政务服务界定为省内"在政务服务中心为公民、法人

---

①　《国务院行政审批制度改革工作领导小组关于印发〈关于贯彻行政审批制度改革的五项原则需要把握的几个问题〉的通知》，国审改发第 1 号，2001 年 12 月 11 日（http：//zyjgbzw. gov. cn/show. asp？id=23）。

②　《关于深入推进审批服务便民化的指导意见》，2018 年 5 月 23 日（http：//www. gov. cn/zhengce/2018-05/23/content_ 5293101. htm）。

③　《司法部关于〈网上政务服务若干规定（征求意见稿）〉公开征求意见的通知》，2019 年 1 月 30 日（http：//www. moj. gov. cn/pub/sfbgw/lfyjzj/lflfyjzj/201901/t20190130_ 150557. html）。

④　《江苏省政府关于印发江苏省政务服务管理规定的通知》，苏政发第 56 号，2016 年 4 月 25 日（http：//jszwb. jiangsu. gov. cn/art/2016/5/2/art_ 82398_ 9836502. html）。

和其他组织……依法受理和办理行政许可、非行政许可审批和公共服务等行政管理事项的活动"①。贵州省政务服务条例规定，政务服务事项包括行政权力事项和公共服务事项。

从实务界对政务服务的定义以及实际推进的改革来看，政务服务概念的边界大于行政审批。政务服务事项不仅包括行政审批事项，也包括公共服务事项。两者的区别主要体现在是否包含公共服务事项。公共服务事项是政务部门主动提供的公共及便民服务，不需要审批机关对是否符合资格进行审批。例如，水电气暖等生活性便民服务、就业指导、卫生健康、帮办代办等都属于公共服务的范畴。

第二节　行政权力运行的组织环境

行政权力在既定的组织环境中运行，受到组织机构设置等结构性特征的约束。组织机构设置及结构特征共同构成行政权力运行的限制性环境，包括职能部门设置、部门内设科室设置、业务流程安排等。职能部门设置、部门内设科室设置决定行政权力运行的基本单元、单元的范围和边界、制度规范；业务流程安排决定行政权力的运行轨迹。行政权力运行的组织环境通常对行政权力运行、政府履职效能产生直接影响。

职能部门的设置决定行政权力的聚合逻辑，特定类型和数量的行政权力将根据职能部门的职责边界进行聚合，成为带有明确部门归属性质的行政权力集合。行政权力在日常运作过程中，受到所属部门职责范围的约束和影响，须按照所属部门制定的规范和标准运行。科学合理的部门设置有助于行政权力的运行，促进产生高效、高质量的行政绩效；合理性较低的部门设置则会有碍行政权力的运行。受制于部门职责边界，可能会出现有些行政权力在行使的过程中被部门边界间隔或阻断的情况。当行政权力运行需要跨越多

---

① 四川省人民代表大会常务委员会：《四川省政务服务条例》，2013 年 4 月 2 日（https：// www. sc. gov. cn/10462/10778/12802/12805/2013/12/11/10288062. shtml）。

个部门时，由于不同职能部门的规章制度不同，可能出现完整的权力运行过程受到部门边界干扰的情况，从而使得行政权力运行的顺畅程度受到影响。职能部门内设科室的设置与部门设置类似。科学合理的内设科室设置将促进行政权力高效运行；合理性较低内设部门设置和科室分工，有可能截断行政权力运行轨迹，阻碍政府部门履职。

业务流程指政府履职所依循的程序和环节。业务流程所包括的环节、环节衔接次序、推进程序及顺序决定行政权力的运行轨迹和运行方式，既包括纵向依时间维度推进的流程，也包括横向并行推进的流程。纵向依时间维度推进的流程指行政权力按照时间先后顺序须依次经过多个环节，这些环节可能是职能部门内设科室内部的不同工作环节，也可能是部门内设科室之间的协作环节，同样可能是需要跨越多个职能部门的环节。虽然三种情况不一定意味着业务流程长度依次增加，但通常来讲需要跨越多个部门内设科室，跨越多个职能部门的业务流程的长度更长，环节设置也更为复杂。横向并行推进的流程指在相同的时间点或阶段同时推进的业务环节或链条。同一项行政权力流经横向并行的流程时，运行轨迹将发生分流。行政权力横向运行轨迹的分流可能会缩短纵向依时间维度推进的业务流程长度。

当行政权力运行的组织环境未能有效促进治理目标的实现时，政府则需要通过推进机构改革或业务流程再造，改善行政权力运行的组织环境，以提高行政效能，促进政府履职达至治理目标。从行政权力运行的组织环境来看，职能部门及内设科室设置的改革主要通过政府机构改革的方式完成；业务流程安排方面的改革涉及业务流程优化及再造，两者构成政府机构改革的主要理论路径。

第三节　政府机构改革的理论路径①

大部门制、整体性政府是政府机构改革时常采用的两种路径。前者主要

---

① 参见张楠迪扬《职能重组与业务流程再造视角下的政府部门协作——以我国"多规合一"改革为例》，《公共管理学报》2021年第1期。

遵循机构合并的逻辑；后者因循平台搭建的逻辑，通过搭建跨部门机制促进组织机构良性运行。职能重组与业务流程再造相结合可以被视为政府机构改革的第三条道路：根据治理目标组织聚合政府的特定职能，为改善业务流程再造的组织环境，优化组织机构和行政权力的运行机制。重组与再造的逻辑为理解中国行政审批和政务服改革提供了理论视角。

一　大部门制：侧重以职能合并来促进政府协作

"大部制"是将"政府内部相同或相近的职责加以整合，归入一个部门为主管理，其他有关部门协调配合，或是把职责相同、相近的机构归并成一个较大的部门"。[①]大部制改革的侧重点在于将已有部门合并为更大规模的部门，将原有的部门间的协作，转化为部门内的协作，从而避免政出多头、提升政府整体协作效率。

大部制起源于英美等西方国家。20世纪六七十年代，以英、美为代表的西方国家提倡成立"大部门"（super department），通过整合政府部门，提高部门协作以及公共服务供给效率。[②]1966年，美国总统约翰逊合并近30个部门涉及95000名政府雇员，创立交通部。1970年，英国发布《中央政府重组白皮书》，将住房和地方事务部、公共建筑和工程部、运输部合并成为环境部（department of environment，DOE）、将贸易部和技术部合并成为贸易工业部（department of trade and industry，DTI）等。[③]此外，澳大利亚、法国、德国、西班牙、瑞典等国家也纷纷推行大部制改革，明显改善了政府部门"碎片化"的外部结构面貌。例如，1987年澳大利亚推行大部制，中央政府

---

① 南开大学周恩来政府管理学院课题组：《职能整合与机构重组：关于大部门体制改革的若干思考》，《天津社会科学》2008年第3期。

② Tom Christensen, Dong Lisheng, Martin Painter, "Administrative Reform in China's Central Government—How Much learning from the West'?", *International Review of Administrative Sciences*, Vol. 74, No. 3, September 2008.

③ James Radcliffe, "The Role of Politicians and Administrators in Departmental Reorganization: The Case of the Department of the Environment", *Public Administration*, Vol. 63, No. 2, June 1985.

部门数量从 28 个减少为 17 个。①

　　然而，推行大部制是否真正提升了政府协作效率尚存争议。以大部门制推进整体性政府构建不乏失败的案例。部门利益、组织文化差异导致不少合并后的大部门内部存在新机构各部门"貌合神离"、继续按老部门分工在组织内"分立办公"，并未实现融合，久而久之容易出现旧部门死灰复燃，或新部门协作不畅的难题。大部制被认为不能有效提升部门协作程度。②

　　此外，大部制改革实践不仅停留在部门合并，也涉及机制优化。近年来，中国持续推进政府机构改革，特别是 2008 年国务院机构改革以"大部制"为主题，期望通过改革打破部门壁垒，减少部门间"鸽笼式"割据局面。③ 虽然"大部制"的改革原则主要是通过部门职能整合实现行政效能提升，但中国的"大部制"改革实践同时涉及体制机制优化。例如，2008 年机构改革通过组建住建部优化住房保障职能。改革首先将发改委、财政部、国土资源部等涉及该项职能的多部门相关职能整合由住建部统一行使，同时调整全国房地产市场宏观调控工作机制，明确业务流程，实现部门协作的流程优化。④ 然而此类改革实践多被作为个案讨论，对于部门合并与优化机制之间的关系较少进行理论提炼。

二　整体性政府：以构建跨部门机制来促进政府协作

　　新公共管理运动以降，政府部门逐渐强化结构—功能主义导向，更加重视服务于单一组织任务的绩效管理，对组织间横向协作的强调不足，致使政

---

　　① Lisheng Dong, Tom Christensen, Martin Painter, "A Case Study of China's Administrative Reform: The Importation of the Super-department", *The American Review of Public Administration*, Vol. 40, No. 2, April 2010.

　　② Tom Ling, "Delivering Joined-up Government in the UK: Dimensions, Issues and Problems", *Public Administration*, Vol. 80, No. 4, December 2002.

　　③ 施雪华、孙发锋：《政府"大部制"面面观》，《理论参考》2008 年第 5 期。

　　④ 石亚军、于江：《大部制改革：期待，沉思与展望——基于对五大部委改革的调研》，《中国行政管理》2012 年第 7 期。

府组织结构"碎片化"、政出多头、部门间各自为政。① 新公共管理运动是
一场创造组织机构和部门的运动，内部市场、公共服务供给私有化、强制性
竞标等规则的普遍应用，在央地之间、政府部门间、部门内部制造了多种职
能边界，加剧了多部门协作的困难，导致部门难以完成协作任务和政策目
标。② 政府不同部门职能重叠、政策规定相互冲突，③ 公共部门协作难题日
趋凸显。

　　为回应新公共管理运动的负面影响，"整体性政府"理念因运而出，在
组织价值上重视和追求官僚机构的整体价值和组织绩效。④ 整体性政府理念
的倡导者认为，大部制不能有效解决政府协作问题。在政府内部，集中化的
方法已无法打破项目和部门之间的隔阂。⑤ 各机构在政策执行过程中对彼此
的行为模式可能变得越来越复杂，而对整个系统的操纵可能变得很难集中控
制，无法确保中央机构的联合工作。⑥ 应对这一挑战的一个常见方法是创建
新职位、团队或整个机构，它们位于系统之外，受相同规则的约束。⑦

　　"整体性政府"（whole-of-government, holistic government, jointed-up gov-
ernment）强调在不改变部门职能边界、尊重部门职能边界存在的前提下，通
过搭建跨部门机制，实现公共部门的纵向、横向跨部门协作，化解政府组织

　　①　Tom Christensen, Per Lægreid, "The Whole-of-Government Approach to Public Sector Reform",
Public Administration Review, Vol. 67, No. 6, November 2007.

　　②　Tom Ling, "Delivering Joined-up Government in the UK: Dimensions, Issues and Problems",
Public Administration, Vol. 80, No. 4, December 2002.

　　③　Janine O'Flynn, Fiona Buick, Deborah Blackman, John Halligan, "You Win Some, You Lose
Some: Experiments with Joined-up Government", *International Journal of Public Administration*, Vol. 34,
No. 4, March 2011.

　　④　王佃利、吕俊平：《整体性政府与大部门体制：行政改革的理念辨析》，《中国行政管理》
2010 年第 4 期。

　　⑤　Robyn Keast, "Joined-up Governance in Australia: How the Past Can Inform the Future", *Interna-
tional Journal of Public Administration*, Vol. 34, No. 4, March 2011.

　　⑥　Christopher Hood, *Governmental Bodies and Government Growth Quangos in Britain*, Springer,
1982, pp. 44-68.

　　⑦　Jostein Askim, Tom Christensen, Anne Lise Fimreite, Per Lægreid, "How to Carry Out Joined-Up
Government Reforms: Lessons from the 2001-2006 Norwegian Welfare Reform", *Intl Journal of Public Ad-
ministration*, Vol. 32, No. 12, October 2009.

结构"碎片化"问题，提升政府跨组织协作能力，[①] 应对部门间的复杂协作议题，[②] 为公众供给更加顺畅的无缝隙公共服务。[③]

"整体性政府"起初更多被称为"联合政府"（joined-up government）。[④] 1997 年，英国托尼·布莱尔政府推行公共部门改革，认为单一部门难以处理长链条、追踪性社会问题，[⑤] 首次提出"联合政府"的概念，用以解决公共部门跨部门、跨行政层级、跨政策领域协作的制度工具。[⑥] 整体性政府倡导的跨部门机制主要包括以下两种方式。

一是成立新的协调机构。英联邦国家广泛成立此类机构。尽管各国对整体性政府概念的具体表述不同，但总体上都是通过搭建正式、非正式的跨部门协调机制，促进多部门协作，以实现共同的组织目标。[⑦] 例如，英国在中央层面建立部门协作促进机构"战略协作组"，负责促进多部门协作。[⑧] 英国工党政府于 1997 年成立的社会排斥小组、1998 年成立的战略沟通小组都属于类似部门和工作机制。[⑨] 澳洲、新西兰则试图通过部门间协作机构、政

①　Michael Clarke，John Stewart，"Handling the Wicked Issues"，*The Managing Care Reader*，Vol. 273，2003.

②　Tom Christensen，Per Lægreid，"The Whole-of-Government Approach to Public Sector Reform"，*Public Administration Review*，Vol. 67，No. 6，November 2007.

③　Christopher Pollitt，"Joined-up Government：A Survey. *Political Studies Review*"，Vol. 1，No. 1，February 2003.

④　Tom Christensen，Per Lægreid，"The Whole-of-Government Approach to Public Sector Reform"，*Public Administration Review*，Vol. 67，No. 6，Novermber 2007；Ling，Tom，"Delivering Joined-up Government in the UK：Dimensions，Issues and Problems"，*Public Administration*，Vol. 80，No. 4，December 2002.

⑤　Vernon Bogdanor，*Joined-up Government*，Oxford University Press，2005.

⑥　David Richards，Martin Smith，"The Tensions of Political Control and Administrative Autonomy：from NPM to A Reconstituted Westminster Model"，*Autonomy and Regulation：Coping with Agencies in the Modern State*，*September* 2006.

⑦　Janine O'Flynn，Fiona Buick，Deborah Blackman，Halligan，"You Win Some，You Lose Some：Experiments with Joined-up Government"，*International Journal of Public Administration*，Vol. 34，No. 4，John 2011.

⑧　Tom Christensen，Per Lægreid，"The Whole-of-government Approach to Public Sector Reform"，*Public Administration Review*，Vol. 67，No. 6，November 2007.

⑨　Dennis Kavanagh，David Richards，"Departmentalism and Joined-up Government"，*Parliamentary Affairs*，Vol. 54，No. 1，January 2001.

府间参议会、跨部门项目促进部门间协作，增强政府作为整体运作的能力。①

二是构建新型伙伴合作关系。部门间伙伴关系的成员不仅限于政府部门，还包括个人、组织机构的部分、整个组织、公共部门、私人部门，以及志愿组织等。② 组织间的合作伙伴关系可以通过共建组织目标、领导机制、工作团队、共享预算、资源、信息，以及部分结构性合并等多种方式搭建。③

然而整体性政府不挑战部门间职能分布，也因此难以深入部门间和部门内部，回应部门职能分布不合理、业务流程不顺畅带来的协作难题。这些难题存在于部门之间与部门内部，是跨部门协作机制等组织外部机制难以解决的问题。同时，在部门之上成立新的机制，即便是非正式的工作机制，也可能会增加实际的行政层级、制度成本，违背了精简机构的改革初衷。

三　职能重组与业务流程再造：深度优化、促进协同

职能重组是推进政府机构改革的另一种方式。职能重组是将多个职能部门中的部分职能剥离原部门，合并重组为新部门。不同于大部制改革，这是一种重组思维，不是合并思维。新部门并非简单将同类职能部门整体合并，而是由多个部门的部分职能汇集而成。在部门规模和职能覆盖面上不一定成为更大的部门，但却是一个全新的部门。不同于整体性政府理念，职能重组需要打破原有部门的职能边界，将政府已有职能根据新的原则进行组合。这是一种更为精细的机构改革方式，需要深入多个部门内部，提取部分相关职能、重新组合。

职能重组的本质是突破原有的部门职能分类依据，依照全新的分类标准构建新的部门。这是对同质行政管理对象的识别和界定。例如，2018 年国务

---

① Robert Gregory, *Theoretical Faith and Practical Works*：*De-autonomizing and Joining-up in the New Zealand State Sector*, Autonomy and Regulation：Coping with Agencies in the Modern State, 2006, pp. 137–161.

② 王佃利、吕俊平：《整体性政府与大部门体制：行政改革的理念辨析》，《中国行政管理》2010 年第 4 期。

③ Tom Ling, "Delivering Joined-up Government in the UK：Dimensions, Issues and Problems", *Public Administration*, Vol. 80, No. 4, December 2002.

院机构改革中，自然资源部的组建就属于此例。新组建的自然资源部将国土以及附着在国土上的水、森林、草原、海洋资源纳入"自然资源"的概念范畴，由单一部门统一履行全民所有自然资源资产所有者职责。"将国土资源部的职责，国家发展和改革委员会的组织编制主体功能区规划职责，住房和城乡建设部的城乡规划管理职责，水利部的水资源调查和确权登记管理职责，农业部的草原资源调查和确权登记管理职责，国家林业局的森林、湿地等资源调查和确权登记管理职责，国家海洋局的职责，国家测绘地理信息局的职责整合"①。

再如，新组建的应急管理部围绕灾害应急管理将原先分散在多个部门的职能加以整合，包括"国家安全生产监督管理总局的职责，国务院办公厅的应急管理职责，公安部的消防管理职责，民政部的救灾职责，国土资源部的地质灾害防治、水利部的水旱灾害防治、农业部的草原防火、国家林业局的森林防火相关职责，中国地震局的震灾应急救援职责以及国家防汛抗旱总指挥部、国家减灾委员会、国务院抗震救灾指挥部、国家森林防火指挥部的职责"。②

业务流程再造（Business Process Reengineering，BPR）理念最初诞生于企业管理研究领域，强调企业对业务流程的本质和根本性重塑。③ 业务流程再造的核心理念是深入分析作业活动的基本要素，筛选基本和最关键的职能要件，在摆脱传统组织分工的束缚、不考虑部门职能边界限制的前提下，重组业务流程，实现革命性创新和效率提升。④

20 世纪七八十年代，西方社会兴起政府再造思潮，业务流程再造理念

① 王勇：《组建自然资源部不再保留国土资源部、国家海洋局、国家测绘地理信息局》（https：//www. chinanews. com/gn/2018/03-13/8466379. shtml.）。
② 华夏时报：《国务院机构改革：组建应急管理部》（https：//baijiahao. baidu. com/s？id =1594792981260915619&wfr=spider&for=pc.）。
③ Asmare Emerie Kassahun, Alemayehu Molla, Pradipta Sarkar, *Government Process Reengineering：What We Know and What We Need to Know*, IGI Global, 2012, pp. 1730-1752.
④ 董新宇、苏竣：《电子政务与政府流程再造——兼谈新公共管理》，《公共管理学报》2004年第 4 期。

由此被引入公共管理研究领域。① 政府通过反思传统行政组织业务流程的弊端，重组业务和服务流程，提升行政效率，增强公众的认可和满意度。政府流程再造不是对既有流程的细节性修补，而是一种激烈的、根本性的变革与再造。② 戴维·奥斯本（David Osborne）认为，政府流程再造通常需要"重新设计、撤销或改变人们所从事的工作，并变革职能部门和职能单位的组织结构"。③

实际上，很多情况下政府流程再造和部门职能重组关系密切，两者相互配合、互为前提更能促进政府高效协作。部门职能重组比单纯的部门合并精细化程度更高，将原有职能部门内部某些职能模块提取并重组为新的部门，可将原有跨部门的职能转变为同部门的不同业务科室，接受同一部门的行政指令在一定程度上可促进不同职能模块之间的协作。但是如不深入推进业务流程再造，这依然只是职能模块的整体合并。例如，原有跨部门审批流程可能因为职能重组而变为部门内部跨科室的业务流程，各科室有可能依旧按照原有审批程序和依据进行审批，从而难以化解不同审批依据之间存在的冲突。职能重组后的部门也有可能因为业务流程没有根本变革而出现部门内协作不畅。同理，不以职能重组为前提的业务流程再造同样可能因无法突破部门职能边界的阻碍，难以如愿运行。跨越部门边界的业务流程再造可能会面临部门间政令难以统一，致使再造的效果削弱或落空。

职能重组与业务流程再造相结合，可将原有部门间协作转化为部门内协作。同时在优化业务流程的基础上，部门内多项职能才能搭载于顺畅的行政程序，实现部门职能的高效运作。

① Asmare Emerie Kassahun, Alemayehu Molla, Pradipta Sarkar, *Government Process Reengineering: What We Know and What We Need to Know*, IGI Global, 2012, pp. 1730-1752.

② 姜晓萍：《政府流程再造的基础理论与现实意义》，《中国行政管理》2006 年第 5 期。

③ 姜晓萍、汪梦：《国外政府流程再造的核心问题与启示》，《社会科学研究》2009 年第 6 期。

第二章　边界厘定：权力清单

第一节　权力清单：厘清行政权力边界

权力清单是中国政府改革进程中独具特色的举措。权力清单是政府将行政权力逐项列出并以列表清单的形式呈现。学界对于权力清单有不同的解释和定义。在权力清单的性质和内容上，"政府权力清单是政府各部门按照法定职责，梳理和界定其权力边界，按照行政权力基本要素，将梳理出来的权力事项进行规范，以列表清单形式公之于众，主动接受社会监督，自觉促进依法行政的制度形式"[①]。在权力清单的形式上，"权力清单是对于各级政府及其各部门权力的数量、种类、运行程序、适用条件、行使边界等予以详细统计，形成目录清单，为权力划定清晰界限"。[②] 权力清单是"按照一定分类标准，对政府及其部门行使的行政职权名称、依据、实施主体、流程等重要信息进行梳理，逐项列举形成的清单"。[③] 从编制目的上，权力清单制度旨在"通过对权力边界的精准界定解决好政府与市场、政府与社会的关系问题，以实现善治的要求。"[④]

---

① 胡税根、徐靖芮：《我国政府权力清单制度的建设与完善》，《中共天津市委党校学报》2005年第1期。

② 程文浩：《国家治理过程的"可视化"如何实现——权力清单制度的内涵、意义和推进策略》，《人民论坛·学术前沿》2014年第9期。

③ 孙柏瑛、杨新沐：《地方政府权力清单制度：权力监督制约的新探索》，《行政科学论坛》2014年第6期。

④ 汝绪华、汪怀君：《政府权力清单制度：内涵、结构与功能》，《海南大学学报》（人文社会科学版）2017年第2期。

西方国家和地区少有政府对行政权力做全景式逐项梳理并以清单列表的方式向社会公布。权力清单在本质上是政府以制度化的方式明确行政职权的范围和边界。一级政府的行政权力事项在整体上既是政府行政权力的范围，同时也划清了权力的边界，清单的边界即政府行政职权的边界。中国对于权力清单及其管理制度的探索具有明确的目的和制度逻辑。权力清单的改革探索与中国行政审批制度改革的制度逻辑相一致：从权力反腐走向政府再造。

第一，廓清权力边界，搭建推进权力反腐的制度化基础设施。作为权力反腐的基础性制度建设，[1] 权力清单通过明确政府的行政权力边界，最大限度缩小权力模糊空间、灰色地带，制约和防范腐败行为、压缩权力寻租空间，减少政府权力运行过程中的不确定性。[2] 通过普查、摸底、公开行政权力资源，[3] 建立新型及社会多元主体共同参与的权力监督机制，从而提升权力监督效果、降低监督成本。

第二，优化政府职能，构建推进政府再造的制度工具。一直以来，转变政府职能是中国行政体制改革的重要工作之一。明确政府行政权力边界的重要目的之一是厘清政府、市场与社会的关系。通过削减不必要的行政管理权力，实现放权于市场和社会，激发市场和社会的活力，同时明确政府必要的职能，将直接参与市场运行的计划性管理型职能，转变为规则制定、行政规制等治理型职能。通过将行政权力按照行政许可、行政处罚、行政强制、行政征收、行政给付、行政检查、行政确认、行政奖励、行政裁决等类别进行分类，实现行政主体对行政权力的再认识，便于政府深化职能整合及重构。权力清单明确行政权力的所属部门职能，清晰化部门间的模糊地带，从而明晰部门职能边界。

第三，明确权力运行机制，为政府提供流程重组和再造的路径。在内容

① 程文浩：《国家治理过程的"可视化"如何实现——权力清单制度的内涵、意义和推进策略》，《人民论坛·学术前沿》2014 年第 9 期。

② 唐志远、颜佳华：《省级政府权力清单研究——基于 31 个省级政府公开文本的分析》，《湖南社会科学》2018 年第 2 期。

③ 胡税根、徐靖芮：《我国政府权力清单制度的建设与完善》，《中共天津市委党校学报》2015年第 1 期。

上，权力清单不仅包括权力事项名称，同时要求对政府保留的行政权力编制运行流程图，明确行政权力的行使主体、运行流程、行政环节，在梳理静态的权力事项的同时，厘清行政权力动态运行流程。运行流程涵盖申报材料、申请条件、办理流程图、收费情况等内容，帮助行政主体发现、识别行政权力运行过程中的冗余、低效、重复等多重问题，从而为减环节、减时间、优化流程、提升行政效率等改革提供必要的前提和基础。① 数字政府时代，权力运行流程图在电子信息技术的赋能下，可实现结构性深度优化及整合，从而推进政府部门关系变革。

第二节　中国权力清单制度：缘起与发展

政府权力清单向社会公开是建设透明政府、"将权力晒在阳光下"的重要举措。中国对权力清单制度的探索历经地方自主探索、中央定调—地方实验、国家顶层设计、全国推广执行、国务院部门试点五个阶段。自从地方探索梳理政府职能部门行政权力，形成清单，清理及规范行政权力的类别、行使方式、运行机制等，中国逐渐形成了独具特色的行政权力清单管理制度，进而形成清单式管理制度。清单式管理制度不仅包括行政权力清单，还包括负面清单、责任清单，以及一系列对政府职责及行政管理权力行使方式的规范。

一　地方自主探索（2005—2013 年）

2005 年，河北省邯郸市公布了全国第一份市长权力清单。邯郸市政府法制办公室逐项清理市长的行政权力，最终梳理出 93 项应属市长的权力清单，汇编整理形成清单目录，面向全社会公开。此外，市长权力还包括 10 项涉及国家机密、商业秘密和个人隐私的不公开行政权力，共计 103 项。市长之

---

① 赵勇：《推进流程再造与建设"整体性政府"——大城市政府构建权力清单制度的目标指向》，《上海行政学院学报》2019 年第 1 期。

外，邯郸市政府还梳理了市政府领导副职的行政权力。经过梳理，邯郸市政府七位副市长中，权力最多的副市长有 22 项行政权力，最少的为 7 项。①

　　作为邯郸市推进探索政府行政权力清单管理制度的一项重点工作，市长权力清单开启了中国地方政府权力清单管理制度探索的先河。政府行政权力清单管理制度是邯郸推进"行政权力公开透明运行"的改革领域之一。

　　为全面梳理行政权力清单，邯郸市专门成立了行政权力公开透明运行办公室，设置于纪委监察局，以强化改革推进力度和效率。首先由市直行政部门梳理本部门行政权力，由政府法制办公室汇集。法制办公室依据现行的各项法律法规逐项核对，对存在既有法律法规依据的行政权力予以保留，取消没有依据的行政权力事项。通过查阅至少 4000 部法律法规，经过三轮审核，邯郸市梳理完成包括 384 项行政许可权、420 项非行政许可权、521 项行政处罚权、25 项征税权、184 项行政事业性收费权的权力清单，涉及 57 个行政部门共计 2084 项行政权力，并为每项权力制作权力运行流程图，同时向社会公布，接受监督。② 邯郸由此成为全国首个向社会公开政府权力清单的城市，为其他地区推进改革提供了可资借鉴的先期经验。

　　继邯郸之后，其他地区和城市也陆续梳理并公布本地权力清单，包括河南郑州、安徽、北京西城区、上海、武汉、成都等。③ 例如，"贵州省政府公布 18 个部门 1269 项执法权力清单；湖南省政府公布省直 55 个行政执法部门的权力清单；江苏网上公布《江苏省省级行政权力总目录》"。④ 成都公布了覆盖市、区（市）县、乡镇（街道）三级，⑤ 包括 49 个市级部门和单

---

　　① 徐彬：《国内首份市长权力清单：邯郸市长 93 项法定权力》（http：//news. sohu. com/2005 0825/n226783612. shtml）。

　　② 徐彬：《国内首份市长权力清单：邯郸市长 93 项法定权力》（http：//news. sohu. com/2005 0825/n226783612. shtml）。

　　③ 程文浩：《国家治理过程的"可视化"如何实现——权力清单制度的内涵、意义和推进策略》，《人民论坛·学术前沿》2014 年第 9 期。

　　④ 全津、雷欣：《厘清政府市场边界推进权力清单制度》，《理论导报》2014 年第 2 期。

　　⑤ 程文浩：《国家治理过程的"可视化"如何实现——权力清单制度的内涵、意义和推进策略》，《人民论坛·学术前沿》2014 年第 9 期。

位的权力清单。① 北京市西城区不仅公开了 164 张区级行政权力运行流程图，还拓展和深化了权力清单的涵盖范围。清单不仅列出行政权力事项名称，还列出行政权力的行使主体、权力行使步骤、限制条件、监督办法和举报方式等，② 权力清单的内容更加丰富完整。

2010 年，国家权力公开透明运行改革在全国范围选取 69 个县（市、区、旗）作为改革试点，将行政权力清单管理制度改革所涉及的行政层级延伸到基层。有的省份进一步将改革下沉到村民自治层级，将权力清单的改革逻辑与基层治理相结合，提升治理效果。例如，河北省万全县将权力清单的管理思路延伸到农村，梳理村干部的权力依据、界限，提升村民知情权、监督权，抑制村级权力滥用，提升村民对村务的满意度。③

二 中央定调—全国推广（2013 年至今）

地方改革对政府部门行政权力清单的改革探索获得了国家的关注和认可。基于地方多地的改革经验，国家开始在全国范围自上而下推行权力清单制度。2013 年 11 月，党的十八届三中全会审议通过的《中共中央关于全面深化改革若干重大问题的决定》明确要求"推行地方各级政府及其工作部门权力清单制度，依法公开权力运行流程。完善党务、政务和各领域办事公开制度，推进决策公开、管理公开、服务公开、结果公开。"④ 由此，权力清单制度改革开始在地方各级政府及工作部门全面推开。

值得注意的是，国家并未在十八届三中全会提出改革要求后立刻出台对地方的指导意见，而是给予一定时间供地方自主推进改革，以便地方可以在国家顶层方案出台之前进行更多的有益探索，为国家方案的出台提供基础。

---

① 赵伟欣：《推进负面清单、权力清单和责任清单制度，处理好政府和市场关系》，《现代管理科学》2016 年第 8 期。

② 赵伟欣：《推进负面清单、权力清单和责任清单制度，处理好政府和市场关系》，《现代管理科学》2016 年第 8 期。

③ 程文浩：《国家治理过程的"可视化"如何实现——权力清单制度的内涵、意义和推进策略》，《人民论坛·学术前沿》2014 年第 9 期。

④ 《中共中央关于全面深化改革若干重大问题的决定》，2013 年 11 月 12 日（http://www.gov.cn/jrzg/2013-11/15/content_ 2528179. htm）。

根据党的十八届三中全会的工作部署，各地纷纷推进权力清单梳理编制和公布。例如，广州公布的行政权力清单，涵盖市级 48 个行政单位共 3705 项行政职权事项，其中包括行政审批 387 项、行政处罚 3138 项、行政强制 63 项、行政征收 5 项、行政裁决 1 项、行政给付 2 项、行政检查 28 项、其他行政事项 81 项。① 上海提出要"逐步建立权力清单制度，规范和明确权力运行的程序、环节、过程、责任，做到可执行、可考核、可问责"②。浙江在 2014 年政府工作报告中明确做出梳理权力清单的工作安排，以富阳市作为推行权力清单制度的改革试点，依法减少行政审批事项，为行政权力瘦身，并向社会公开行政权力的运行流程。③

经过一年多的地方自主推进改革，2015 年国家正式制定并出台对地方编制权力清单制度的明确指导意见，作为地方推进工作的具体方案、工作内容、工作流程。2015 年 3 月，中央办公厅和国务院办公厅联合下发《关于推行各级地方政府工作部门权力清单制度的指导意见》（以下简称《指导意见》），④ 要求省市县各级政府完成权力清单的梳理和公布工作。

国家顶层方案正式提出了"权责清单"的概念，并在全国推广，要求地方各级政府梳理编制权力清单，形成与行政权力相对应的责任清单，权力清单与责任清单相结合，形成中国的权力清单管理制度。《指导意见》要求地方各级政府工作部门梳理行政权力，编制权力清单，将"行使的各项行政职权及其依据、行使主体、运行流程、对应的责任等，以清单形式明确列示出来，向社会公布，接受社会监督"⑤。同时，要求地方各级政府依据编制的权力清单，形成与每项行政权力相对应的政府责任，编制责任清单，形成责任清单管理制度，促进行政权力权责一致，强化对行政权力

---

① 全津、雷欣：《厘清政府市场边界推进权力清单制度》，《理论导报》2014 年第 2 期。
② 全津、雷欣：《厘清政府市场边界推进权力清单制度》，《理论导报》2014 年第 2 期。
③ 全津、雷欣：《厘清政府市场边界推进权力清单制度》，《理论导报》2014 年第 2 期。
④ 《关于推行地方各级政府工作部门权力清单制度的指导意见》，2015 年 3 月 24 日（http://www.gov.cn/xinwen/2015-03/24/content_ 2837962. htm）。
⑤ 《关于推行地方各级政府工作部门权力清单制度的指导意见》，2015 年 3 月 24 日（http://www.gov.cn/xinwen/2015-03/24/content_ 2837962. htm）。

的监督和制约。

国家方案为省市两级制定了明确的工作方案，并提出改革推进的时间表。《指导意见》要求"省级政府 2015 年年底前、市县两级政府 2016 年年底前要基本完成政府工作部门，依法承担行政职能的事业单位权力清单的公布工作。乡镇政府推行权力清单制度工作由各省（自治区、直辖市）结合实际研究确定。垂直管理部门设在地方的具有行政职权的机构的权力清单公布，要与当地政府工作部门权力清单公布相衔接。"①

在全面推行改革的过程中，中央层面的指导部门是中央编办、国务院法制办，两部门履行对地方的指导职能。地方层面，改革牵头部门为各级机构编制部门、政府法制部门，负责会同有关部门推行改革。②

在国家顶层设计的推动下，截至 2016 年 1 月，全国 31 个省级政府全部完成权力清单公布工作，③ 并主要通过地方政府门户网站、政务服务网公布权力清单。大多数省份同时公开权力清单、责任清单；部分省份只公开了权力清单。至此，权力清单工作进入实时更新、动态调整阶段。

此外，作为对权力清单改革的深化，国家推行行政许可事项清单管理制度。2022 年 1 月，国家决定全面实行行政许可事项清单管理的措施，公布《法律、行政法规、国务院决定设定的行政许可事项清单（2022 年版）》，要求各省市编制完成本级行政许可事项清单。④

根据省级权力清单数据，在制定和发布主体上，中国省级政府权力清单的制定主体和发布主体主要是省级人民政府、省级人民政府办公厅，占比 87.1%。少数省份的发布主体为行政审批制度改革办公室（审改办）、编委办等（表 2-1）。在公布平台上，大多数省级政府权力清单在省级政

---

① 《关于推行地方各级政府工作部门权力清单制度的指导意见》，2015 年 3 月 24 日（http://www.gov.cn/xinwen/2015-03/24/content_ 2837962. htm）。

② 《关于推行地方各级政府工作部门权力清单制度的指导意见》，2015 年 3 月 24 日（http://www.gov.cn/xinwen/2015-03/24/content_ 2837962. htm）。

③ 《全国省级政府部门权力清单全部公布》，《人民日报》，2016 年 1 月 29 日 01 版。

④ 中央政府门户网站：《国务院：全面实行行政许可事项清单管理》（http://www.gov.cn/xinwen/2022-01/06/content_ 5666757. htm）。

府门户网站（61.29%）、省级政务网（35.48%）公布，两者占比达 96.77%（表2-2）。

表2-1　　　　　　　　　　　　**权力清单发布主体**

发布主体	省份	数目	比例（%）
省级人民政府	黑龙江、吉林、辽宁、北京、上海、江苏、浙江、安徽、河南、湖南、广东、福建、海南、西藏、陕西、山东、甘肃、宁夏、青海、四川、重庆	21	67.74
省级人民政府办公厅	天津、河北、山西、江西、湖北、广西	6	19.35
审改办	内蒙古、云南	2	6.45
编委办	贵州、新疆	2	6.45

资料来源：笔者自制。

表2-2　　　　　　　　　　　　**权力清单公布平台**

公布平台	省份	数目	比例（%）
省政府门户网站	辽宁、内蒙古、北京、河北、湖南、湖北、天津、山东、山西、河南、广东、广西、福建、海南、重庆、云南、陕西、青海、新疆	19	61.29
省政务网	宁夏、甘肃、吉林、黑龙江、江苏、浙江、安徽、四川、江西、贵州、新疆	11	35.48
省级部门门户网站	上海	1	3.23

资料来源：笔者自制。

三　国务院部门改革同步推进（2014—2015年）

自2014年起，国务院部门改革与地方改革基本同步推进。国务院部门在第一阶段改革中并未明确"权力清单"的概念，而是沿用行政审批制度改革中"行政审批事项"的概念，以公布国务院部门行政审批事项的方式推进有关权力事项的清理工作。

2013 年起，国务院开始分批分次取消和下放行政审批事项。2013 年当年即取消下放转移三批行政审批事项。截至 2014 年 9 月，国务院先后取消和下放 7 批共 632 项行政审批等事项。①

在取消下放行政审批事项的同时，国务院逐步清理并明确国务院本级保留的行政审批权限，并明确要求国务院所有部门将行使的行政审批事项清单向社会公布。2014 年 1 月 8 日，国务院常务会议决定推出深化行政审批制度改革三项措施，其中第一项改革内容即为"公开国务院各部门全部行政审批事项清单"。② 这是国务院首次做出公布各部门全部行政审批事项的要求。此次会议同时对负面清单提出了改革要求，指出"向审批事项的'负面清单'管理方向迈进，逐步做到审批清单之外的事项，均由市场主体依法自行决定。"③ 2014 年 3 月，国务院各部门公布行政审批事项清单，涵盖 60 个国务院部门正在实施的行政审批事项共 1235 项。④

随着国家推行顶层方案，以及地方各级政府开始编制本级行政权力清单，国务院也正式在国务院各部门推行权力清单的编制工作。2015 年 12 月，国务院发布《国务院办公厅关于印发国务院部门权力和责任清单编制试点方案的通知》（国办发〔2015〕92 号）⑤，对国务院部门开展权力清单和责任清单编制的试点工作进行部署，将国家发展改革委、民政部、司法部、文化部、海关总署、税务总局、证监会作为试点，梳理部门权责事项、编制清

① 中央政府门户网站：《国务院一年多取消下放 7 批共 632 项行政审批等事项》（http：//www.gov.cn/xinwen/2014-09/09/content_ 2746921. htm）。

② 中央政府门户网站：《李克强主持召开国务院常务会议》，2014 年 1 月 8 日（http：//www.gov.cn/guowuyuan/2014-01/08/content_ 2591050. htm）。

③ 中央政府门户网站：《李克强主持召开国务院常务会议》，2014 年 1 月 8 日（http：//www.gov.cn/guowuyuan/2014-01/08/content_ 2591050. htm）。

④ 人民网：《国务院各部门行政审批事项汇总清单公布 共 1235 项》（http：//politics.people.com.cn/n/2014/0317/c1001-24655460. html）。

⑤ 《国务院办公厅关于印发国务院部门权力和责任清单编制试点方案的通知》，国办发第 92 号，2016 年 1 月 5 日（http：//www.gov.cn/zhengce/content/2016-01/05/content_ 10554. htm）。

单，为"全面推进国务院部门权力和责任清单编制工作探索经验"。[①]

第三节 清单式管理模式：中国探索

经过地方先期探索、国家定调、地方自行推广、国家制定顶层设计在全国范围推广，与国务院部门的同期试点改革，中国逐渐摸索并形成从中央到地方的政府行政权力清单式管理制度。中国行政权力的清单管理制度主要包括三项内容：权力清单、负面清单、责任清单。

一 权力清单

(一) 权力清单改革的顶层设计

在中央联动地方持续探索下，中国逐渐形成了具有中国特色的行政权力清单管理模式。基于地方探索的有益经验，国家对地方推进权力清单改革做出了顶层设计。2015年3月，中共中央办公厅、国务院办公厅印发《关于推行地方各级政府工作部门权力清单制度的指导意见》，[②] 决定在地方各级政府推进权力清单的梳理工作，对省级政府、市县两级政府做出了明确的工作部署，提出了工作任务的完成时间，要求各级政府按照规定的工作任务，梳理并公布本级权力清单。梳理权力清单主要包括以下几个环节。

第一，梳理权力事项。地方各级政府工作部门参照给定的行政权力的类型，逐项识别清理列出本部门行政权力。对此，中央政府并没有限定地方必须按照给定类型进行分类，允许地方根据本地实际情况，在符合国家法律法规的前提下，自主制定行政权力的分类标准。同时，梳理的权力事项要列明设定依据。

第二，清理调整权力事项。地方各级政府工作部门对梳理出的权责事项

---

① 《国务院办公厅关于印发国务院部门权力和责任清单编制试点方案的通知》，国发办第92号，2016年1月5日（http://www.gov.cn/zhengce/content/2016-01/05/content_ 10554. htm）。

② 《关于推行地方各级政府工作部门权力清单制度的指导意见》，2015年3月24日（http://www.gov.cn/xinwen/2015-03/24/content_ 2837962. htm）。

进行清理、调整，做出是否保留的判断。对于没有法律法规作为设定依据的事项，及时取消不再保留，确有必要保留的事项，须提出并按程序办理；对于拟保留的事项须进一步判断保留本级，或是下放至下级行政部门。下放的事项需要强化事中事后监管。

第三，权力事项审查确认。对权力事项的审查确认包括合法性、合理性、必要性审查三个方面。对于梳理完成的清单，各级地方政府工作部门要对权力事项审查确认。如需修改法律，需先启动修法程序再调整权力清单。审查过程要广泛征集社会意见。审查结果由同级党委和政府确认。

第四，优化流程。经过审核的清单确定为保留的行政权力。地方各级政府工作部门须进一步规范行政权力的运行机制，制定行政权力运行图，明确权力运行过程中各环节的承办机构、办理要求、办理时限等信息内容。

第五，公布清单。除保密事项，地方各级政府工作部门需要在政府网站上公布最终确定保留的权力清单，公布内容包括每项事项的名称、编码、类型、依据、行使主体、流程图和监督方式等信息内容。

第六，动态管理。地方各级政府工作部门须建立动态和长效管理机制，对公布后的权力清单进行及时调整，根据法律法规"立改废释"情况、机构和职能的调整对已公布的权力清单进行动态调整更新。此外，国家规定特别强调地方政府的兜底责任。对于未纳入清单、但是应属政府管理范围的事项，政府也应负起责任。

第七，推进责任清单建设。在建立权力清单的同时，地方政府须推进责任清单的建设，遵循权责一致的原则，逐项梳理与权力事项相对应的责任事项，形成清单，明确责任主体，建立问责机制。

随后，国务院各部门开展编制权力清单的试点改革。2015 年 12 月，国务院发布《国务院办公厅关于印发国务院部门权力和责任清单编制试点方案的通知》（国办发〔2015〕92 号)①，对国务院部门开展权力清单和责任清

---

① 《国务院办公厅关于印发国务院部门权力和责任清单编制试点方案的通知》，国办发第 92 号，2016 年 1 月 5 日（http：//www.gov.cn/zhengce/content/2016-01/05/content_ 10554. htm)。

单编制试点工作进行部署。

国务院改革的推进模式与地方各级政府的模式整体一致，主要包括：梳理清单事项、清理规范清单、审核清单、优化流程、公布清单。同时，国务院改革与地方模式略有不同，主要体现在试点改革、权责清单并行两方面。

第一，国务院部门试点改革并非在国务院所有部门推行，而是明确了试点范围。首先针对国务院部门开展试点，为全面推进国务院部门权力和责任清单编制工作探索经验。根据部门职责范围确定的试点部门包括：国家发展改革委、民政部、司法部、文化部、海关总署、税务总局、证监会。同时，试点方案鼓励其他部门同步开展改革，没有被列入试点范围的部门，可参照试点方案在本部门先行开展事项梳理工作，为后续开展权责清单编制做准备。

第二，国务院部门试点改革并行提出"权责清单"，将权力清单、责任清单同时作为试点改革的内容。在这个意义上，责任清单并不是权力清单改革的辅助改革措施，而是改革的主要内容之一。试点改革要求国务院部门在梳理权力清单的同时梳理责任清单。部门须对梳理出的权责事项做出是否保留的判断。对于没有法律法规作为设定依据的事项，原则上须取消不再保留，确有必要保留的事项，须提出理由，如须对有关法律法规"立改废"，按程序办理；对于拟保留的事项须进一步判断保留本级，或是下放至下级行政部门。对于所有需要保留在本级的权责事项，需要列明各事项的名称、类型、设定依据、调整意见以及追责情形等内容。

（二）权力清单制度建设的地方模式：以浙江为例

在顶层设计的整体框架下，国家方案设计明确赋予地方自主设计本地改革的权限，要求地方因地制宜，结合本地实际情况制定具体的改革方案，提出有针对性的改革措施。已经先于国家方案推行改革的地方，要持续深化和完善；尚未推行改革的地方，鼓励向前沿地区学习借鉴先进改革经验。

浙江省是全国第一个省市县三级统筹设计、梯次推进权力清单制度的省份。① 在国家顶层设计出台之前，浙江省先行先试，对权力清单进行了改革探索，积累了丰富的经验，为全国各地推进权力清单改革提供了浙江方案。

2013 年，在浙江省机构编制委员会发布的改革方案中，浙江省首次提出在省内推进行政权力清单改革。2013 年 11 月，浙江省机构编制委员会印发了《关于开展政府部门职责清理规范行政权力运行工作的通知》（浙编〔2013〕22 号），② 对改革的指导思想、改革目的、方法要求、范围对象、工作任务、时间安排做出了详细规定。改革的覆盖对象为"省级有关单位"。改革的实施范围是省级部门，包括："省政府组成部门、省政府直属特设机构、省政府直属机构和部门管理机构；列入党委工作机构序列，依法承担行政职能的部门或单位；承担行政职能的事业单位参照省政府部门进行职责清理。"③

在改革原则上，梳理权力清单的过程中要按照职权法定的原则，以法律法规和部门"三定"方案为依据，梳理权力事项。在推进改革探索的过程中，浙江省提出了权责一致、权责对等，这为权责清单一体制定的改革奠定了基础。

在方法要求上，浙江省改革的总体原则为简政放权、便民高效、问题导向、公开透明。梳理权力清单的主要目的是明确政府行政权力的边界，不断推进政府职能转移，加大政府向市场、社会转移放权，激发经济社会发展活力，提升市场主体和市民的办理政务服务事项的便捷程度，督促政府解决发展过程中遇到的实际问题。同时，浙江省要求向社会公开机构职责和履职情况，确保改革公开透明。

改革内容包括：梳理部门工作职责、分析履职情况、开展专项调研、优

① 范柏乃、张鸣：《权力清单制度：浙江经验、实施功效和推进机制》，《光明日报》2015 年 4 月 27 日第 3 版。

② 《关于开展政府部门职责清理规范行政权力运行工作的通知》，浙编第 22 号，2013 年 11 月 20 日（https://www.zjjgbz.gov.cn/zcfgzcwj/2763.jhtml）。

③ 《关于开展政府部门职责清理规范行政权力运行工作的通知》，浙编第 22 号，2013 年 11 月 20 日（https://www.zjjgbz.gov.cn/zcfgzcwj/2763.jhtml）。

化职责配置、编制职权履行流程图、加强事中事后监管、建立健全相关制度等若干环节。作为地方探索的引领者，浙江省的探索模式中已经体现了随后国家顶层设计的基本元素。

第一，梳理部门工作职责。此项工作相当于后期国家顶层设计中的梳理清理清单事项，旨在全面梳理部门的职权事项，厘清行政权力边界。浙江省要求各部门根据法律法规和部门"三定"方案细致梳理工作事项。由于"三定"方案对部门职责范围的规定较为宏观，部门需要按照实际履行的工作，将宏观职责细化为具体的工作事项，以此作为制定权力清单的基础。

同时，浙江省明确了行政权力的分类标准，要求各部门按理统一的标准进行归类，将行政权力原则上划分为：行政许可、非行政许可审批、行政处罚、行政强制、行政征收、行政给付、行政裁决、行政确认、行政调解、行政复议、行政奖励、财政专项资金分配监管、年检、备案、其他行政权力等十五类划分标准。这是具有地方特色的划分标准。

对于分类后的权力事项，浙江省要求各部门列明职权名称、实施主体、实施依据、承办机构（包括内设处室、受委托的事业单位或其他组织）等。一方面，以此作为形成权力清单的基本结构；另一方面，形成对部门职权进行研判和管理的基础。

第二，分析履职情况。以梳理的权力清单为基础，浙江省要求通过分析部门权力事项，对部门履职过程中出现的问题进行识别，包括部门履职是否存在"越位""缺位"和职责脱节的情况；履职方式是否适应经济社会发展需要；履职是否存在政事不分、擅自将行政职能交给事业单位承担等问题。由此可见，权力清单为政府职能部门全面了解本部门实际工作内容和细项提供了基本框架，使得对照法律法规、部门"三定"方案分析履职情况成为可能。

第三，开展专项调研。与后期国家顶层设计不同，浙江的先期探索要求部门展开专项调研，以梳理权力清单为契机，在部门职责范围、管辖领域及行业范围内，选择重点领域作为改革课题开展专项调研，分析部门在日常行政管理中存在的突出问题，为更好履行政府职能、促进市场在资源配置中的决定作用提出政策建议。

第四，优化职责配置。在调研的基础上，浙江要求部门对如何优化权力清单提出具体改革方案。改革方式包括：取消、下放、转移。经过研判，取消现行发展阶段不再适合、不再需要列入政府行政权力的事项，缩窄行政权力的管辖范围。纵向上，将不必由本级行使的行政权力下放给下级政府，降低行政权力的集中程度；横向上，将可以交由社会部门行使的权力，转移给事业单位、社会组织等，以此实现行政权力和政府职能的"瘦身"。

第五，编制职权履行流程图。在取消、下放、转移行政权力的基础上，政府部门对于确认需要保留的权力事项，编制权力事项运行流程图，明确运行的环节和流程，制定行政权力在动态运行过程中所依循的程序，进一步提升权力运行的效率。

第六，加强事中事后监管。对保留、取消、下放、转移的事项强化监管，以防出现因精简行政权力而出现监管不到位的情况。对于保留的权力事项，在推进精简流程的过程中强化监管；对于取消、下放、转移的事项要跟踪研判市场运行机制是否有序，承接行政权力的下级政府是否依规履职，社会组织是否具备承接能力等。

第七，建立健全相关制度。浙江提出建立权力清单的动态调整机制；健全部门行政问责和绩效管理制度，深化政务公开，建立电子政府等配套制度。

2014年3月，浙江省决定将权力清单制度改革推向全省，以省人民政府名义发布了《关于全面开展政府职权清理推行权力清单制度的通知》（浙政发〔2014〕8号），[①] 明确了在全省各市、县（市、区），省政府直属各单位推行权力清单改革。改革方案与2013年的方案基本保持一致，方案内容更加全面细致。

在工作内容上，此方案将职权清理详细分为职权取消、职权转移、职权

---

① 《浙江省人民政府关于全面开展政府职权清理推行权力清单制度的通知》，浙政发第8号，2014年4月9日（http://www.gov.cn/xinwen/2014-04/09/content_ 2655207. htm）。

下放、职权整合、职权严管、职权加强。在取消、下放、转移的基础上，新增了职权整合、职权严管、职权加强三项工作内容。"职权整合"是对于确需保留的事项，存在工作内容相同或相似，前后环节反复核准、审查、确定等情况的，要进行整合，以提高行政权力运行效率。"职权严管"主要指事项设置具备法律法规规章依据，但已经不符合社会经济发展需要，同时短期通过法律法规规章调整存在难度的事项，以及日常管理中较少行使的低频事项，要进行严管，未经同级政府同意不得使用。"职权加强"指各级政府及部门要对关乎国家发展的重点领域事项提出职权加强的意见。①

此外，浙江省在明确权力清单改革步骤和推进模式的基础上，还对改革工作开展业务培训。浙江省编制和机构委员会办公室编写了《省政府部门职权清理推行权力清单制度工作指南》，对省内市县编办、审改、法制等部门业务人员进行培训，②促进相关业务人员准确理解改革目的、主要内容、工作流程等，确保改革的推进效果。

权力清单改革对于政府部门而言是"刀刃向内"的改革。为保证改革力度和效果，浙江省引入第三方审查机制，组织社会化第三方审核评估机构、人大代表、政协委员、专家咨询团队，对省级部门改革进行评估，③并提出完善建议。

（三）行政权力类型及分布：以省级为例

国家顶层设计建议地方参照"行政许可、行政处罚、行政强制、行政征收、行政给付、行政检查、行政确认、行政奖励、行政裁决和其他类别的分类方式，结合本地实际，制定统一规范的分类标准"。④这10类分类标准即成为地方编制权力清单的主要分类标准。

---

① 《浙江省人民政府关于全面开展政府职权清理推行权力清单制度的通知》，浙政发第8号，2014年4月9日（http://www.gov.cn/xinwen/2014-04/09/content_ 2655207.htm）。

② 范柏乃、张鸣：《权力清单制度：浙江经验、实施功效和推进机制》，《光明日报》2015年4月27日第3版。

③ 范柏乃、张鸣：《权力清单制度：浙江经验、实施功效和推进机制》，《光明日报》2015年4月27日第3版。

④ 《关于推行地方各级政府工作部门权力清单制度的指导意见》，2015年3月24日（http://www.gov.cn/xinwen/2015-03/24/content_ 2837962.htm）。

截至 2019 年 8 月，中国 31 个省级政府中，20 个省级政府公布了 10 类行政权力，在行政权力的类别数量上与国家方案保持一致。其中，行政权力的分类完全参照国家方案的有 12 个省级政府，包括：天津、辽宁、陕西、宁夏、甘肃、新疆、四川、河北、广东、广西、海南、云南。其他均在结合本地情况的基础上对分类标准有所调整。

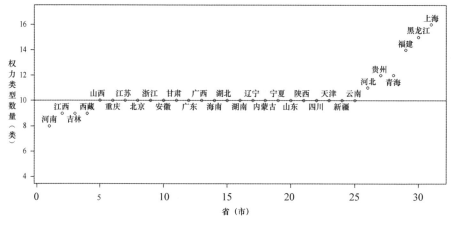

图 2-1　31 个省（市）行政权力类型数量

资料来源：笔者自制。

国家方案鼓励地方制定新的分类标准。虽然各地并未明确提出分类的标准和依据，但提出了新的类别。19 个省级政府共新增了 14 项行政权力类别，包括：行政审批、行政（征收）征用、行政监督（检查）、行政指导、行政规划、行政复议、行政服务、公共服务、税费减免、年检、行政备案、行政决策、行政调解、非行政许可。其中，增设"行政审批"的省级政府数量最多，达 7 个。6 个省级政府增设"行政（征收）征用"；4 个省级政府增设"行政监督（检查）"；2 个省级政府增设"行政规划"；2 个省级政府增设"行政复议"。行政服务、公共服务、税费减免、行政收费、年检、行政备案、行政决策、行政调解、行政指导每类事项各有 1 个省级政府增设。

表 2-3　　　　　　　　　　地方增设的行政权力类别

序号	权力类别	省（市、区）	数量
1	行政审批	北京、上海、山西、山东、青海、重庆、安徽	7
2	行政（征收）征用	黑龙江、山西、福建、江苏、安徽、青海	6
3	行政监督（检查）	内蒙古、黑龙江、福建	3
4	行政规划	上海、安徽	2
5	行政复议	上海、黑龙江	2
6	行政服务	贵州	1
7	公共服务	福建	1
8	税费减免	黑龙江	1
9	行政收费	青海	1
10	年检	黑龙江	1
11	行政备案	上海	1
12	行政决策	上海	1
13	行政调解	上海	1
14	行政指导	上海	1

资料来源：笔者自制。

（四）行政规制、市场化与经济发展

中国实行权力清单管理制度的主要目的是降低行政权力对市场的过度干预，尊重市场运行规律，充分发挥市场在资源配置中的基础性作用，激活市场活力，促进经济可持续发展。但行政权力与行政规制并非越少越好，小政府的底层逻辑并不是政府让渡或放弃行政管理的本职，而是通过一定程度上减少行政规制，实现"管的少、管得好"的更优治理。政府减少行政干预的主要目的是为了集中更多优质行政资源强化监管，提升行政管理质量。这需要厘清行政规制与经济发展之间此消彼长的关系，更好理解行政规制在哪些领域和何种程度上需要减少，在哪些领域和何种程度上是必要的、需要强化的，从而持续完善支撑经济和市场良性运行及发展的制度设计。

在行政规制与市场化程度的关系上，选取行政权力中的行政许可类事项代表政府的行政规制强度，按照市场化程度①将省极政府分为五组（level1-5），五组市场化程度逐渐升高，组间行政规制强度存在显著差异（p〈0.01）。数据分析显示，随着市场化程度的提升，政府的行政规制强度先下降、后提升，政府行政规制强度与市场化水平呈现"U"形关系。这主要是由于，市场化程度低的地方较多处于以审代管的阶段，政府更多依靠行政手段对市场进行规制。随着市场化程度提升，活跃的市场主体和经济活动对政府减政放权提出了实际需求，在政府主动改革与市场需求的共同推动下，行政规制强度降低，行政审批减少。这也是"U"形曲线随着市场化程度的增加而到达波谷的原因。当市场化程度再提升，经济活动趋向复杂化，新产业、新业态、新科技催生新的生产关系，产生新的行政规管的必要性，政府因应经济、社会的发展变化制定新的政策，行政规制强度曲线再度上扬。

同一省级政府纵贯性发展的行政规制强度呈现这一走向，同一时间节点处于不同市场化发展阶段的省级政府也呈现这一态势。"U"形两端的行政规制强度较强，但两阶段行政许可所规制的内容可能截然不同。第一阶段的行政规制强度更多体现为以行政审批或其他行政规制手段介入市场运行机制；第二阶段行政规制强度的走势上扬，更多体现为市场化水平提升后，政府应经济社会整体发展的需求的新增行政规制手段。

按人均 GDP 分组将各省级政府行政许可数量分组（Level1-5），数据分析显示，组间差异不显著。这说明，经济发展水平与地方政府行政规制强度不存在必然关联。各省级政府并未以持续减少行政许可的数量作为单一的改

---

① 王小鲁、樊纲、胡李鹏：《中国分省份市场化指数报告（2018）》，社会科学文献出版社2021年版。

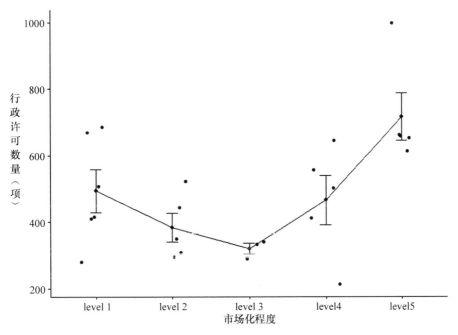

图 2-2　中国省级政府市场化程度与行政规制强度

资料来源：笔者自制。

革目标。行政规制的强度更多体现出政府自主选择的行政管理理念和价值取向，并非必然受到客观经济发展水平的影响，因此行政许可的数量并非一定随着经济发展水平的提升而减少。也就是说，经济发展水平较高的地区，政府依旧可能采取强行政规制的行政管理方式；经济发展水平相对较低的地区，也可能出现政府的行政规制较弱的情况。更为重要的是，在持续转变政府职能的过程中，行政许可的内容、行政规制手段和方式因应社会经济的发展需求而进行结构性调整。这既是改革的重点，也是在梳理完成权力清单后实行动态调整的主要目的之一，如图 2-3 所示。

二　负面清单

负面清单制度全称"市场准入负面清单制度，是指国务院以清单方式明

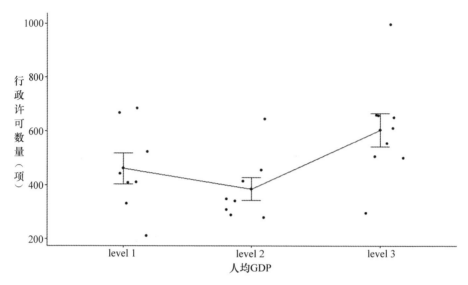

图 2-3　中国省级政府经济发展水平与行政规制强度

资料来源：笔者自制。

确列出在中华人民共和国境内禁止和限制投资经营的行业、领域、业务等，各级政府依法采取相应管理措施的一系列制度安排。市场准入负面清单以外的行业、领域、业务等，各类市场主体皆可依法平等进入"。[①] 负面清单是将不得准入市场的情形列为事项清单，以"非禁即可"的方式明确市场准入范围。负面清单主要用于市场主体的准入条件，以事项清单的方式列明禁止范围，清单之外为依法依规允许范围。负面清单遵循的是底线管理思维，设置逻辑为通过划定禁行边界，释放政策制定者有限理性难以规范、无法穷尽的可行空间，以鼓励和激活市场主体的积极性、创造力、创新性行为。

　　在负面清单管理模式的探索上，中国遵循了地方实践—国家规范—全国推广的路径。首先由地方进行探索实践，国家进行提炼规范，制定顶层方案；再选择试点、渐进推进，吸纳社会多方反馈意见；最后在全国范围

---

　　① 《国务院关于实行市场准入负面清单制度的意见》，国发 55 号，2015 年 10 月 19 日（http：//www.gov.cn/zhengce/content/2015-10/19/content_ 10247. htm）。

推行。

第一，地方实践，自主探索。中国最早在上海自贸区的外商投资准入领域进行探索。外商投资准入是世界大多数国家通常应用负面清单管理模式的领域。2013 年 9 月发布的《中国（上海）自由贸易试验区总体方案》（以下简称《方案》）中，负面清单管理模式被列为九项主要任务之一。《方案》明确提出，要借鉴国际通行规则，探索建立负面清单管理模式。上海的探索旨在通过准入规则创新，在自贸区加大吸引外资的力度，对外商投资实行准入前国民待遇，"负面清单以外的领域，按照内外资一致的原则，将外商投资项目由核准制改为备案制（国务院规定对国内投资项目保留核准的除外）。"① 随后，负面清单模式逐渐扩展到其他地区。

第二，国家提炼规范，制定顶层方案。2015 年 4 月，国务院办公厅发布《关于印发自由贸易试验区外商投资准入特别管理措施（负面清单）的通知》（国办发〔2015〕23 号），② 在上海、广东、天津、福建四个自由贸易试验区推行外商准入负面清单制度。同年 10 月，国务院发布《国务院关于实行市场准入负面清单制度的意见》（国发〔2015〕55 号）（以下简称《意见》），③ 将负面清单制度拓展到适应对象更加广泛的市场准入领域。

负面清单制度的使用对象不仅包括境外投资者，也包括境内投资者。负面清单包括市场准入负面清单、外商投资负面清单。"市场准入负面清单是适用于境内外投资者的一致性管理措施，是对各类市场主体市场准入管理的统一要求；外商投资负面清单适用于境外投资者在华投资经营行为，是针对外商投资准入的特别管理措施。"④

---

① 《国务院关于印发中国（上海）自由贸易试验区总体方案的通知》，国发第 38 号，2013 年 9 月 27 日（http：//www.gov.cn/zwgk/2013-09/27/content_2496147.htm）。

② 《国务院办公厅关于印发自由贸易试验区外商投资准入特别管理措施（负面清单）的通知》，国办发第 23 号，2015 年 4 月 20 日（http：//www.gov.cn/zhengce/content/2015-04/20/content_9627.htm）。

③ 《国务院关于实行市场准入负面清单制度的意见》，国发 55 号，2015 年 10 月 19 日（http：//www.gov.cn/zhengce/content/2015-10/19/content_10247.htm）。

④ 《国务院关于实行市场准入负面清单制度的意见》，国发 55 号，2015 年 10 月 19 日（http：//www.gov.cn/zhengce/content/2015-10/19/content_10247.htm）。

市场准入负面清单包括禁止准入类和限制准入类。禁止准入事项是市场主体不得进入的行业、领域、业务，行政机关不予审批、核准，不得办理有关手续；限制准入事项是市场主体经许可后，或遵照政府规定的准入条件及方式，可以进入的行业、领域、业务。①

国务院是清单制定主体，负责统一制定及发布市场准入负面清单。同时，考虑到地区差异，省级政府被赋予清单调整权力。省级政府可"根据本地区资源要素禀赋、主体功能定位、产业比较优势、生产协作关系、物流营销网络、生态环境影响等因素，提出调整市场准入负面清单的建议，报国务院批准后实施。未经国务院授权，各地区各部门不得自行发布市场准入负面清单，不得擅自增减市场准入负面清单条目。"②

在制定和发布程序上，负面清单由国家制定和发布。国务院负责统一发布负面清单，国务院的组成部门发展改革委、商务部负责"牵头汇总、审查形成统一的市场准入负面清单，报国务院批准后实施"。③

第三，选择试点地区，国家统筹推进。《意见》发布了改革试点工作方案，将《意见》发布后的两年作为试点时间，在部分先行先试地区推行负面清单制度。由国务院负责批准哪些地区被列为市场准入负面清单制度改革试点的地区。试点地区先行先试负面清单管理模式；未被纳入试点的地区，仍然实行当地既有的管理模式。④试点地区的核心任务是制度创新，在负面清单实行期间，根据地方实际情况发现问题、因地制宜，对清单的内容和管理方式等进行调整，总结地方经验和模式，形成可复制、可推广的制度性经

---

① 《国务院关于实行市场准入负面清单制度的意见》，国发 55 号，2015 年 10 月 19 日（http://www.gov.cn/zhengce/content/2015-10/19/content_ 10247. htm）。

② 《国务院关于实行市场准入负面清单制度的意见》，国发 55 号，2015 年 10 月 19 日（http://www.gov.cn/zhengce/content/2015-10/19/content_ 10247. htm）。

③ 《国务院关于实行市场准入负面清单制度的意见》，国发 55 号，2015 年 10 月 19 日（http://www.gov.cn/zhengce/content/2015-10/19/content_ 10247. htm）。

④ 《国务院关于实行市场准入负面清单制度的意见》，国发 55 号，2015 年 10 月 19 日（http://www.gov.cn/zhengce/content/2015-10/19/content_ 10247. htm）。

验，① 供国家参考。试点地区的省级政府须定期向国务院提交改革试点情况报告、中期评估报告和总结报告。

值得注意的是，试点方案由国家自上而下统筹设计和推进，明确规定发展改革委、商务部作为国家层面的改革牵头部门，统筹提出试点地区，经国家批准后，组织和指导地方试点工作。此外，国家要求牵头部门负责建立议事协调机制，保证横向跨部门沟通和协作的效率，并组织开展第三方评估。

在改革权限上，试点地区被赋予一定程度的先行先试权限。经国务院授权或同意后，试点地区可根据本地实际需要和情况，暂时调整《产业结构调整指导目录》《政府核准的投资项目目录》等有关市场准入的规定。即，如负面清单之外的行业、领域、业务可突破两文件的规定，地方有权暂时调整国家既有相关规定，促进了地方改革创新措施的及时落地。同时，试点地区须遵循依法改革的原则，地方如涉及暂停有关法律、行政法规或其相关条款实施的，须按法定程序推进办理。

第四，全国推广。2018 年 12 月，国家发展改革委、商务部联合印发《市场准入负面清单（2018 年版）》（发改经体〔2018〕1892 号），② 这标志着市场准入负面清单制度改革开始在全国范围正式推行。自此，各地区各部门全域适用全国统一的市场准入负面清单，推行"全国一张清单"的管理模式，各地区各部门不得自行发布类似性质的负面清单。

《市场准入负面清单（2018 年版）》包括"禁止准入类"和"许可准入类"两类事项，"其中禁止准入类 4 项、许可准入类 147 项，一共有 151 个事项、581 条具体管理措施，与清单（试点版）相比，事项减少了 177 项，具体管理措施减少了 288 条"。③

---

① 《国务院关于实行市场准入负面清单制度的意见》，国发 55 号，2015 年 10 月 19 日（http：//www. gov. cn/zhengce/content/2015-10/19/content_ 10247. htm）。

② 《国家发展改革委商务部关于印发〈市场准入负面清单（2018 年版）〉的通知》，发改经体第 1892 号，2018 年 12 月 28 日（https：//www. ndrc. gov. cn/xxgk/zcfb/tz/201812/t20181228_ 962356. html？code＝&state＝123）。

③ 陆娅楠：《〈市场准入负面清单（2018 年版）〉正式公布》，《人民日报》2018 年 12 月 26 日第 10 版。

市场准入负面清单采取动态调整机制，不断根据改革总体进展、经济结构调整、法律法规修订等情况调整清单内容。自 2018 年以来，国家持续向社会发布负面清单，不断放宽对市场准入的限制。2019 年 11 月《市场准入负面清单（2019 年版）》发布，共列入事项 131 项，相比 2018 年版减少了 20 项，缩减比例为 13%。① 2020 年 12 月，《市场准入负面清单（2020 年版）》发布，共列入事项 123 项，相比 2019 年版清单减少了 8 项。② 2022 年 3 月，《市场准入负面清单（2022 年版）》发布，③ 列有禁止准入事项 6 项，许可准入事项 111 项，共计 117 项，相较 2020 年版减少 6 项。④

三 责任清单

（一）改革历程

责任清单指政府部门应履行的责任事项列表，是中国独创的改革模式。责任清单与权力清单相对应，每一项行政权力对应相应的责任，体现了权力与责任对等的原则。政府对享有的行政权力同时负有对应的责任，以此强化对行政权力的约束。

中国对政府责任清单制度的探索始于建立及推行行政执法责任制度。党的十五大、十六大和十六届三中、四中全会明确要求要推行行政执法责任制。1999 年 11 月，国务院发布《国务院关于全面推进依法行政的决定》（国发〔1999〕23 号），⑤ 对推行行政执法责任制做出了具体部署。2004 年，国务院发布《全面推进依法行政实施纲要》（国〔2004〕10 号）（以下简称《纲要》），

---

① 《〈市场准入负面清单（2019 年版）〉再减二十项》，2019 年 11 月 23 日（http://www.gov.cn/xinwen/2019-11/23/content_ 5454758. htm）。

② 姚宗：《再"瘦身"8 项内容 2020 年版市场准入负面清单出炉》（http://finance.people. com. cn/n1/2020/1217/c1004-31969358. html）。

③ 《国家发展改革委商务部关于印发〈市场准入负面清单（2022 年版）〉的通知》，发改体改规第 397 号，2022 年 3 月 28 日（https://www.ndrc. gov. cn/xwdt/ztzl/sczrfmqd/tzgggl/202203/t20220328_ 1320712. html? code＝&state＝123）。

④ 平顶山市人民政府：《〈市场准入负面清单（2022 年版）〉发布较上版减少 6 项》（http://www.pds. gov. cn/contents/20112/144199. html）。

⑤ 《国务院关于全面推进依法行政的决定》，国发 23 号，1999 年 11 月 8 日（http://www.gov. cn/gongbao/content/2000/content_ 60201. htm）。

确立了中国建设法治政府的目标。《纲要》指出要将"行政权力与责任紧密挂钩"，将行政权力与主体利益彻底脱钩，实现权责统一，有权必有责。

2005 年，国家开始在全国范围建立政执法责任制度，并对工作推进步骤做出具体要求。国务院办公厅颁布《国务院办公厅关于推行行政执法责任制的若干意见》（国办发〔2005〕37 号），强调"行政执法责任制是规范和监督行政机关行政执法活动的一项重要制度"，要求国务院各部门和地方政府梳理执法依据、分解执法职权、确定执法责任，依法界定执法职责。[1]

首先，梳理政府的行政执法依据。根据有关法律法规和规章以及国务院部门"三定"规定，对执法依据分类排序、列明目录。同时，国务院要求梳理完毕的执法依据，要以适当的方式向社会公布。其次，分解执法职权。将法定执法权分解到执法部门内部的具体机构和岗位，避免职权交叉重复，促进部门协作。最后，确定执法责任。明确每项执法权的执法责任。行政执法部门违反执法义务，不作为、乱作为都要承担相应的法律责任。

建立行政执法责任制度包括梳理行政执法权力事项、权力事项的依据、明确履职主体、梳理行政执法责任事项。这相当于建立行政执法领域的权责一体清单，也是中国责任清单的最初探索。此阶段并未在政府层面明确提出"责任清单"的概念。责任清单制度最初也主要聚焦行政执法的特定领域，未全面涵盖政府整体的行政权力与责任。

2014 年，"责任清单"的概念在政府层面被首次提出。2014 年 9 月，时任国务院总理李克强在夏季达沃斯论坛开幕式上首次正式提出"责任清单"，提出政府要理出"责任清单"，维护公平竞争的市场环境。[2] 2015 年 3 月，国务院《政府工作报告》对各省制定责任清单提出了明确要求，要求公布省级政府权责任清单，切实做到法无授权不可为、法定职责必须为。[3] 3 月 24

---

① 《国务院关于全面推进依法行政的决定》，国发 23 号，1999 年 11 月 8 日（http://www.gov.cn/gongbao/content/2000/content_ 60201. htm）。

② 新华网：《李克强出席第八届夏季达沃斯论坛开幕式并发表致辞》（http://www.xinhuanet.com//politics/2014-09/11/c_ 126972711. htm）。

③ 《政府工作报告》，2015 年 3 月 16 日（http://www.gov.cn/guowuyuan/2015-03/16/content_ 2835101. htm）。

日，中共中央办公厅、国务院办公厅印发《关于推行地方各级政府工作部门权力清单制度的指导意见》，对地方政府提出了编制责任清单的要求，要求地方政府推进责任清单工作，"在建立权力清单的同时，要按照权责一致的原则，逐一厘清与行政职权相对应的责任事项，建立责任清单，明确责任主体，健全问责机制"①。

随后，国务院部门展开对责任清单的试点工作。2015 年 12 月 28 日，国务院办公厅关于印发《国务院部门权力和责任清单编制试点方案的通知》（国办发〔2015〕92 号），要求国务院部门将权力和责任事项结合起来，在编制权力清单的同时编制责任清单。地方政府同期开展先行先试探索，在国家于全国范围部署并推行责任清单工作任务之前，有些改革前沿地区就已经开始探索地方模式。

浙江省是全国第一个编制并公布责任清单的省份。2014 年 10 月 31 日，浙江省公布全国首张责任清单，浙江省政务网向社会公布了 43 个省级政府部门责任清单，共有 543 项职责，细化具体工作事项 3941 项。② 在浙江之后，安徽、江苏等省份也纷纷开展清单的编制工作。截至 2016 年 1 月，中央机构编制委员会办公室统计数据显示，全国 31 个省份中已有 24 个省份公布了省级政府部门责任清单，17 个省份公布了市县两级政府部门责任清单。③

责任清单制度的设计目的是实现部门职责的精细化管理。通过明确部门责任边界，解决部门行政权力的责任不清晰、履职不规范的问题。与权力清单不同，除了列明行政责任事项名称、责任清单的内容，责任清单的内容还包括行政职责的履职方式、履责程序、执法标准、自由裁量权、追责情形、

---

① 《关于推行地方各级政府工作部门权力清单制度的指导意见》，2015 年 3 月 24 日（http://www.gov.cn/xinwen/2015-03/24/content_ 2837962. htm）。

② 群众路线网：《放权不卸责履职更规范浙江省发布全国首张责任清单》（http://qzlx.people. com. cn/n/2014/1101/c364565-25952553. html）。

③ 周亚越、张芝雨：《政府责任清单：需要构建完整责任链》，《浙江工业大学学报》（社会科学版）2016 年第 3 期。

追责机制等。①

（二）形式类型

有研究将中国政府公布的责任清单分为三种类型：依附型责任清单、一体型权责清单、独立型责任清单。② 依附型责任清单主要指责任事项与权力事项存在于政府公布的一张清单中，责任事项作为权力事项的附属，不被单独列出；一体型权责清单也是政府公布一张清单，包括权力事项和责任事项，但清单中的责任事项相对独立于权力事项，两类事项被分别列出；独立型责任清单指责任清单和权力清单作为两张独立的清单分别公布。中国省级责任清单主要采用一体型权责清单、独立型责任清单两种形式。

（1）依附性责任清单

表 2-4　　　　　　　　　　**省级政府依附性责任清单（举例）**

编号	省份	主体	权责事项
1	重庆	重庆市发改委	事项名称：固定资产投资项目节能评估和审查 追责情形：因不履行或不正确履行行政职责，有下列情形的，行政机关及相关工作人员应承担相应责任：1. 玩忽职守，贻误工作；2. 索贿、行贿、介绍贿赂、利用职务之便为自己或者他人谋取私利；3. 滥用职权，侵害公民、法人或者其他组织合法权益；4. 泄露国家秘密或者工作秘密；5. 其他违反法律法规规章文件规定的行为

资料来源：重庆市发展改革委（市、区县、乡镇）三级行政权力事项清单（2020年）。③

① 群众路线网：《放权不卸责履职更规范浙江省发布全国首张责任清单》（http://qzlx. people. com. cn/n/2014/1101/c364565-25952553. html）。

② 刘启川：《独立型责任清单的构造与实践——基于31个省级政府部门责任清单实践的观察》，《中外法学》2018年第2期。

③ 《重庆市发展改革委（市、区县、乡镇）三级行政权力事项清单（2020年）》，2021年4月11日（http://fzggw. cq. gov. cn/zwgk/zfxxgkml/qzqd/202104/t20210411_ 9139788. html）。

（2）一体型权责清单

表2-5

省级政府一体型责任清单（举例）

编号	省份	实施主体	事项名称	事项类型	设定、行使依据及有关条款	责任事项	追责情形及依据备注
1	山东	省市场监督管理局	个体工商户登记	行政许可	1、设定、行使依据及有关条款《个体工商户条例》（2011年4月国务院令第596号，2016年2月修正）：第二条："有经营能力的公民，依照本条例规定经工商行政管理部门登记，从事工商业经营的，为个体工商户"；第三条："县、自治县、不设区的市、市辖区工商行政管理部门为个体工商户的登记机关。登记机关按照国务院工商行政管理部门的规定，可以委托其下属工商行政管理所办理个体工商户登记。"；第八条："申请人申请注册登记，应当向经营场所所在地登记机关办理个体工商户登记"；第十条："申请人应当提交个体工商户登记申请书、身份证明和经营场所证明"；第十二条："个体工商户登记事项变更的，应当向登记机关申请办理变更登记"；第十三条："个体工商户不再从事经营活动的，应当到登记机关办理注销登记。"2、设定、行使依据及有关条款（根据2019年8月8日国家市场监督管理总局令第14号公布的《个体工商户登记管理办法》（中华人民共和国企业法人登记管理条例的实施条例修订）决定）第二次修订）：第十三条："申请个体工商户登记，申请人或者其委托的代理人可以直接到经营场所所在地登记机关，登记机关委托其下属工商行政管理所的，到经营场所所在地属工商所登记"	指导监督责任1、指导下级行政管理机关完善标准、登记程序等规定。2、对下级实施行政机关许可进行监督检查，及时纠正行政许可实施中的违法行为。3、指导、监督下级行政机关依法组织实施行政许可及事中事后监管	1、《个体工商户条例》（2011年4月国务院令第596号，2016年2月修订）：第二十六条："工商行政管理部门及其他有关部门工作人员，滥用职权、徇私舞弊、收受贿赂或者侵害个体工商户合法权益的，依法给予处分；构成犯罪的，依法追究刑事责任。"2、《个体工商户名称登记管理办法》（根据2019年8月8日国家市场监督管理总局令第14号公布的《市场监督管理总局关于修改〈中华人民共和国企业法人登记管理条例〉等四部门规章的决定》）第二十一条："登记机关使用名称、对不符合规定要求个体工商户名称登记申请不予以登记，或者对符合规定条件的个体工商户名称的登记申请不予登记的，对直接负责的主管人员和其他直接责任人员，依法追究责任。"3、《监察法》《中华人民共和国国家赔偿法》《中华人民共和国公务员法》《中华人民共和国行政机关公务员处分条例》《中华人民共和国政府信息公开条例》《中华人民共和国山东省行政执法监督条例》等规定的追责情形。

资料来源：《山东省省级政府部门权责清单》（http://zwfw.shandong.gov.cn/sdzw/qdgz/qzqd/qdbb_index.do？orgcode=SD37000ORS）。

① 山东政务服务：山东省人民政府权责清单目录。①

（3）独立型责任清单

表2-6 省级政府独立型责任清单（举例）

编号	省份	主体	项目名称	责任事项	责任事项依据	追责情形	追责依据	免责事项
1	广西壮族自治区	广西壮族自治区人民政府办公厅	自治区对地方志工作进行督查	1. 告知责任（第七秘书处）：制定检查方案，确定检查内容、对象和方式，通知被检查单位。 2. 检查责任（第七秘书处）：根据掌握的实际情况，对承担地方志编纂任务的国家机关、社会团体、企事业单位和其他组织开展定期或者不定期监督检查。 3. 处理责任（第七秘书处）：检查中发现有违反《地方志工作条例》《广西壮族自治区实施〈地方志工作条例〉办法》等规定的行为的处置情形，依法采取相应的处置措施。 4. 监督责任（第七秘书处）：强化检查活动的监督，构成犯罪的依法追究刑事责任，对相关责任人予以通报批评或予以记录。并把处理过程和结果予以记录。 5. 法律法规规章文件规定的其他责任（第七秘书处）。	1.【行政法规】《地方志工作条例》(2006年国务院令第467号公布) 第五条 (一)组织、指导、督促和检查地方志工作。 2.【地方政府规章】《广西壮族自治区实施〈地方志工作条例〉办法》(2008年广西壮族自治区人民政府令第36号公布) 第十六条 县级以上人民政府地方志工作机构建立登记备案制度，对本行政区域地方志工作进行检查，并通报督查情况。 3.【行政法规】《地方志工作条例》(2006年国务院令第467号公布) 第十八条 违反本条例规定，擅自编纂出版以县级以上行政区域名称冠名的地方志书、地方综合年鉴的，由县级以上地方人民政府负责地方志工作的机构或者本级人民政府地方志工作机构提请本级人民政府责令停止违法行为，封存、收缴非法出版物，并按相关法律法规的规定，构成犯罪的，依法追究刑事责任。 4. 同上。 5.【行政法规】《地方志工作条例》(2006年国务院令第467号公布) 第十七条 在地方志工作中作出突出成绩和贡献的单位和个人，由县级以上人民政府给予表彰和奖励。 6.【地方政府规章】《广西壮族自治区实施〈地方志工作条例〉办法》(2008年广西壮族自治区人民政府令第36号公布) 第十九条 在地方志工作中作出突出成绩或者地方志工作机构给予奖励，地方志成果依据有关规定参加国家和自治区地方志优秀社会科学成果评奖。 7. 同上。 8. 同上。	因不履行或不正确履行行政职责，有下列情形的，行政机关负有相关工作人员应承担相应职责： 1. 不履行或不正确履行职责，对造成或即将造成地方志工作编纂不符合要求的行为不制止和有效处理的（机关纪检监察组）。 2. 在监督检查过程中玩忽职守、徇私舞弊的（机关纪检监察组）。 3. 在监督检查过程中滥用职权、谋取不正当利益和发生腐败行为的（机关纪检监察组）。除以上追责情形外，其他违反法律法规规章行为依法追究相应责任（机关纪委或机关纪检监察组）。	1.【行政法规】《地方志工作条例》(2006年国务院令第467号公布) 第二十条 负责地方志工作的机构的工作人员有下列违反志工作的行为，相关工作人员应承担本条例第十四条第二款规定的，由其所在单位或者上级机关责令改正，依法给予处分。 2.【行政处分条例】《行政机关公务员处分条例》(2007年中华人民共和国国务院令第495号公布) 第二十条 有下列行为之一的，给予记过或记大过处分；情节较重的，给予降级或撤职处分；情节严重的，给予开除处分：(四)其他玩忽职守、贻误工作的行为。 3.【行政处分条例】《行政机关公务员处分条例》(2007年中华人民共和国国务院令第495号公布) 第二十三条 有贪污、受贿、行贿、介绍贿赂，挪用公款，利用职务之便为自己或者他人谋取私利，利用职权谋取私利等违反廉政纪律行为的，给予记过或记大过处分；情节较重的，给予降级或撤职处分；情节严重的，给予开除处分。	法律法规规章规定的免责以及情形。 负责地方志工作的自治区党委办公厅印发关于《深入推进新时代地方志工作实施方案》等6个文件的通知中明确的免责情形。

① 广西壮族自治区人民政府门户网站：《权责清单》(http://zwfw.gxzf.gov.cn/gxzwfw/qzqdnew/showByDept.do?webId=1)。

责任清单制度改革为政府带来了新的挑战。梳理责任清单、建立责任清单管理制度对于中国各级政府是全新的工作，需要针对每一项权力事项明确与之对应的责任，这是地方政府从未全面系统做过的工作。虽然部门职责有法律法规和"三定"方案作为依据，但法律法规和"三定"方案更多是在原则及职责范围上做出规定，与责任清单所要求的细化与每项行政权力相对应的行政责任之间仍还存在较远的距离。

　　政府部门需要"在最细颗粒度上梳理政府部门的工作事项，同时需要查阅大量法律法规及规范文件"。① 例如，安徽省在制定省级责任清单时，制定了 10 类行政权力的 19 个责任清单模板和 9 家单位的责任清单范本。② 在推进工作的过程中，安徽省依据既有法律法规确立和审查所有责任事项、追责情形，平均一个事项，需要参阅 6—7 部法律法规，涉及数百条款规定。③ 在海量的法律法规中梳理权力责任，不仅是在权力清单基础上逐一列明政府责任，更是对中国行政权力管理体制建设的拓展和完善。

第四节　问题与障碍

一　权力清单：内容标准差异度较高、查询便捷度较低

　　截至 2016 年 1 月，全国 31 个省级政府全部完成权力清单公布实施工作。随后，权力清单工作进入实时更新、动态调整阶段。目前中国省级政府主要通过地方政府门户网站和政务服务网公布权力清单。

　　梳理并公布权力清单体现了国家及地方各级政府对规范权力运行机制的改革力度。除了"晒"在网络平台上，权力清单所发挥的实际作用是值得探讨的问题。调研显示，企业和市民、甚至是各地的政务服务部门普遍对公布

---

① 袁维海、姚玫玫：《有权必有责晒权要晒责——安徽省探索行政权力、责任清单制度》，《安徽行政学院学报》2015 年第 1 期。

② 袁维海、姚玫玫：《有权必有责晒权要晒责——安徽省探索行政权力、责任清单制度》，《安徽行政学院学报》2015 年第 1 期。

③ 袁维海、姚玫玫：《有权必有责晒权要晒责——安徽省探索行政权力、责任清单制度》，《安徽行政学院学报》2015 年第 1 期。

权力清单的获得感不强。相当数量的办事人表示清单中的权力事项名称拗口难懂；有些地方部门将梳理公布权力清单作为一项必须完成的上级交办的工作任务，欠缺对清单管理制度的深入思考和研究。

截至 2018 年 4 月，根据中国 31 个省级政府公布的权力清单情况，中国省级权力清单存在的主要问题包括：权力清单名称不一；分类标准、形式内容差异度高；公布位置隐蔽；公布链接有时失效、动态更新程度不足等，影响了公众对权力清单制度改革的获得感，具体可总结为以下四类问题。

第一，权力清单名称不一，叫法"五花八门"。各省权力清单名称各异，缺乏统一规范，具体名称包括："权力清单""权责清单""服务清单""政务服务""基本目录清单""行政权力""办事清单""证物清单""省级清单"等。

在 2015 年 3 月中共中央办公厅、国务院办公厅印发的《关于推行地方各级政府工作部门权力清单制度的指导意见》（以下简称《指导意见》）中，① 将政府行政权力的类型界定为：行政许可、行政处罚、行政强制、行政征收、行政给付、行政检查、行政确认、行政奖励、行政裁决等。但各省使用的不同名称所指代的含义不同，较难以统一标准理解"权力清单"所涵盖的权力类型范围。例如，有的省使用"政务服务"表示权力清单，下设"基本目录清单"。"基本目录清单"以《指导意见》既定的行政权力类型为蓝本。有的省的"办事清单"包括"行政权力"和其他服务事项。"办事清单"的外延大于《指导意见》中的行政权力边界。有的省政务服务网并列公布了"省政务服务事项目录"和"权责清单"，两者内容边界存在重叠。

各省对权力清单名称的使用不一，背后原因是对界定政府行政权力范围的原则和标准缺乏共识。对于权力清单应在最大范围上涵盖行政权力、服务事项、责任清单，还是应包括行政权力、服务事项，抑或只包括狭义上的各

---

① 《关于推行地方各级政府工作部门权力清单制度的指导意见》，2015 年 3 月 24 日（http：//www.gov.cn/xinwen/2015-03/24/content_ 2837962. htm）。

类行政权力，各省尚未达成一致认识。有的省认为权力清单等同于责任清单，所公布的"权责清单"实际上等同于权力清单。有的省政务网首页将"公共服务"和"基础清单"并列，作为两个独立类别，"基础清单"中又包括"权责清单""公共服务事项清单"等，出现"基础清单"同时包含又不包含"公共服务"的矛盾。

第二，对行政权力分类标准理解各异，分类不一致。各省对权力清单中的事项分类，遵循各自逻辑，缺乏统一标准。例如，有的省将权力清单分为"行政权力清单""中央垂管部门行政权力事项清单"和"审核转报事项清单"三类。有的省分为"取消的省级行政权力清单""下放的省级行政权力清单"和"保留的省级行政权力清单"。有的省分为"省级保留""共性权力""审核转报"和"市县属地管理"四类。有的省分为"依申请""依职权"和"公共服务"三类。还有的省分为"省本级行政职权清单""省本级公共服务事项清单""省本级内部审批事项清单"。不同的分类方式及分类标准，为针对同一事项的跨省比较带来困难。

第三，政府门户网站、政务服务网内容不一致。随着全国一体化政务服务平台的构建，截至2019年8月，大多数省份已经将政府网和政务服务网链接联动。多省政府将政务服务网嵌入政府门户网站，实现权力清单同步公布。但少数省份两者之间未建立链接，公布内容不一致，或者在同一内容清单的进入路径逻辑上差异较大。例如，有的省份政府门户网站只公布了"行政许可"事项；政务服务网的"服务清单"公布的事项包括：行政许可、行政处罚、行政强制、行政征收、行政给付等多类行政权力。有的省政府门户网站公布的是"权责清单"；政务服务网公布的是"服务清单"，点击进入后包括："省本级行政职权清单""省本级公共服务事项清单""省本级内部审批事项清单"。有的省政府门户网站将权力清单归入"办事服务"条目，将行政权力按照所属政府职能部门分类展示；但政务服务网将权力清单归入"清单发布"，按归属部门和权力类型展示。这一问题在2016年国家推动地方平台"与国家政务服务平台和中央政府门户网站（及其微博微信、客户端）实现数据对接和前端整合，形成全国一体化网上政务服务体系"① 之后获得改善。

第四，清单显示位置不一、栏目不一、进入路径差异较大。各省公布清单的位置、栏目，进入路径存在较大差异。如上所述，虽然在2016年国家推动地方平台与国家政务服务平台进行前端整合后，地方政务服务网前端的功能路径设置比较类似。但整合之前的地方性差异仍具有研究意义。不同的进入路径反映了地方对于权力清单性质、内容及分类的理解差异。各省的清单进入路径大致可以分为两类，一是从"政务服务"进入权力清单，二是从"政务公开"进入清单。进入清单后的差异更加显著，主要体现为清单名称上的差异。以下为进入路径举例。

1. 政府网站首页—"政务服务"（跳转政务网）—"服务清单"—"权责清单"

2. 政府网站首页—"政务服务"（跳转政务网）—"个人服务""法人服务"

3. 政府网站首页—"政务服务"—"网上办事大厅"—"基础清单"

4. 政府网站首页—"服务"—"政务网"—"事项清单"

5. 政府网站首页—"政务公开"—"权责清单"。

6. 政府网站首页—"政府信息公开"—"网上办事"（跳转政务网）—"部门事项"

7. 政府网站首页—"政务公开"—"服务公开"（跳转政务网）—"服务清单"

二 责任清单：内容差异度较高、标准化程度较低

从责任清单的内容上看，完整梳理责任清单各项内容的难度较大，地方各级政府一方面没有前期工作可以参考，另一方面为责任事项建立完整的责

---

① 《国务院办公厅关于印发"互联网+政务服务"技术体系建设指南的通知》，国办函第108号，2016年12月20日（http://www.gov.cn/zhengce/content/2017-01/12/content_ 5159174. htm）。

任链条的实际难度较大。根据对政府责任事项的定义，责任事项是政府对行政权力应履行的责任义务，除事项名称，责任事项的主要内容还应包括职能部门的责任边界、监管方式、追责机制等。① 责任边界指厘清相关部门的主次责任关系，主办与协办关系等。监管方式包括事中事后监管的主体、对象、内容、方式、程序等。追责机制指部门出现履职不当如何追责，具体的追责情形、依据和方式等内容。地方对责任清单各项内容的理解差异会影响对行政权力追责的实施效力。

第一，中国省级责任清单内容的内容差异较大，相当数量的省份在责任清单的主要内容上存在结构性缺失。相关研究显示，截至 2016 年 3 月，除贵州、新疆、西藏以外，在各省级政府门户网站或部门门户网站收集的 28 个省级政府的责任清单中，15 个省份的责任清单未明确责任边界；12 个省份未明确监管方式；多个省份虽然明确了监管方式，但监管内容维度不全；15 个省份缺乏追责机制。② 按照缺失内容维度划分，15 个省份缺失责任边界；11 个省份缺失监管方式；15 个省份缺失追责机制。这些内容维度中，各地列出的具体内容完整程度差异同样较大。

第二，地方对于责任清单应包含的内容理解差异较大，未形成广泛共识。例如，对于政府的责任边界应包含哪些内容，不同地方的理解存在明显差异，有的省认为责任边界应包含责任事项的主次责任、主办和协办部门关系；有的省将责任边界理解为部门职责分工；有的理解为监管责任；还有的理解为行政层级上下级之间的职责边界等。对于监管方式，各省理解同样差异较大。有的认为应建立监管制度；有的认为监管方式应包含监督对象、内容、方式、程序与处理方式；有的将监管方式理解为监督投诉方式，有的理解为监督平台。各地对追责机制的理解差异程度更高，有的认为是问责条款和依据；有的将追责机制理解为应追责的具体情形；有的理解为部门应承担

---

① 周亚越、张芝雨：《政府责任清单：需要构建完整责任链》，《浙江工业大学学报》（社会科学版）2016 年第 3 期。
② 周亚越、张芝雨：《政府责任清单：需要构建完整责任链》，《浙江工业大学学报》（社会科学版）2016 年第 3 期。

责任的方式。

表 2-7　　　　　　　　　中国省级政府责任清单主要内容

编号	省 （市、区）	责任边界	监管方式	追责机制
1	吉林	主次责任和主办、协办关系	有监督对象、内容、方式、程序与处理	有问责条款，并列出相关依据
2	山东	编写具体事例	有事中事后监管制度（五百余项）	有追责情形及追责依据、程序
3	四川	部分列出职责边界	有监督电话	有追责情形
4	浙江	编写具体案例	有事中事后监管制度（五百余项）	缺失
5	湖北	列出省、市、县三级责任分工及依据	有监督投诉方式	缺失
6	河北	列出相关部门、职责分工、依据，编写具体案例	有事中事后监管制度（四百余项）	缺失
7	江苏	列出相关部门、职责分工、依据，编写案例	有监督对象、内容、方式、程序与处理	缺失
8	湖南	列出相关部门、职责分工、依据，编写案例	监督对象、内容、方式、程序与处理	缺失
9	陕西	列出相关部门、职责分工、依据，编写案例	有监督对象、内容、方式、程序与处理	缺失
10	海南	列出相关部门、职责分工、依据，编写案例	有事中事后监管制度（四百余项）	缺失
11	福建	列明多部门监管责任事项	缺失	有追责情形
12	广东	列出相关部门名称	有监督方式	缺失
13	黑龙江	省市县边界，部门边界	缺失	缺失
14	河南	缺失	有监督方式	缺失
15	云南	缺失	有监督方式	有追责情形及依据
16	天津	缺失	有监督方式	缺失
17	上海	缺失	有网络监督平台	缺失

续表

编号	省（市、区）	责任边界	监管方式	追责机制
18	广西	缺失	较完善	缺失
19	山西	缺失	缺失	有问责依据
20	安徽	缺失	缺失	有追责情形
21	江西	缺失	缺失	有追责情形
22	宁夏	缺失	缺失	有追责情形、担责方式
23	重庆	缺失	缺失	有追责情形、依据
24	内蒙古	缺失	缺失	有追责情形、依据
25	甘肃	缺失	缺失	有追责情形
26	青海	缺失	缺失	有追责情形、依据
27	辽宁	缺失	缺失	缺失
28	北京	缺失	缺失	缺失

资料来源：《政府责任清单：需要构建完整责任链》。①

① 周亚越、张芝雨：《政府责任清单：需要构建完整责任链》，《浙江工业大学学报》（社会科学版），2016 年。

第三章 平台集成："一站式"政务服务大厅

第一节 平台型政府：缘起、特征、功能

一 "一站式"政府服务：核心特征

20 世纪 80 年代以来，起源于英国、美国的政府再造运动在全球范围产生了广泛影响。新公共管理运动主张政府向企业学习，节省行政成本、提高管理效率。政府"一站式"服务（One-Stop Service）在此背景下应运而生。在此之前，类似的"一站式"平台的案例和服务模式已经散见商业、政府领域。

"一站式"政府服务模式可分为实体"一站式"服务模式和虚拟"一站式"服务模式。实体"一站式"服务模式是在线下实体物理空间构建综合性的服务场所，提供政府及便民服务。虚拟"一站式"服务模式是通过统一的互联网平台集成线上综合性服务。

实体"一站式"政务服务中心也被称为"政务超市""政务服务中心""行政审批中心""便民服务中心"等。① 不同学者对"一站式"政府服务的界定侧重不同，从不同视角描述"一站式"服务的主要特征。

第一，政府服务职能的空间集成。"一站式"是将政府相关职能集中到

---

① 唐权、杨立华、梁家春、麦艳航：《"实体一站式政府"与"网络一站式政府"研究综述》，《济南大学学报》（社会科学版）2014 年第 2 期。

一个地点，"将相关职能部门的审批业务集中到一处"，① 可实现在一个地点办理全部事务，"将相关的政府部门集合在一起进行联合办公"。② 此种模式下，政府服务机构打破传统科层体制下以政府职能部门为基本单元的划分方式，将原先分散在不同部门、不同领域的政府服务统一汇集在同一个物理地点，将涉及公民、企业或第三部门的政务服务集中起来，集成式供给市民所需的多种类型的政务及便民服务，构建整合型、综合型服务中心。

第二，全业务流程联合办理。"一站式"的另一层含义是政务服务的全部流程可以在一站完成，办事人无须到不同地点办理不同环节。近年来，"一站式"大厅改革持续深化，多地推行"一次接触，一个窗口办结"改革，办事人只需要与工作人员接触一次，在政务服务大厅的一个窗口即可完成所需政务服务事项的办理。各地推行的"一窗式"改革是传统"一站式"改革的升级版本。在一窗办结的模式下，办事人甚至不需要在"一站式"大厅内部多楼层、多窗口来回跑动，而是在"一站式"大厅的一个窗口即可完成全部事项办理。

第三，"一站式"电子政务。"一站式"政务服务平台不仅包括线下实体政务服务大厅，也包括"一站式"政府网站。例如，通过"'一站式'政府门户网站为公民、企业或第三部门提供全方位、一体化和个性化服务③，"通过搭建"一站式"政务服务门户网站，集成各部门政务服务，实现相关信息一窗检索、线上实时咨询、绝大多数政务服务事项线上可办的"一网通办"模式。

第四，前后台联动，以顾客需求为中心。一站式政府服务模式改变了政府服务的传统供给方式。通过建立前台、后台联动的工作模式，前台接待市民、审批部门退居后台，打破了以职能部门为中心的模式，迈向注重服务对象感知及需求的政务服务供给模态，体现了政务服务的人性化供给模式，以

---

① 沈荣华、杨国栋：《论"一站式"服务方式与行政体制改革》，《中国行政管理》2006 年第 10 期。
② 刘红波：《一站式政府的概念解析与角色定位》，《电子政务》2012 年第 8 期。
③ 刘红波：《一站式政府的概念解析与角色定位》，《电子政务》2012 年第 8 期。

及政府治理理念的转变。①

　　秉承新公共管理“顾客至上”的导向，“一站式”政府服务以市民和企业的需求为导向和出发点，重新设计政府服务流程，将市民和企业的同质同类需求所涉及的相关服务重新组合，对行政审批和服务流程进行再设计，以更加便捷高效的方式满足市民和企业的实际需求。

　　第五，“人性化”政务服务供给体系。“一站式”政务服务中心注重市民和企业实际需求，不仅关注需求满足的效率和便捷度，同时关心办事人获取政务服务的实际感受。例如，“一站式”服务大厅关注环境舒适度和温湿度、适老设施、母婴设施、残疾人等有特殊需求的人群，旨在提供温暖、贴心、人性化的政务服务。

　　总而言之，“一站式”政务服务是全方位、一体化、人性化的新型政府服务供给模式。在这种模式下，政府的有关职能集中到一个地点，办事人可以在一个窗口集中办理、办理完成服务事项的全部流程，无须在不同地点与窗口之间多次跑动。

二　“一站式”政务服务的缘起

　　“一站式服务”（One-Stop Shop）的字样最早出现在美国汽车维修厂的广告语中。1930 年 7 月，美国内布拉斯加州林肯市的“林肯之星”汽车维修厂打出了提供“一站式”服务的广告，以赢得同行业竞争。随后，“一站式”服务模式出现在纽约州的一家零售超市“金库仑联合商店”。②

　　“一站式”政府服务的改革先驱者是法国。早在 1974 年，法国率先成立实体“一站式政府”，设立了专门为企业提供登记注册的商事登记办公中心和业务手续服务中心，这是法国第一家行政审批中心。③

　　英国是最早将“一站式”服务作为政府改革理念明确提出的，并广泛应

────────────

　　①　李靖华：《政府一站式服务研究综述》，《科技进步与对策》2005 年第 9 期。

　　②　唐权、杨立华、梁家春、麦艳航：《“实体一站式政府”与“网络一站式政府”研究综述》，《济南大学学报》（社会科学版）2014 年第 2 期。

　　③　唐权、杨立华、梁家春、麦艳航：《“实体一站式政府”与“网络一站式政府”研究综述》，《济南大学学报》（社会科学版）2014 年第 2 期。

用于系统化改革的国家。撒切尔夫人执政时期，英国将源于商务领域的"一站式"服务模式引入政府管理领域。"一站式"服务最初在商务活动中特指"企业一次性为客户提供完整的'一条龙'服务"。① 英国将商务服务中"一次性""一条龙""完整服务"的理念引入公共服务领域，催生了"政府部门'集中'办公或'一站式'办公的概念"。② 在这种模式中，政府通过搭建一个物理空间平台，打破原有以政府部门为单位集合职能的方式，以服务供给为依据，聚合相关部门职能。办事人可以在一个地理位置一次性完成行政审批及所需服务的全部环节。

"一站式"服务理念一改以往分散式的政府办公模式，不仅有助于提升办事人的政务服务满意度，也可优化政府流程及职能分布结构，提升政府行政效率，"改善政府公共服务形象"，③ 一经采用即获得世界范围的普遍接受和广泛推行。美国、荷兰、日本、芬兰、意大利等国家明确提出了"一站式"发展战略。例如，20 世纪 90 年代以来，美国相继提出"Access America Project""Hassle-Free Communities Project"和"FirstGov Project"三个政府再造服务计划。④ 不少国家成立了"一站式"服务机构。例如，欧美国家的市政厅，澳大利亚的连接中心，日本的役所等。⑤ 虽然名称不同，但这些服务机构都秉承了"一站式"的服务理念。

随着时间的推移，西方国家和地区逐渐发展出不同各类型的"一站式"服务机构。1999 年，一项基于欧洲 11 国的调研数据显示，"一站式"服务机构主要可以分为四种类型：第一站模式（First-Stop）、便利店模式（Con-

---

① 沈荣华、杨国栋：《论"一站式"服务方式与行政体制改革》，《中国行政管理》2006 年第 10 期。

② 沈荣华、杨国栋：《论"一站式"服务方式与行政体制改革》，《中国行政管理》2006 年第 10 期。

③ 沈荣华、杨国栋：《论"一站式"服务方式与行政体制改革》，《中国行政管理》2006 年第 10 期。

④ 贾涛、陈翔：《国外一站式政府服务机构建设的做法及对我国的启示》，《中国行政管理》2007 年第 5 期。

⑤ 艾琳、王刚、张卫清：《由集中审批到集成服务——行政审批制度改革的路径选择与政务服务中心的发展趋势》，《中国行政管理》2013 年第 4 期。

venience Store)、真正的"一站式"（True One-Stop）、组合式。① 11 国中，各类机构数量由多到少依次是：便利店模式（41 个）、真正的"一站式"（29 个）、第一站模式（14 个）、组合式（5 个）。

第一站模式（First-Stop）主要提供信息咨询服务，将其较为形象地形容为"第一站"，主要是由于咨询是政务服务的第一步，之后可能依然需要经过更多环节才能完成行政审批或公共服务的所有必经步骤。因此，第一站模式尚不能称之为严格意义的"一站式"服务机构。

便利店模式（Convenience Store）指在一个实体或互联网虚拟平台集合一定数量的服务，多为基层或日常便民服务，但不包含专业度高、跨部门、长链条的复杂审批及服务。此类机构类似便利店，机构规模较小，以提供日常基础性服务为主。

真正的"一站式"模式是通常意义的一站式服务机构，办事人可以在单一物理实体场所或互联网虚拟平台一次性获得所有服务，无须到达多个地理位置或互联网站点。

20 世纪 90 年代，西方"一站式"政府服务机构主要包括几种类型。② 一是传统办公室柜台，通过面对面柜台式办公提供服务。二是自助服务亭（Kiosk），通过自助服务机提供一定范围的政务服务，大部分自助服务机可提供 7×24 小时全天候服务。三是电话服务中心（Call Center），通过热线电话提供信息咨询、受理市民有关公共服务的各类诉求。四是移动"一站式"服务，通过移动车辆在紧急或必要时刻进入社区直接提供公共服务。五是互联网"一站式"服务。这是越来越多的国家和地区采用的"一站式"服务方式，通过政府门户网站或政务服务网为公众提供相关服务。

---

① 贾涛、陈翔：《国外一站式政府服务机构建设的做法及对我国的启示》，《中国行政管理》2007 年第 5 期。
② 贾涛、陈翔：《国外一站式政府服务机构建设的做法及对我国的启示》，《中国行政管理》2007 年第 5 期。

三　中国"一站式"政务服务中心的改革历程

（一）地方探索

改革开放以来，中国从计划经济走向社会主义市场经济的过程，也是政府不断推进职能转变的过程。行政审批是通过行政指令和指导规范市场秩序的政府管理方式。长期以来，行政审批是政府行使行政管理职能的重要方式，通过设立行政审批事项和环节明确政府的管理领域、管理力度、管理方式等。加强行政管理往往意味着"增加一个事先审查部门、一道事项许可环节"。[①] 这大幅增加了市场主体和市民的行政成本，导致"办理某一事项，需要经过多个部门、多个环节的多个许可，重复审批、多头审批、层层审批。申请人办理审批手续要跑很多的部门、盖很多的印章，要向每个部门提交繁杂的材料，而且审批事项缺乏法律法规依据，审批条件模糊，带有很大的随意性和盲目性"。[②] 同时，行政审批权力为职能部门的权力寻租带来隐患，审批事项缺乏法律法规依据，审批部门行使权力存在随意性，这些都为行政权力的公平公正公开运行带来障碍，影响市场秩序的健康发展。"一站式"政务服务中心的改革探索正是在此背景下产生的。

中国"一站式"政务服务中心起源于地方政府发展经济的实际需求。20世纪90年代，一些地方政府在招商引资的过程中，为提升政府集中服务的行政效率，采用"一站式"服务模式。[③] 苏州被认为是最早引入"一站式"政务服务的地方政府。1995 年，苏州将新加坡工业园区的楼宇作为向园区企业提供行政审批及相关服务的场所，多个政府部门集中入驻。这一位于工业园区内部的集中式办公模式，为企业提供了足不出园区的近距离服务，[④] 很大程度上提高了行政审批效率，提升了苏州工业园区在政策环境上的吸引

---

① 陈时兴：《行政服务中心对行政审批制度改革的机理分析》，《中国行政管理》2006 年第 4 期。
② 陈时兴：《行政服务中心对行政审批制度改革的机理分析》，《中国行政管理》2006 年第 4 期。
③ 沈荣华、杨国栋：《论"一站式"服务方式与行政体制改革》，《中国行政管理》2006 年第 10 期。
④ 沈荣华、杨国栋：《论"一站式"服务方式与行政体制改革》，《中国行政管理》2006 年第 10 期。

力。苏州的"一站式"行政审批探索很快被江苏、浙江地区学习借鉴。

　　浙江省金华市是中国第一个建立综合性"一站式"政务服务机构的地方政府。20世纪90年代，金华市提出"服务投资、方便市民、并联审批、全程代理、强化监督"的政务服务理念，① 成立"一站式"服务机构，为外商投资者提供"一站式"专厅服务。② 随后，浙江省上虞市也成立了"一站式"政务服务中心，将分散在不同部门的审批、审核、办证、办照事项集中到"一站式"服务大厅办理。③

　　21世纪以来，随着国家在全国范围推动行政审批制度改革，全国各地开始普遍成立一站式行政审批大厅。④ 2004年7月1日，《行政许可法》开始实施。第二十六条规定"行政许可依法由地方人民政府两个以上部门分别实施的，本级人民政府可以确定一个部门受理行政许可申请并转告有关部门分别提出意见后统一办理，或者组织有关部门联合办理、集中办理"。⑤《行政许可法》的颁布实施，以法律形式明确了集中式行政许可的选项，既是对国家及地方改革探索的认可，同时也为"一站式"政务服务提供了法律依据。

　　在机构名称上，早期中国对"一站式"政务服务中心的名称并无统一规范和要求，地方的机构名称多样化程度较高，包括"行政服务中心""行政审批大厅""行政许可大厅""办证大厅""一站式服务中心""政务服务中心""政务中心""政务服务中心""行政许可中心""行政服务中心""政务大厅""市政大厅""便民服务中心"等一系列称谓。⑥ 这些机构实际上提供的都是综合性"一站式"行政审批及政务服务。

---

　　① 中国行政管理学会课题组、靳江好、文宏、赫郑飞：《政务服务中心建设与管理研究报告》，《中国行政管理》2012年第12期。
　　② 沈荣华、杨国栋：《论"一站式"服务方式与行政体制改革》，《中国行政管理》2006年第10期。
　　③ 中国行政管理学会课题组、靳江好、文宏、赫郑飞：《政务服务中心建设与管理研究报告》，《中国行政管理》2012年第12期。
　　④ 沈荣华、杨国栋：《论"一站式"服务方式与行政体制改革》，《中国行政管理》2006年第10期。
　　⑤ 全国人民代表大会常务委员会：《中华人民共和国行政许可法》，2003年8月27日。
　　⑥ 中国行政管理学会课题组、靳江好、文宏、赫郑飞：《政务服务中心建设与管理研究报告》，《中国行政管理》2012年第12期。

（二）国家顶层设计

2011 年，国家开始正式对"一站式"服务中心做出整体制度设计和规范要求。2011 年 6 月 8 日，中办、国办联合印发了《关于深化政务公开加强政务服务的意见》（中办发〔2011〕22 号）（以下简称《意见》），[①] 为一站式政务服务中心的发展制定了顶层方案，也为地方的进一步发展提出了要求。[②]《意见》肯定了各地在政务服务中心取得的成绩，同时指出各地的政务服务中心建设存在"服务体系建设不够完善，服务中心运行缺乏明确规范，公开办理的行政审批和服务事项不能满足群众需求"等问题，[③] 对统筹推进政务服务体系建设提出了多项制度设计和要求。

第一，机构定位。国家方案将"一站式"政务服务中心作为"实施政务公开、加强政务服务的重要平台"，划定了一站式政务服务中心职能范围，要求除"涉密、场地限制等特殊情况不进入服务中心办理的"事项以外，"凡与企业和人民群众密切相关的行政管理事项，包括行政许可、非行政许可审批和公共服务事项均应纳入服务中心办理"。[④]

第二，机构设置。国家方案对服务中心的人、财、物做出了明确规定。在人员编制安排上，地方政府应优化编制结构，调整配备编制。机构级别上，地方政府自行决定服务中心行政级别。地方财政要将"运行经费和人员办公经费列入本级财政预算"。《意见》将规范标准、制度建设明确作为建设一站式政务服务中心的要求，指出各地要明确规范省、市、县"三级服务中心的名称、场所标识、进驻部门、办理事项和运行模式"。

第三，机构职能。服务中心管理机构是"一站式"服务机构的管理部门，行使对服务场所、入驻部门的管理职能，并组织协调委托事项办理、

---

① 《关于深化政务公开加强政务服务的意见》，2011 年 6 月 8 日（http://www.gov.cn/gongbao/content/2011/content_ 1927031.htm）。

② 艾琳、王刚、张卫清：《由集中审批到集成服务——行政审批制度改革的路径选择与政务服务中心的发展趋势》，《中国行政管理》2013 年第 4 期。

③ 《关于深化政务公开加强政务服务的意见》，2011 年 6 月 8 日（http://www.gov.cn/gongbao/content/2011/content_ 1927031.htm）。

④ 《关于深化政务公开加强政务服务的意见》，2011 年 6 月 8 日（http://www.gov.cn/gongbao/content/2011/content_ 1927031.htm）。

"监督管理和指导服务，对进驻窗口工作人员进行管理培训和日常考核"等。

第四，业务流程。确立"一站式"政务服务中心的业务模式及流程。一是建立"前台—后台"的政务服务供给流程，实现"一个窗口受理、一站式审批、一条龙服务、一个窗口收费"的运行模式。行政审批部门向政务服务大厅窗口授权，将无须外出勘查、另行组织审批部门以外力量参与的环节放置后台现场办理与办结。例如，"不需要现场勘察、集体讨论、专家论证、听证的一般性审批事项①在窗口受理后直接办结"②，避免"体外循环"，提高行政审批效率。二是推进行政审批流程重塑。对涉及两个部门以上的审批事项，推动多部门联合审批联合办理，优化行政审批流程。三是推进政务公开、政务服务标准化建设。"进驻服务中心办理的事项都要公开办理主体、办理依据、办理条件、办理程序、办理时限、办事结果、收费依据、收费标准和监督渠道。"四是建立责任及评估机制。"建立健全首问负责、限时办结、责任追究、效能评估等制度。"③

第五，基层服务。转变政府公共服务理念，纵向延伸政务服务触达层级，推进基层服务并下沉社区。国家方案要求区分便民服务和行政审批服务，从基层群众的实际需求出发，"探索在乡镇（街道）开展便民服务的有效形式"④，服务范围包括："劳动就业、社会保险、社会救助、社会福利、计划生育、农用地审批、新型农村合作医疗及涉农补贴等。"⑤ 同时鼓励有条件的地方建立实体的综合便民服务站点和设施、探索建立免费代办制度等多样化的便民服务机制。

---

① 《关于深化政务公开加强政务服务的意见》，2011 年 6 月 8 日（http：//www.gov.cn/gongbao/content/2011/content_ 1927031. htm）。

② 《关于深化政务公开加强政务服务的意见》，2011 年 6 月 8 日（http：//www.gov.cn/gongbao/content/2011/content_ 1927031. htm）。

③ 《关于深化政务公开加强政务服务的意见》，2011 年 6 月 8 日（http：//www.gov.cn/gongbao/content/2011/content_ 1927031. htm）。

④ 《关于深化政务公开加强政务服务的意见》，2011 年 6 月 8 日（http：//www.gov.cn/gongbao/content/2011/content_ 1927031. htm）。

⑤ 《关于深化政务公开加强政务服务的意见》，2011 年 6 月 8 日（http：//www.gov.cn/gongbao/content/2011/content_ 1927031. htm）。

第六，信息化建设。行政审批信息化建设是智慧政务的前身。从国家方案来看，国家在推进"一站式"实体政务服务大厅建设阶段就已经部署启动行政审批信息化建设、门户网站及功能建设，成为智慧政务、数字政府的前期基础。通过"推广电信网、广电网、互联网等现代科技手段在政务服务中的应用"①，国家方案要求各地"逐步实现网上办理审批、缴费、咨询、办证、监督以及联网核查等事项"②，同步推进线上"一站式"政务服务平台建设。

第七，整体性政府平台建设。在线上一站式平台部署搭建初期，国家方案已经注意到整合各部门各类各级政务平台，避免重复建设、资源浪费的重要意义。《意见》要求地方各级政府加强资源整合，以"服务中心为主体，逐步实现各级各类政务服务平台的联接与融合，形成上下联动、层级清晰、覆盖城乡的政务服务体系"③。

第二节　全国整体建设情况

自 20 世纪 90 年代末以来，中国各地普遍设立"一站式"行政服务中心，提供综合性行政审批及政务服务。1997 年至 2012 年，全国"已有 268 个城市建立了市级行政审批中心……2001 年和 2004 年之间，行政审批中心的扩散速度出现了峰值"④。"截至 2011 年年底，中国 31 个省（区、市）共设立政务（行政）服务中心 2912 个（含各级各类开发区设立的服务中心），其中，省级中心 10 个，市（地）级 368 个，县（市）级 2534 个。30377 个

---

① 《关于深化政务公开加强政务服务的意见》，2011 年 6 月 8 日（http：//www.gov.cn/gongbao/content/2011/content_ 1927031.htm）。

② 《关于深化政务公开加强政务服务的意见》，2011 年 6 月 8 日（http：//www.gov.cn/gongbao/content/2011/content_ 1927031.htm）。

③ 《关于深化政务公开加强政务服务的意见》，2011 年 6 月 8 日（http：//www.gov.cn/gongbao/content/2011/content_ 1927031.htm）。

④ 朱旭峰、张友浪：《创新与扩散：新型行政审批制度在中国城市的兴起》，《管理世界》2015 年第 10 期。

乡镇（街道）建立了便民服务中心。"①

根据全国实体政务大厅普查数据，截至 2017 年 4 月，政务大厅服务网点实现全覆盖。"全国县级以上地方各级人民政府共设立政务大厅 3058 个，覆盖率 94.3%。其中，省级政务大厅 19 个（含新疆生产建设兵团），地级市政务大厅 323 个，县级政务大厅 2623 个，直辖市区县政务大厅 93 个。此外，乡镇（街道）共设立便民服务中心 38513 个，覆盖率 96.8%；国务院部门共设立政务大厅 42 个。江西、广西、四川、贵州、云南、甘肃、宁夏7 个省（区）已实现省、市、县三级政务大厅全覆盖。"②

多个省级政府颁布了地方性政务服务管理办法。各地管理办法的名称不尽相同，包括：政务服务中心管理办法、行政审批管理规定、行政许可管理办法、政务服务体系建设管理办法、政务服务监督管理办法等。但内容上基本是对地方政务服务的行政管理规范和制度要求，对"政务大厅建设、部门事项进驻、办事服务标准"③ 等一站式政务服务的相关工作进行系统的制度建设。

表 3-1　　　　　　　　省级政务服务管理规定（办法）

序号	省（区、市）	制度名称
1	北京	《北京市政务服务中心管理暂行办法》
2	天津	《天津市行政审批管理规定》
		《天津市行政许可管理办法》
3	吉林	《吉林省政府政务大厅行政审批服务项目管理办法》
4	山西	《山西省政务服务管理办法》
5	上海	《上海市行政服务中心管理办法》

---

① 中国行政管理学会课题组、靳江好、文宏、赫郑飞：《政务服务中心建设与管理研究报告》，《中国行政管理》2012 年第 12 期。
② 国务院办公厅政府信息与政务公开办公室：《全国综合性实体政务大厅普查报告》，《中国行政管理》2017 年第 12 期。
③ 国务院办公厅政府信息与政务公开办公室：《全国综合性实体政务大厅普查报告》，《中国行政管理》2017 年第 12 期。

续表

序号	省（区、市）	制度名称
6	江苏	《江苏省政务服务管理规定》
7	浙江	《浙江省行政审批服务管理办法》
8	江西	《江西省行政服务中心管理办法》
9	湖北	《湖北省政务服务体系建设管理办法》
10	湖南	《湖南省政府服务规定》
11	广西	《广西壮族自治区政务服务管理办法》
12	海南	《海南省政务服务管理办法》
13	四川	《四川省政务服务条例》
		《四川省政务服务监督管理办法》
14	贵州	《贵州省行政服务监督和管理办法（试行）》
15	云南	《云南省政务服务监督管理办法（试行）》
16	宁夏	《宁夏回族自治区政务服务办法》

资料来源：《全国综合性实体政务大厅普查报告》。①

　　近年来，有的地方开始推动政务服务地方立法，以推进政务服务的制度化、规范化、法制化建设。地方政府将政务服务、对政务服务中心及相关工作人员的管理规范、制度要求、主要职责、改革方向等要求以地方法规的形式确立，提升政务服务制度要求的约束力。例如，四川省是较早推动政务服务地方立法的省级政府。2013 年 4 月，四川省通过并颁布《四川省政务服务条例》。2021 年 5 月，贵州省通过并颁布《贵州省政务服务条例》。

　　第一，明确政务服务的范围。各地条例中，政务服务基本指行政权力事项、政务服务事项。例如，四川省政务服务条例将政务服务界定为省内"县级以上地方人民政府及其部门、机构、法律法规授权的组织（以下统称政务服务部门），在政务服务中心为公民、法人和其他组织（以下统称申请人）

---

　　① 国务院办公厅政府信息与政务公开办公室：《全国综合性实体政务大厅普查报告》，《中国行政管理》2017 年第 12 期。

依法受理和办理行政许可、非行政许可审批和公共服务等行政管理事项的活动"。① 贵州省政务服务条例规定行政权力事项包括行政许可、行政给付、行政确认、行政裁决等依申请实施的事项，以及为申请人履行法定义务提供便利的事项。政务服务事项包括行政权力事项和公共服务事项。②

第二，建立行政权力事项、政务服务事项的管理制度。例如，对行政权力事项和公共服务事项实行清单管理，明确事项类型、名称、编码、依据和行使层级等基本要素，通过各级人民政府门户网站、在线政务服务平台和政务服务大厅等及时向社会公布。

第三，推进政务服务标准化建设。例如，省级政务服务机构按照办事指南编制标准，组织编制政务服务事项办事指南，主要内容包括事项名称、办理渠道、办理流程、办理条件、办理期限、申请材料及样本、收费标准及依据、查询方式、救济途径等基本要素。

第四，"一站式"实体大厅建设。确立"一站式""集中"办理原则，要求除特殊情况不适合在大厅办理的事项都应进入大厅集中办理。政务服务大厅设置服务窗口、咨询引导、自助办理、服务等候、政务公开、投诉受理等功能分区，满足政务服务事项集中办理需要。

第五，推进政务服务便利化改革。通过"优化办理流程、精简办事材料、缩短办理时限"③，降低行政审批的行政成本。例如，贵州省规定"两个以上政务服务机构分别办理高度关联的多个政务服务事项的，由事项涉及最高办理层级的政务服务中心明确牵头办理机构；涉及固定资产投资、工程建设等领域的，由涉及政务服务机构共同的上级人民政府确定牵头办理机构，开展联合办理、集中办理"④。

第六，建立政务服务监督机制。有的地方法规对政务服务实行绩效管理、目标考核和责任追究制度，通过多种形式丰富检查手段、拓宽投诉反馈

---

① 四川省人民代表大会常务委员会：《四川省政务服务条例》，2013 年 4 月 2 日（https：//www.sc.gov.cn/10462/10778/12802/12805/2013/12/11/10288062.shtml）。

② 贵州省人民代表大会常务委员会：《贵州省政务服务条例》，2021 年 5 月 27 日。

③ 贵州省人民代表大会常务委员会：《贵州省政务服务条例》，2021 年 5 月 27 日。

④ 贵州省人民代表大会常务委员会：《贵州省政务服务条例》，2021 年 5 月 27 日。

渠道等方式，强化政务服务的效能治理。例如，四川省规定在政务大厅设立监察窗口、接受有关效能监察投诉；向社会公开政务服务工作，建立群众满意度评价机制，接受公众监督；增强监察部门对政务服务工作的现场监督、服务质量考评、过程督查。①

第七，明确法律责任。未履行政务服务条例所规定职责的政务服务中心及人员，须承担相应的法律责任。例如，对未建立健全政务服务大厅管理规范和制度，管理失序或无序；违规增设服务事项、环节或材料、擅自设置政务服务障碍等行为。②

表 3-2   地方政务服务相关条例

序号	地区	条例名称
1	四川省	《四川省政务服务条例》
2	福州市	《福州市行政服务条例》
3	江苏省	《江苏省促进政务服务便利化条例》
4	贵州省	《贵州省政务服务条例》
5	新疆维吾尔自治区	《新疆维吾尔自治区促进政务服务便利化条例》
6	安阳市	《安阳市政务服务条例》
7	鄂尔多斯市	《鄂尔多斯市政务服务条例》
8	信阳市	《信阳市政务服务条例（草案）》

资料来源：作者自制。

第三节　平台整合 1.0：大厅模式

一　"集中到位"改革：行政审批职能一站式聚合

以 2004 年《行政许可法》以及国务院《全面推进依法行政实施纲要》

---

① 四川省人民代表大会常务委员会：《四川省政务服务条例》，2013 年 4 月 2 日。
② 贵州省人民代表大会常务委员会：《贵州省政务服务条例》，2021 年 5 月 27 日。

的实施为契机，相对集中的行政许可的理念伴随"一站式"政务服务大厅的实践探索在全国范围推行。"一站式"政务服务模式开启了1.0探索阶段。

探索相对集中行政许可权成为地方改革的探索方向。"一站式"政务服务大厅1.0模式的实质是推动政府部门间职能整合。此模式主要是以实体大厅为物理集合场所，打破传统科层体制下职能部门分散式布局的结构特征，将政府不同职能部门具有行政审批性质的职能和业务分离出来，集合至实体大厅所在地，统一对外提供政务服务，实现多部门行政审批职能的物理聚合。在部门职能整合的同时，原部门负责行政审批业务的人员也随之向政务服务大厅聚合。

"两集中、两到位"是对地方探索的相对集中的行政许可改革的形象表述。"两集中"指"部门的审批服务职能向一个科室集中，成立行政审批服务办公室；行政审批服务办公室向政务大厅集中，整建制进驻大厅"；[①]"两到位"指"项目到位，审批权限到位"。[②] 各地纷纷"推进各部门的审批、服务职能向一个处（科）室集中，各审批服务处（科）室向大厅集中；推进分散的审批服务事项进驻大厅到位，授权到位"。[③]

地方还推行了"三集中，三到位"的改革探索。虽然多地使用"三集中，三到位"的概括性表述，但在具体表意上存在一定程度的地区差异。通常来讲，"'三集中、三到位'，是指部门行政审批职能（行政许可、行政服务）向一个处室集中、承担审批职能的处室向行政服务中心集中、行政审批事项向电子政务平台集中"；[④]"三到位"指"审批事项进驻落实到位、授权到位、电子监察到位"。[⑤] 有的地方在"三集中"中增设了行政审批首席代表的角色，政府职能部门的行政审批权限向首席代表集中。"三集中"指

① 王慧志：《大同市率先开展"两集中两到位"工作》，《政府法制》2011年第25期。
② 王慧志：《大同市率先开展"两集中两到位"工作》，《政府法制》2011年第25期。
③ 国务院办公厅政府信息与政务公开办公室：《全国综合性实体政务大厅普查报告》，《中国行政管理》2017年第12期。
④ 《市政府关于推行行政审批"三集中、三到位"工作的实施意见》，通政发第73号，2011年11月7日（http://www.nantong.gov.cn/ntsrmzf/szfwj/content/560e6756-d1fc-4611-8dfe-0c0f1e49e9e0.html）。
⑤ 《市政府关于推行行政审批"三集中、三到位"工作的实施意见》，通政发第73号，2011年11月7日（http://www.nantong.gov.cn/ntsrmzf/szfwj/content/560e6756-d1fc-4611-8dfe-0c0f1e49e9e0.html）。

"将各部门内部许可审批事项向行政审批办公室集中，许可审批权力向首席代表相对集中，行政审批办公室和首席代表向政务服务中心集中。"① 由于首席代表可以代表职能部门行使行政审批权，"三集中"后，"一站式"政务服务中心的窗口具有"受理权、审批权、分办权和督办权"。② 有的地方将"三到位"发展成为"五到位"，在审批事项进驻落实到位、授权到位、电子监察到位的基础上，增加为"授权到位、机构到位、人员到位、职能到位、监督到位"。③

2018 年 6 月，国务院办公厅发布《国务院办公厅关于印发进一步深化"互联网+政务服务"推进政务服务"一网、一门、一次"改革实施方案的通知》（国办发〔2018〕45 号），④ 提出要优化"政务服务大厅'一站式'功能，完善省、市、县、乡镇综合性政务大厅集中服务模式"，推动"'多门'变'一门'，线上线下集成融合"。在"互联网+政务服务"的背景下，地方在集中到位的前期改革中融入了互联网、信息技术平台的因素，发展了"三集中三到位"新解。例如，2020 年 1 月，湖南省政府办公厅关于印发《省直部门审批服务"三集中三到位"改革实施方案》和《省政务服务中心部门集中入驻方案》的通知，将"三集中三到位"界定为"省直部门审批服务工作向一个处室集中、审批服务处室向省政务服务中心集中、审批服务事项向省政务服务中心和电子政务平台集中；省直部门审批服务事项和人员入驻省政务服务中心到位、省直部门对省政务服务中心窗口授权到位、审批服务电子监察到位，加快实现审批服务前台综合受理、后台分类审批、窗口统一出件"。⑤

---

① 蔡国华：《"三集中"的行政审批体制分析》，《中国行政管理》2012 年第 12 期。
② 蔡国华：《"三集中"的行政审批体制分析》，《中国行政管理》2012 年第 12 期。
③ 蔡国华：《"三集中"的行政审批体制分析》，《中国行政管理》2012 年第 12 期。
④ 《国务院办公厅关于印发进一步深化"互联网+政务服务"推进政务服务"一网、一门、一次"改革实施方案的通知》，国发办第 45 号，2018 年 6 月 22 日（http://www.gov.cn/zhengce/content/2018-06/22/content_5300516.htm）。
⑤ 《湖南省人民政府办公厅关于印发〈省直部门审批服务"三集中三到位"改革实施方案〉和〈省政务服务中心部门集中入驻方案〉的通知》，相政办发第 2 号，2020 年 2 月 17 日（http://www.yuelu.gov.cn/yl_xxgk/bmxxgkml/qzwzx/zcwj/202002/t20200221_6886271.html）。

总之，各地通过集中和到位改革，在不同程度上将原本分散在职能部门的行政审批职能、人员集中到"一站式"政务服务大厅。很多地方对于进驻部门和行政审批事项采取"应进必进"的原则，要求除特殊原因之外"减少、杜绝行政许可审批事项游离于中心之外"，① 在此基础上推进政务服务大厅内部的审批流程优化，推进更高程度的"一站式"政务服务改革，实现"一个中心对外、一个大厅办理、一条龙服务、一站式办结、一次性收费"。②

　　改革后，地方将多个部门的相关科室的审批事项集中到"一站式"大厅。例如，2011 年，山西省大同市推行'两集中、两到位'改革，将 49 个部门 128 个科室的行政审批服务职能归并到新成立的 44 个行政审批服务办公室，其中 27 个部门单独设立，17 个部门加挂牌子。③ "四川省 42 个有审批职能的省政府部门（单位）中，除省知识产权局、省盐务局外，都设立了行政审批处，并全部入驻政务大厅。"④ 截至 2017 年 4 月，"全国共有 2734 个政务大厅推行了'两集中、两到位'改革，占政务大厅总数的 89.4%。天津、浙江、吉林、山西、山东等地整处（科）室进驻的部门比例均超过了 50%。"⑤

　　"集中到位"改革使得政务服务大厅真正具备了提供一站式、一次性服务的能力基础，是进一步推进大厅职能整合、内部优化的前提。改革在整体上提升了政务服务效率，以用户为核心的职能整合理念促进了服务质量的提升。更为重要的是，集中后的行政审批职能很大程度上被从原有部门抽离，进入"一站式"大厅的组织运行环境，有助于以往处于隐藏状态的审批职能边界不清、职能重叠、机构臃肿等问题浮出水面，对政府职能转变起到了积

---

　　① 蔡国华：《"三集中"的行政审批体制分析》，《中国行政管理》2012 年第 12 期。
　　② 蔡国华：《"三集中"的行政审批体制分析》，《中国行政管理》2012 年第 12 期。
　　③ 王慧志：《大同市率先开展"两集中两到位"工作》，《政府法制》2011 年第 25 期。
　　④ 国务院办公厅政府信息与政务公开办公室：《全国综合性实体政务大厅普查报告》，《中国行政管理》2017 年第 12 期。
　　⑤ 国务院办公厅政府信息与政务公开办公室：《全国综合性实体政务大厅普查报告》，《中国行政管理》2017 年第 12 期。

极的推进作用。①

二 "一站式"政务服务中心的职能类型

各地"一站式"政务服务中心的职责范围不尽相同，大多数政务服务大厅不限于办理行政审批事项，而是将服务范围拓展到政务服务、便民服务、政务咨询、政务公开、政务监督、政务信息、政务投诉等方面。② 总体上，"一站式"政务服务大厅的主要职能范围包括四种类型。

第一，综合性行政审批中心。此类"一站式"服务中心主要履行政府职能部门的行政审批权限，以行政许可事项的办理为主要职能。此类行政审批中心通常在"一站式"大厅建立初期在多地存在。机构名称也多以"政审批中心""政务大厅"等命名。③ 随着时间的推移、改革的深化，此类机构通常逐渐发展为综合性政务服务中心，业务及职能范围不限于行政审批事项的办理。

第二，专业性行政审批中心。专业性行政审批中心主要聚焦某一专业领域的行政审批及政务服务业务。通常来讲，专业大厅领域内的行政审批事项业务量大，办理频率较高，一般综合性政务服务大厅较难容纳及承受此类事项的办理量。单独设立专业大厅主要是为了业务聚集、办事人分流，例如，不动产登记大厅、人力资源和社会保障服务专厅等。

第三，综合性政务服务中心。此类"一站式"中心较为常见，是目前各地的主流模式。除行政审批业务以外，综合性政务服务中心提供包括便民服务、政务咨询、企业贷款、银行业务、政务监督、"水电气暖"等延伸性服务。以行政审批、政务服务为核心，链条向前后端延伸、向社会端延伸的相关服务被越来越多地整合进综合性"一站式"服务中心。不少地方的政务大

---

① 王慧志：《大同市率先开展"两集中两到位"工作》，《政府法制》2011年第25期。

② 中国行政管理学会课题组、靳江好、文宏、赫郑飞：《政务服务中心建设与管理研究报告》，《中国行政管理》2012年第12期。

③ 中国行政管理学会课题组、靳江好、文宏、赫郑飞：《政务服务中心建设与管理研究报告》，《中国行政管理》2012年第12期。

厅"集协调中心、求助中心、调解中心为一体，统一运行、协同服务"。①很多地方的"12345"政务服务热线进驻政务服务大厅，以建设"一站式"大厅为契机，整合辖区内数十条甚至上百条政府热线，提升为企业及群众的服务质量。

第四，公共服务机构综合体。此类机构对服务种类的整合程度更高，不限于行政审批及政务服务事项，全方位整合群众日常生活所需公共服务。例如，"户籍证明、驾驶证年度审验、身份证、归国人员身份确认、暂住证等政务服务事项；银行、水电煤气、验资评估、教育培训、司法公正等配套服务；甚至还囊括中小学生转学、执业医师变更注册、律师注册、高考分数复查等事务"。② 此类"一站式"服务机构的设置初衷是以群众需求为出发点，集合日常需求程度较高的服务于一站，不仅实现"一站式"办理，同时实现就近办理，搭建 15 分钟政务服务圈。由于集合的服务种类和数量繁多，综合体对"一站式"办公场所面积、工作人员数量存在一定要求，且"就近原则"是便民服务的布点关键，此类机构逐渐发展分化，日常生活性服务进一步下沉到社区的便民工作站等机构；其他服务逐渐归集到区级以上的综合性政务服务中心。

根据政务服务中心的不同类型，入驻大厅的单位性质也不尽相同。综合性、专业性行政审批中心主要入驻"执行行政审批职能的政府机构，如规划局、公安局、建设局、国土局等"；③ 综合性政务服务中心、公共服务综合体机构的入驻单位除了行政审批部门以外，还包括公共服务单位、社会中介组织等。例如，"提供水电煤气、通信、教育、公共交通等公共服务的事业单位，如自来水公司、电力公司、天然气公司、电信公司等，以及提供代办与

---

① 国务院办公厅政府信息与政务公开办公室：《全国综合性实体政务大厅普查报告》，《中国行政管理》2017 年第 12 期。

② 中国行政管理学会课题组、靳江好、文宏、赫郑飞：《政务服务中心建设与管理研究报告》，《中国行政管理》2012 年第 12 期。

③ 中国行政管理学会课题组、靳江好、文宏、赫郑飞：《政务服务中心建设与管理研究报告》，《中国行政管理》2012 年第 12 期。

配套服务的社会中介组织，如银行、公正部门、商务中心等"。①

三 "一站式"政务服务中心的组织体系

在中国"一站式"政务服务中心出现的早期，地方机构隶属关系也呈现多样化情形。在隶属关系上，不少地方的机构设置逻辑集中体现了行政审批制度改革聚焦行政权力反腐的改革重点。有的"一站式"政务服务大厅隶属监察局，有的隶属办公室，有的隶属招商局等。不同的隶属关系折射出地方的改革侧重点。有学者观察到，"归政府办公室管辖的，比较偏重协调功能；归经济贸易发展局管辖的，比较偏重服务经济的功能；归招商局管辖的，比较偏重服务外商的功能；而直接由市政府领导的，无疑更偏重该组织的权威"。②

2001 年，随着国务院行政审批领导小组的成立，③ 地方也开始成立行政审批制度改革工作领导小组，逐渐形成"领导小组—领导小组办公室—行政审批大厅"的组织工作体系。地方行政审批制度改革工作领导小组是改革的领导及决策机制，通常由地方政府的主管副职领导担任小组组长。有的地方高规格配置，由正职领导担任小组组长。领导小组下设行政审批制度改革工作领导小组办公室，负责执行领导小组的决策，推进日常改革工作。在很多地方，行政审批制度改革工作领导小组办公室与行政审批大厅合署办公，"一套班子、两块牌子"。在机构设置上，不少地方将行政审批大厅设置为事业单位，由行政审批制度改革工作领导小组办公室管理。在"一套班子、两块牌子"的架构下，行政审批大厅即为行政审批制度改革工作领导小组办公室的实际工作场所。

随着改革的推进，地方逐步建立并规范了"一站式"政务服务中心的组

---

① 中国行政管理学会课题组、靳江好、文宏、赫郑飞：《政务服务中心建设与管理研究报告》，《中国行政管理》2012 年第 12 期。

② 沈荣华、杨国栋：《论"一站式"服务方式与行政体制改革》，《中国行政管理》2006 年第 10 期。

③ 《国务院办公厅关于成立国务院行政审批制度改革工作领导小组的通知》，国办发第 71 号，2016 年 10 月 10 日（http：//www.gov.cn/zhengce/content/2016-10/10/content_ 5116889.htm）。

织体系。① 各地普遍建立了行政序列政府职能部门、事业单位的二级管理制度。政务服务管理办公室、行政审批局作为政务服务的行政管理部门,负责推进政务服务改革、制定相关政策、统筹管理政务大厅的整体业务。政务服务大厅通常被设置为事业单位,负责管理政务大厅的日常工作,包括对大厅入驻部门和窗口人员进行管理、规范大厅业务运行,推进政务服务标准化建设,优化政务服务流程,对大厅部门及人员绩效进行考核等。

2015 年,国家启动相对集中的行政许可试点改革。中编办发布《关于印发〈相对集中行政许可权试点工作方案〉的通知》(中央编办发〔2015〕16 号),在全国范围开展改革探索。地方政府对于"一站式"大厅模式的改革开始出现较为明显的分野。一些地方继续延用"一站式"政务服务中心模式;另一些地方开始探索行政审批局模式。

2018 年政府机构改革后,各地纷纷成立政务服务管理部门,承担地方行政审批制度改革工作领导小组办公室的职能,统筹推动政务服务领域各项改革及日常工作,并负责管理政务服务大厅。随着地方政务服务管理部门的成立,很多地方虽然依旧保留行政审批制度改革工作领导小组办公室的机构设置,但将其职能交由政务服务管理部门代行。

四 "一站式"政务服务中心纵向组织体系

随着"一站式"政务服务中心在全国范围的推广设立,"一站式"政务服务模式的扩散也呈现纵向分布特征,基本形成了"省、市、县、乡的纵向政务服务体系"。② 各层级的政务服务中心服务内容的侧重点不同,市、区(县)两级行政审批事项类型领域跨度更广、行政审批办件量更大。市、区级以下,政务服务向乡镇、街道、村社延伸,街道便民服务站、社区工作

---

① 国务院办公厅政府信息与政务公开办公室:《全国综合性实体政务大厅普查报告》,《中国行政管理》2017 年第 12 期

② 中国行政管理学会课题组、靳江好、文宏、赫郑飞:《政务服务中心建设与管理研究报告》,《中国行政管理》2012 年第 12 期。

站、村居便民服务站、代办点等基层便民服务站点也在各地获得推广普及。①

整体上，"一站式"政务服务大厅在市域范围、街乡以下的基层呈现不同的模式。省级"一站式"政务服务中心多为综合性政务服务中心和专业性行政审批大厅。基层"一站式"政务服务中心多为聚焦生活性便民服务的小型服务站点。此外，各层级的"一站式"政务服务中心也存在不同的分布特征。

1. 市域"一站式"政务服务中心模式

市域"一站式"政务服务中心包括省级政务服务中心，也包括设区的市的政务服务中心。市域范围的"一站式"政务服务中心的地理覆盖范围较广、辐射的服务人数较多，涉及的政务服务事项范围比较综合，包括应受到政府行政规制的行政审批事项，以及涉及生产、生活性公共服务事项。通常来讲，市域范围较广的城市较多采取市级集中、区（县）级相对集中的分布模式。

市域范围一般设置一个综合性政务服务大厅，结合多点分布的专业大厅，实现集中审批。区（县）较多采取综合性政务服务中心与多点分布的分中心相结合的方式。区（县）级综合性服务中心可能设置一个，较大面积的区（县）也可能根据地方实际情况设置多个，以均衡辖区分布，防止政务服务业务过于拥挤，提高办事人在有限距离内的政务服务可及程度。同时，将业务量较大、办件频率较高的事项集中于专业性分中心。例如，人力资源与社会保障、医疗保障、婚姻登记、税务等领域多被设置于专业性分中心。

2. 基层大厅模式

街道、乡镇层级以下的基层大厅规模小、数量较多、政务服务类型相对集中、分布多以基层社区或更细微的居民生活单元为单位。政务服务便民化的重点工作之一是将原本集中在区县级上的政务服务向基层下沉，将政务服务的供给链条延伸至街巷、村居的基本生活单元，让群众的日常生活性政务

---

① 中国行政管理学会课题组、靳江好、文宏、赫郑飞：《政务服务中心建设与管理研究报告》，《中国行政管理》2012年第12期。

服务事项就近可办，街道和乡镇向公共服务职能回归，村居层面成立社区工作站、便民服务点，将区县级大厅的部分事项下沉到街乡、村居层面办理，实现生活性高频事项就近集中办理，提高政务服务的便利化程度。

第四节　平台整合 2.0：大厅内部结构优化

"一站式"政务服务中心的建立实现了将政府职能部门原有的行政审批职能向大厅集中。行政审批职能向同一个地点集中是平台集成的 1.0 阶段。随着政务服务大厅的运行，新的问题再次出现。虽然"一站式"政务服务供给模式改变了办事人到多个地点办理政务服务事项的情形，但集成众多政务服务及公共服务的"一站式"政务服务中心，特别是在城市地区，通常是一个有着较大占地面积、多层楼层的大型综合体建筑。办事人即便到达一个地点，也经常需要在服务中心内部来回往返多个楼层、多个窗口，才能完成所需办理事务的多个环节。有些地方大厅不同窗口办理不同事项的收件标准、服务态度等存在较大差异，时常出现"无故不受理""两头受理""超时办理"等问题。[①] 对于程序较为复杂的事项，存在办事人不能实现有效咨询的问题。这成为政务服务质量提升的障碍，为进一步深化改革提出了需求。

"一站式"政务服务大厅的 2.0 改革阶段是对大厅内部功能的再度整合，较为典型的改革是"一门式、一窗式"改革。所谓"一门式、一窗式"是将分散在政务服务大厅多个窗口的行政审批及政务服务事项集中到一个窗口，实现统一收件、统一发放结果。这并不是将全部政务服务事项集中于一个窗口进行办理，而是通过改变前台与后台之间的业务结构，实现前台统一收件，后台分发流传审批，再统一发放审批结果，形成"前台综合受理、后台分类审批、综合窗口出件"的政务服务新模式。[②] "公众到办事大厅后，

---

① 国务院办公厅政府信息与政务公开办公室：《全国综合性实体政务大厅普查报告》，《中国行政管理》2017 年第 12 期。

② 吉林省人民政府网：《建立"前台综合受理、后台分类审批、综合窗口出件"的全新工作模式》（http://www.jl.gov.cn/szfzt/zxft/szfzxft/zxft2018/lyszpycgggzjxs/ftzy/201811/t20181109_6494579.html）。

只需要接触单一的办事窗口，即可办结他们所需要的所有事情"。① 因此，"一门"与"一窗"均指政务服务大厅的服务窗口。

"一门式、一窗式"改革不仅实现了统一收发，更为重要的是实质性推进了政务服务标准化建设。一窗统一收件要求服务窗口能够接受各类不同政务服务事项的办理申请，并完成形式审查。这要求窗口统一受理标准、审查标准以及业务流程标准，实行统一标准、统一受理、统一系统、统一分办、同步流转、同步发证、统一反馈，② 在很大程度上提升了窗口工作的规范程度。

广东省佛山市是较早推行"一门式"改革的地方。2014 年，佛山市禅城区在全国率先推行一门式改革。禅城区在区级、镇（街）、村（居）三级政务服务中心（站点）建立"一门"。通过设立综合服务窗口，将原先分散在大厅内部多个职能部门窗口的事项集中到一个窗口，实现一个窗口可以办理多项跨部门事项。③

通过"一门式"改革，禅城区推行政务服务窗口业务流程的深度优化，实现了"一门集中、一窗受理、一网通办、最多跑一次"④ 的服务模式。一门式改革实施后，前台窗口实现综合收件，不再需要每个部门单独设置窗口，窗口数量大幅削减。改革后，"窗口数量减少 30%，办理事项增加了 3 倍多，群众排队等候时间减少一半以上，平均办理时间缩短 7.5 个工作日"。⑤ 相关研究显示，佛山禅城区在镇街层面，由原先在 10 个大厅 76 个各类别窗口办理的 300 多个事项，减少到由 4 个行政服务中心共 61 个综合窗

① 唐权、杨立华、梁家春、麦艳航：《"实体一站式政府"与"网络一站式政府"研究综述》，《济南大学学报》（社会科学版）2014 年第 2 期。

② 国务院办公厅政府信息与政务公开办公室：《全国综合性实体政务大厅普查报告》，《中国行政管理》2017 年第 12 期；熊光清、刘高林：《互联网时代行政审批的流程再造——以广东省佛山市禅城区"一门式"政务服务改革为例》，《江苏行政学院学报》2020 年第 1 期。

③ 熊光清、刘高林：《互联网时代行政审批的流程再造——以广东省佛山市禅城区"一门式"政务服务改革为例》，《江苏行政学院学报》2020 年第 1 期。

④ 国务院办公厅政府信息与政务公开办公室：《全国综合性实体政务大厅普查报告》，《中国行政管理》2017 年第 12 期。

⑤ 国务院办公厅政府信息与政务公开办公室：《全国综合性实体政务大厅普查报告》，《中国行政管理》2017 年第 12 期。

口办理，办理者平均等候时间缩短了一半。① 截至 2019 年 6 月，禅城"'一门式'改革累计推出 70 个'商事经营主题办（证照联办）'主题，每个主题需提交材料精简 30% 以上，平均办理时间缩短 55% 以上"。②

在地方改革探索的基础上，2018 年国家设计并推动顶层方案。2018 年 5 月，中共中央办公厅、国务院办公厅印发《关于深入推进审批服务便民化的指导意见》，推广"一门式、一窗式"改革，提出"将部门分设的办事窗口整合为综合窗口，完善'前台综合受理、后台分类审批、综合窗口出件'工作模式，实行一窗受理、集成服务，实现'一窗通办'"。③

国家方案中同时公布了典型案例，推广地方的先进经验做法。广东省佛山市将"一门式"改革和"互联网+"改革相结合，在"一门式"的基础上增加了"一网式"，推动线上线下同步改革，线下推动一窗办理，线上推动一网办理。除此之外，典型案例还包括浙江省"最多跑一次"经验做法、江苏省"不见面审批"、上海市优化营商环境、湖北省武汉市"马上办网上办一次办"、天津市滨海新区"一枚印章管审批"。这些案例在经验总结和提炼上各具地方特色，但都将"一窗式"改革作为基础改革，同时结合地方创举及互联网技术平台在政务服务场景的应用。

例如，浙江的"最多跑一次"改革并非传统"一站式"大厅的服务模式，而是以"一窗式"改革为基础，进一步将分散在大厅内多个窗口的职能和服务统一集中到一个综合性服务窗口，建立"前台综合受理、后台分类审批、综合窗口出件"的政务服务业务模式，从优化业务流程和以办事人需求为中心出发，构建整体性政府。改革不仅推进前台窗口整合，同时"倒逼部门衔接管理制度、整合办事流程"，④ 在办事人感知端实现从"找部门"向

① 熊光清、刘高林：《互联网时代行政审批的流程再造——以广东省佛山市禅城区"一门式"政务服务改革为例》，《江苏行政学院学报》2020 年第 1 期。

② 广东省人民政府网站：《佛山禅城："一门式"优服务推动高质量发展》（http：//www. gd. gov. cn/zwgk/zdlyxxgkzl/xzsp/content/post_ 2574788. html）。

③ 《关于深入推进审批服务便民化的指导意见》，2018 年 5 月 23 日（http：//www. gov. cn/zhengce/2018-05/23/content_ 5293101. htm）。

④ 《关于深入推进审批服务便民化的指导意见》，2018 年 5 月 23 日（http：//www. gov. cn/zhengce/2018-05/23/content_ 5293101. htm）。

"找政府"的转变"。①"一窗式"改革的整体政府构建理念同时带动了跨部门、多平台横向联动整合。浙江的"一窗式"改革，横向上促进了省市县乡村五级联动的政务服务体系、网上办事大厅、"12345"统一政务咨询投诉举报平台等多平台联动。②纵向上推进改革向基层延伸、向企事业单位等延伸，提升了医疗卫生、教育、养老等基层社会治理水平和服务群众能力。③

除了综合性服务窗口，"一窗式"改革在地方还催生出提升行政服务效能的"特色窗口"。有的地方开设"找茬窗口"，专门接收办事人就政务服务流程不顺畅、堵点、难点等问题提出的投诉。例如，2017年，上海浦东新区行政服务中心设置了"大家来找茬"的服务专窗，集中接收民众、企业在办事过程中遇到的问题和建议。同时，浦东新区行政服务中心还开通了线上"请您来找茬"通道，公开接受社会各界的意见建议。④

上海市黄浦区也推行了类似的改革，黄浦区行政服务中心设立了"请您来找茬"服务点，邀请群众及企业对大厅窗口服务提出意见建议。此外，黄浦区行政服务中心聘请来自企业、招商公司、事业机关行业的代表人士及政协委员，担任"首席找茬官"，针对"一网通办"线上线下办事流程、窗口服务等方面的问题提出意见建议。行政服务中心同时聘请"啄木鸟"专员，定期举办专员会议，以"啄木鸟"比喻和鼓励社会力量对政务服务质量问题追踪到底的执着精神和参与热情。此外，行政服务中心制定了《"首席找茬官"运行规则》，制定社会意见吸纳机制及制度规范，提升政府的需求获知与回应能力。⑤

① 《关于深入推进审批服务便民化的指导意见》，2018年5月23日（http://www.gov.cn/zhengce/2018-05/23/content_5293101.htm）。
② 李文峰：《浙江"最多跑一次"的创新实效——基于"第三方评估"的报告》，《浙江学刊》2018年第5期。
③ 李文峰：《浙江"最多跑一次"的创新实效——基于"第三方评估"的报告》，《浙江学刊》2018年第5期。
④ 《"找茬窗口"彰显为民初心》，《领导决策信息》2017年第48期。
⑤ 《上海黄浦特聘"首席找茬官"》，《领导决策信息》2018年第45期。

第五节 问题与局限：机构边界障碍，深度整合受限

相比传统的政府服务供给模式，"一站式"大厅模式虽然具有明显优势，但也存在较为突出的局限性。"一站式"大厅为各部门行政审批职能提供了物理聚集空间，并未从根本上打破机构职能边界，分属于各个部门的行政审批职能在业务标准、服务流程、人员管理等多方面均存在制度壁垒。这主要是由于"一站式"大厅实际上为平台型机构，并非为拥有独立人事、财政权力的政府职能部门，这为"一站式"大厅模式下进一步深化改革带来制度障碍。

第一，窗口部门分立，行政审批流程优化受阻。入驻"一站式"实体大厅的各部门为相关职能部门派驻到大厅的前端业务窗口，从部门归属上属于各自的职能部门。例如，地方政务服务大厅的教育局窗口归属于教育局；经贸局窗口归属于经贸局；财政局窗口归属于财政局。在办公场所上，各窗口虽然统一集中在大厅办公，但各自独立开展行政审批业务，在审批业务上互不干涉。政务服务大厅主要对窗口人员行使工作时间、仪表形象、服务态度、工作纪律等行为规范方面的管理职能，不具备管理窗口部门行政审批业务的权限。因此，"一站式"政务服务大厅只实现了政府部门行政审批职能的形式集中，并没有实现行政审批权力的集中，跨部门行政审批职能与流程的整合深度有限。

各地的"一站式"政务服务大厅在"两集中、两到位"的基础上推进了行政审批流程改革。将传统的"串联审批"改为"并联审批"是各地大厅主要推行的行政审批流程优化改革。传统模式中，各个部门分散办公，跨部门审批事项需要相关部门接续逐一审批，行政审批效率较低。"并联审批"指各相关部门就本部门审批环节同时并行开展行政审批，最后汇总审批意见。实行"并联审批"需要统筹部门负责组织推进流程及汇总，这在各部门分散办公的模式下较难实现。"一站式"大厅的成立为推行"并联审批"提

供了可能。行政审批管理部门或指定的牵头部门可以履行统筹部门的职责，负责组织推进多部门"并联审批"。"并联审批"模式下，同一事项涉及的各审批部门同时推进审批流程，相比"串联审批"可大幅缩短全流程审批时长。

然而，这依然不是行政审批流程的深度优化。"并联审批"只是多部门同时推进工作，并未打破部门壁垒，没有触及各部门的行政审批业务流程，也未改变行政审批部门对于审批要件、审批环节、审批时长的要求和规定。办事人仍需要按照审批部门的要求提交材料，如行政审批事项涉及多个审批部门，办事人则需要同时满足所有相关部门的要求，实际审批过程常出现材料重复提交、提交多份的情况。有的事项的部分环节需要以前置审批结果为条件，无法一次性推行"并联审批"，办事人还需要在获得中间环节的审批结果后，再度提交材料完成后续环节。审批流程中各环节的前后顺序、相互关系，过程性审批结果是否作为后续环节的前提条件等要求皆由行政审批部门规定。当这些权限分别归属于不同的职能部门时，统一优化流程、重组审批环节将面临部门壁垒的难题。

第二，人员归属分散，队伍建设受阻。大厅模式下，审批人员属于相关职能部门派驻到行政服务大厅的工作人员，窗口的审批人员隶属不同职能部门。审批人员虽然平时的工作场所在行政服务大厅，但在人事关系上并不隶属行政服务大厅，大厅仅对审批人员行使日常管理权限。

为加强大厅对审批人员的管理和制约，地方的通行做法是赋予大厅部分绩效考核权限，对各部门审批人员的年度绩效进行评价，计入该人员的绩效考核总分。有的地方赋予大厅向职能部门对派驻人员进行通报批评或表扬的权限。但此权限通常只对派驻到大厅的审批人员的奖励绩效产生一定程度的影响，较少对审批人员在职能部门的人事晋升产生直接影响。行政服务大厅不掌握部门派驻人员的人事任免、晋升权力，这在很大程度上削弱了行政服务大厅对于行政审批人员的管理效力。

第三，"一窗式"改革后前后台存在衔接不畅的问题。"一窗式"改革是应对原有窗口分属不同审批部门，难以统一服务标准、优化流程的改革。

地方推行"一窗式"改革的通行做法是，通过招聘劳务派遣制窗口工作人员，制定统一的政务服务大厅前端窗口的服务规范，对窗口服务进行标准化管理。改革后，原先分属不同职能部门的行政审批人员后撤到审批后台行使行政审批权，前台窗口人员负责收件及较为简单的形式审查工作，前后台形成比较明确的链条式分工。在此基础上，近年来多地进一步推进改革，将较为接近的行政审批事项和部门业务在前端窗口整合，形成岛区综合窗口，一窗统一收件。

"一窗式"改革在某种程度上化解了大厅模式下难以优化流程的局限。但是这只是形式上的优化。在窗口人员劳务派遣制的支撑下，政务服务大厅可以更好地推行政务服务标准化改革，统一窗口收件标准、窗口设施设备、人员着装、规范服务礼等。"一窗式"改革在更大程度上整合了政务服务的对外供给模式，办事人不再需要在大厅的多个窗口之间往返跑动，"一窗"即成为政府的代表。改革完成了办事人"从找部门到找政府"的转变。

然而，"一窗式"改革依旧存在局限性。统一的收件标准主要体现在对收件材料及数量的要求上，窗口人员劳务派遣制很大程度上消解了原有部门窗口收件标准不统一、因人设事、甚至寻租腐败的问题。但是，"一窗式"改革没有从根本上改变审批部门的分头审批。虽然审批人员从前台窗口退到后台，但行使行政审批权力的方式和流程与之前并无本质区别。不同职能部门依然按照原有的业务流程，独立行使各自的行政审批权限。因此，"一窗式"虽然统一了前台收件环节的部分流程，但并没有深入到跨部门流程。对于有些跨部门的长链条复杂事项，较难启动流程优化改革。究其根源在于"一窗式"改革主要针对前端整合，并未改变派驻人员的部门隶属关系。虽然地方推进并联审批，将原有前后接续的串联审批流程变为多线同时并进的并联审批模式，在很大程度上提升了审批效率，但这依然是在不改变职能部门各自审批要求的前提下的改革。在审批职能仍分别属于原有职能部门的情况下，政务服务大厅较难推进深度流程优化。

窗口人员劳务派遣制在促进"一窗式"改革的同时，也导致业务流程出版新的分离。窗口收件人员由聘用人员担任，行政审批人员退居后台，前台收件与后台审批被分割成为两个业务环节，由不同的工作人员分别承担。这实际上增加了前台收件与后台审批人员之间的沟通环节。劳务派遣制的聘用人员并非专业技术人员，对于有些专业性较强的事项，常需要同后台审批人员沟通。沟通环节不仅会降低行政效率，还会导致信息耗损、理解偏差，从而产生失误。① 此外，劳务派遣制的窗口人员福利待遇较低、人员素养参差不齐，加之岗位并非体制内编制，岗位人员的流动性较高，这也成为困扰地方深化改革的问题。

---

① 宋林霖、赵宏伟：《论"放管服"改革背景下地方政务服务中心的发展新趋势》，《中国行政管理》2017 年第 5 期。

第四章　职能重组：行政审批局

第一节　行政权力重组

应对"一站式"大厅模式的局限和问题，行政审批局作为新的改革探索应运而生。与"一站式"大厅不同，行政审批局不只是对政府部门的行政审批职能和人员进行物理集中，而是对各部门行政审批权力的职能整合及重组。行政审批局是通过成立新机构将分属多个部门的行政审批职能整合进入新设部门，这本质上是对行政审批权力的重组。相较于"一站式"大厅模式，行政审批局主要具有如下特点及优势。

第一，行政审批权力重组。行政审批局以行使政府的行政审批权为主要职能。这意味着原有职能部门的行政审批权将被整合，并划入新成立的行政审批局。在权力归属上，原有职能部门的行政审批权不再归属原部门，而是正式归属行政审批局。形式上，政务服务大厅的格局布置可能并不存在显著改变，依然表现为相关审批职能汇集的办事窗口，但这些行政审批职能的部门归属性质已经不再是职能部门派驻到大厅的审批职能，而是属于行政审批局的内设职能。

行政审批局打破了传统科层制以职能内容界定部门职责范围的原则，改为以职能性质作为划定部门职责范围的标准。这使得同为行政审批性质、分属不同领域的职能得以聚合在同一部门。这一对科层体制下部门构建原则的改变，有助于打破部门职能边界，推动多职能领域联动改革。行政审批局对行政审批权力进行重组，对于深度精简、优化行政审批流程，提高审批效率的效果是较为明显的。原先分属不同部门的行政审批权力划归行政审批局，可以实现多个审批事项之间的流程整合及重组。有些在"一站式"大厅模式下难以优化的行政审批流程，可以在行政审批局的模式下获得实现。

例如，"对于同一事项，由两个行政机关实施行政许可的，改由一个行政机关在实施行政许可中征求其他行政机关意见"。① 这一改革在"一站式"大厅模式下通常会遭遇实质性困难。两个部门对同一个审批事项分段行使行政审批权限，通常会依据各自部门制定的流程和要求进行审批。从优化流程的角度，改由一个部门进行审批是提升效率的理想做法，但这需要对此事项同样享有行政审批权限的部门将本部门权力让渡给其他部门行使，由哪个部门做出让渡通常是困难的决策。当两个部门均无意让渡权力时，改革则难以推进。此外，两个部门也可能均没有意愿成为牵头行使行政审批权力的部门，因为牵头部门则意味着需要承担更多主体责任。在行政审批局的模式下，部门间协调变为部门内部协调，原先对同一事项行使行政审批权的两个部门变为行政审批局的内设职能模块，机构内部职能协调及流程调整统一受到行政审批局的行政指令的约束，改革推进的难度会大幅降低。

再如，"对同一事项，在多个管理环节设定行政许可的，改为在一个环节实施行政许可"。② 此种情况可以是多个部门对同一事项的多个环节设定行政许可，也可能是单一部门对同一事项设定行政许可。前者与"同一事项由两个行政机关实施行政许可"的情况面临的困境一致。后者推进改革则需要该部门将多个环节削减或整合成为一个环节。在"一站式"大厅模式下，政务服务大厅对于审批部门没有行政管理权限，与其他政府职能部门相比较为弱势，如果职能部门本身缺乏改革意愿，政务服务大厅较难独立推动改革。在行政审批局模式下，原有外在于大厅的审批部门成为行政审批局的内设部门，较易推动同一事项的多个行政审批环节优化整合。

第二，机构行政升格。行政审批局是位于行政序列的政府行政部门，在

---

① 郭晓光：《成立相对集中审批权的行政审批局之思考》，《中国行政管理》2014 年第 8 期。
② 郭晓光：《成立相对集中审批权的行政审批局之思考》，《中国行政管理》2014 年第 8 期。

机构性质的行政规格上高于政务服务大厅。作为政府的行政部门，行政审批局是与同级其他职能部门在机构性质及行政级别上为对等关系，加之集合了多项行政审批权力，改革"真正赋予了行政审批局行使审批权的主体地位"，[①] 行者审批局在与其他部门沟通协作上比政务服务大厅更具优势。相比之下，"一站式"政务服务大厅更多作为政府派出机构、临时机构，或是事业单位，[②] 在机构性质和行政级别上均不及其他拥有行政审批权力的政府职能部门。这与政务服务大厅的机构定位和成立逻辑有关。"一站式"大厅的设立初衷和定位是平台型功能容纳机构，主要目的是为各部门的行政审批职能提供聚合平台，并非实际承担政府的审批职能。将"一站式"大厅的机构性质定位为非行政序列，符合大厅的角色功能定位，但却为深入推进跨部门职能和流程整合带来障碍。机构规格不高是"一站式"大厅在很多情况下牵头推动行政审批制度改革受阻的重要原因。地方较为通行的做法是将行政审批制度改革领导小组办公室与政务服务大厅合署办公，以提升行政审批工作部门的改革推动力。2018 年机构改革，各地纷纷成立政务服务管理部门，作为政府的行政部门，将政务服务大厅作为政务服务管理部门的直属机构。行政服务管理部门牵头改革很大程度上化解了"一站式"大厅规格较低的问题。

第三，行政审批人员整体划转。与"一站式"大厅模式不同，行政审批局将原先归属于政府职能部门的行政审批人员整编制划转到行政审批局。遵循"编随事走，人随编走"的原则，行政审批人员不再是将办公地点物理集中到政务服务大厅，而是在人事隶属关系上正式归属行政审批局，由行政审批局统一行使进行人员管理、考核、晋升权限。人事隶属关系的改变赋予了行政审批局实质的人事管理权限，消解了"一站式"大厅模式对部门派驻审批人员的有限约束、管理乏力的问题。

由于行政审批人员正式归属于行政审批局，其办公地点实现了实质的集

① 郭晓光：《成立相对集中审批权的行政审批局之思考》，《中国行政管理》2014 年第 8 期。
② 贾义猛：《优势与限度："行政审批局"改革模式论析》，《新视野》2015 年第 5 期。

中，解决了在有些"一站式"大厅模式下，行政审批部门和人员仍在职能部门所在地办公、并未实际入驻大厅的问题，化解了"两头跑""体外循环""收到室"等大厅模式下存在的固疾，[①] 促进了审批效率的提升。此外，行政审批人员的整体划转促进了部门整合改革。行政审批局可以较为便利地推行内设部门的优化整合，实现内设部门及人员规模的整体精简。例如，"成都市武侯区行政审批局，经过整合三个科室仅 25 名工作人员就承担了原来 21 个职能部门 70 多名工作人员所承担的审批业务。在天津市滨海新区行政审批局，审批人员也由原来分散审批格局下的 600 人减少到了 109 人"。[②]

第四，审管权分离。"一站式"大厅模式下，行政审批职能分属政府职能部门，职能部门同时行使行政审批和监管职能，导致"审管不分"，多被诟病。行政审批部门既行使行政审批权力，又同时行使监督管理权力，相当于一个部门同时负责行使权力以及监管权力的行使，存在"既当运动员，又当裁判员"的争议。自我监管会出现权力寻租等监管不力的问题。解决"审管不分"的问题也是成立行政审批局的主要原因之一。

行政审批局将原有分散在多个职能部门的行政审批权相对集中起来，这意味着将职能部门的行政审批和监管权相互分离。新格局下，行政审批局主要负责行使行政审批权，职能部门作为行业主管部门负责行使监督管理权。审管分离的制度设计旨在提升行政权力行使的规范性，加强行政审批权和监管权之间的相互制约。

第二节　行政审批局改革缘起及发展历程

中国推行行政审批局改革经历了一个"自下而上"到"自上而下"的历程。随着"一站式"大厅模式的广泛推广，其优缺点逐渐展现，地方开始推进新的改革探索，以期通过制度创新对"一站式"大厅模式进行改善。早

① 郭晓光：《成立相对集中审批权的行政审批局之思考》，《中国行政管理》2014 年第 8 期。
② 贾义猛：《优势与限度："行政审批局"改革模式论析》，《新视野》2015 年第 5 期。

在 2008 年，地方就开始探索通过成立行政审批局，深化行政审批制度改革。四川省成都市武侯区是全国第一个成立行政审批局的地方政府。

党的十八大之后，国家持续推进政府职能转变，随着"放管服"改革在全国范围的推行，行政审批制度改革进入"深水区"，更多地方在不同层级和领域开始探索行政审批局模式，以提升政务服务的效率和质量。

《行政许可法》赋予了政府推行相对集中行政许可的法律基础。《行政许可法》第二十五条规定，"经国务院批准，省、自治区、直辖市人民政府根据精简、统一、效能的原则，可以决定一个行政机关行使有关行政机关的行政许可权"。① 2014 年，天津滨海新区成立行政审批局。滨海新区将发展改革委、经济信息委、建设交通局、教育局、科委、财政局、民政局、司法局、人力社保局、环保市容局、农业局、卫生局、安全监管局、文化广播电视局、档案局、民族宗教侨务办、编办等 18 个部门的 216 项行政审批职责划转到行政审批局，启用行政审批专用章，实现了"一颗印章管审批"。② 改革很快扩展到天津的其他区县。

天津滨海新区的改革在全国范围引起了关注，多地学习借鉴滨海新区模式，启动组建行政审批局。这是成都市武侯区成立行政审批局时隔六年之后，行政审批局的模式再次在地方出现规模学习和扩散效应。据相关研究，截至 2015 年 5 月，"宁夏回族自治区银川市、湖北省鄂州市的葛店开发区、襄阳市高新区及随后的襄阳市政府、武汉市东湖高新区与武汉开发区、广西壮族自治区南宁市经济技术开发区、山东省青岛市经济技术开发区和辽宁省沈阳市沈阳新区等地"都已成立或筹备组建行政审批局。③

行政审批局的地方探索经验很快获得了中央的注意和肯定。2015 年 3 月，中央编办、国务院法制办发布《关于印发〈相对集中行政许可权试点工作方案〉的通知》（以下简称《试点方案》），规定天津市所有区县、河北省、山西省、江苏省、浙江省、广东省、四川省、贵州省各选择 2—3

①　全国人民代表大会常务委员会：《中华人民共和国行政许可法》，2003 年 8 月 27 日。
②　刘常海：《天津滨海新区行政审批局成立实现一颗印章管审批》，《港口经济》2014 年第 6 期。
③　贾义猛：《优势与限度："行政审批局"改革模式论析》，《新视野》2015 年第 5 期。

个县（市、区）或所属国家级开发区作为开展相对集中的行政许可的改革
试点地区，以"清理减少行政审批事项、优化审批流程、公开审批标准、
规范审批行为和加强监督管理"为探索推进相对集中行政许可改革的重点
内容。

2015年5月，中央编办、国务院法制办现场会在天津滨海新区召开，肯
定了滨海新区成立行政审批局、探索实施"审管分离"的改革经验。行政审
批局试点改革获得了多地的推广和响应。同年，广西南宁、北海、防城港、
钦州，浙江天台等地，江苏南通等地相继成立行政审批局，推行相对集中的
行政许可试点改革。[1] 据统计，截至2015年年底，全国11个省份，54个市、
县、区成立了行政审批局。[2]

与其他"自上而下"的顶层设计不同，国家对行政审批局的地方改革赋
予更加开放的探索空间。行政审批局改变了政府部门传统的职能划分逻辑，
是一项在中国治理情境下全新的制度改革和尝试，各地并没有前期经验可以
参照。国家出台了"自上而下"的试点方案，但并未规定和限定地方的改革
思路及举措，而是采取开放的态度，充分给予地方改革探索的空间。地方试
点探索的范围包括：相对集中行政许可的内容、范围和实现形式。哪些行政
审批权应该集中，集中到什么程度，如何更好地实现相对集中的行政审批，
这些面向均为地方试点改革的探索内容。

目前，中国多地在省级以下成立行政审批局。截至2017年，"全国地级
市和区县（含开发区、自贸区等）共成立行政审批局180个，平均划转15
个行政职能部门和119项审批事项"。[3] "截至2020年12月底，全国范围内
各级各类行政审批局共有1025个，包括2个副省级城市、13个省会城市、

---

① 艾琳、王刚：《行政审批制度改革中的"亚历山大绳结"现象与破解研究——以天津、银川
行政审批局改革为例》，《中国行政管理》2016年第2期。

② 宋林霖：《"行政审批局"模式：基于行政组织与环境互动的理论分析框架》，《中国行政管
理》2016年第6期。

③ 国务院办公厅政府信息与政务公开办公室：《全国综合性实体政务大厅普查报告》，《中国行
政管理》2017年第12期。

92 个一般地级市、305 个市辖区、123 个县级市、381 个县和 109 个各级功能区"。① 根据 2018 年地级以上城市数据，行政审批局的分布上呈现如下特征。

第一，地方各级行政审批局在行政层级上的分布特点。如图 4-1 所示，中国内地 32 个省、直辖市、自治区中，11 个省、直辖市、自治区内存在行政审批局，占全部省、直辖市、自治区的 34%。342 个地市级以上城市中有 152 个成立了行政审批局，占全部地级以上城市的 44%。这说明约 1/3 的省、直辖市、自治州，以及近一半地级以上城市存在行政审批局。

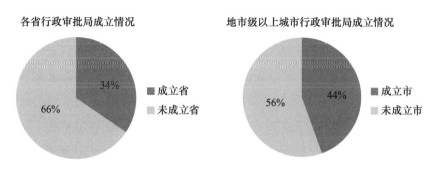

图 4-1　省、地级以上城市行政审批局成立情况（截至 2018 年）

资料来源：作者自制。

第二，行政审批局在空间上的分布特征。截至 2018 年在省域分布上，行政审批局主要分布在河北、内蒙古、辽宁、黑龙江、江苏、安徽、江西、湖北、广西、青海、宁夏等省、区。在区域分布特征上，行政审批局主要分布于东北、中部、西南地区。在市域分布上，行政审批局在相关省份的分布密度并不均匀。例如，河北、辽宁密度较大，两省各地级市都成立了行政审批局；其他省份行政审批局的密度较小。

---

① 张定安、彭云、武俊伟：《深化行政审批制度改革　推进政府治理现代化》，《中国行政管理》2022 年第 7 期。

第三节 地方行政审批局的主要模式

一 地市级行政审批局：以银川市为例

银川市是地市级行政审批局的代表性城市。2014 年 11 月，银川市成立行政审批服务局，将 26 个市属部门的审批职责、机构编制、审批人员整建制划转至行政审批服务局，涉及包括 100 多个科室在内的 153 大类行政审批事项。① 银川市行政审批局成立后，在机构整合、人员精减、行政审批流程优化、部门关系等方面进行了深度改革。

第一，重整行政审批职能。得益于原有部门审批职责整建制划转，银川市行政审批局综合分析各项行政审批职能性质、业务类型，按照业务相近原则，推动行政审批职能整合，重新构建行政审批内设部门的整体架构，将原有划转的 26 个部门重组成为 7 个业务处室，② 包括"投资项目处，市场服务处，文教卫生处，社会事务处，建设交通城管处，环保园林水务处，勘验商服处"，③ 集中办理 153 大类 505 项具体审批业务，④ 实现了原有职能部门较难实现的跨业务领域整合。重组后的行政审批局，部门获得整合，行政审批事项也获得进一步精减，取消行政审批事项 31 项，下放 17 项，合并254 项。⑤

第二，精减整合行政审批人员。遵循各地通行的行政审批局"编随事转、人随事走"的机构设置原则，银川市行政审批局整体划转了原有职能部门的审批人员和编制。随着业务处室的重组，行政审批人员获得大幅精简，原先由 600 多名各部门行政审批人员承担的事项，在行政审批局成立后仅由

① 艾琳、王刚：《行政审批制度改革中的"亚历山大绳结"现象与破解研究——以天津、银川行政审批局改革为例》，《中国行政管理》2016 年第 2 期。

② 地方调研：2016 年 10 月。

③ 宋世明、刘小康、尹艳红、张弦：《推进简政放权改革——银川设置行政审批服务局的变革、冲击与挑战》，《行政管理改革》2016 年第 11 期。

④ 地方调研：2016 年 10 月。

⑤ 艾琳、王刚：《行政审批制度改革中的"亚历山大绳结"现象与破解研究——以天津、银川行政审批局改革为例》，《中国行政管理》2016 年第 2 期。

60 多人承担。①

第三，深度重组行政审批流程。行政审批局的成立使得行政审批业务流程的优化不再囿于职能部门边界的限制。根据行政审批事项的要素构成，行政审批局对行政审批事项要件、环节、时限等内容，对行政审批流程进行重新规划，减少重复收取的要件数量、不必要及相互重叠的审批环节。此外，行政审批局发挥技术赋能优势，研发行政审批服务系统，利用信息技术手段将优化改革后的行政审批流程嵌入电子信息系统，形成处室内部、处室之间、处室与审批关联部门全程留痕的跨部门行政审批联动机制。在行政审批流程重组的基础上，银川市推动基于新技术的智慧赋能行政审批要件再造，对各类表格、材料优化合并，减少表格及材料提交数量，推行"一表通"，剔除重复填写内容，数百项具体审批业务提交"一张表格"即可办理。改革初期，银川行政审批局收到了较为良好的改革成效，行政审批局推进 7 轮行政审批事项"瘦身"，取消"重叠"审批、消除"搭车"审批、归并"同质"审批，对审批要素进行优化组合，②"减少申请材料 1508 个，减少环节265 个，减少时限 731 个工作日，平均提效 75%"。③

第四，确立与其他职能部门的审管分离与协作关系。行政审批职能整体划转到行政审批局后，原审批部门保留事中事后监管职责，由此实现行政审批局与职能部门审批和监管相对分离。一方面，行政审批职能向行政审批局集中，便于行政审批局深度推进重组改革；另一方面，将行政审批权从职能部门分离，使得职能部门留有更多的空间强化监管职能，改变过去"以审代管"采用行政审批替代监管的局面。行政审批局成立后，银川市同时制定了《关于深化行政审批制度改革加强事中事后监管的实施方案》，要求履行监管职责的职能部门对照法律法规和已公布的权力清单、责任清单，制定详细的事中事后监管办法，将管理重心从行政审批调整到监管。④

---

① 地方调研：2016 年 10 月。
② 地方调研：2016 年 10 月。
③ 地方调研：2016 年 10 月。
④ 地方调研：2016 年 10 月。

行政审批和监管在政府行使行政管理权限的过程中是前后接续的两个环节。行政审批的结果需要及时告知监管部门，才能确保审批与监管顺畅衔接。这在职能部门同时行使行政审批和监管职责时问题并不突出，但当行政审批和监管职能由不同部门分别履行时，审管分离的问题就可能凸显出来。针对此问题，银川市行政审批局建立了行政审批与监管的相互衔接及协作机制。构建行政审批与监管信息互动平台，嵌入行政审批服务系统，在行政审批局与职能部门之间形成"事前征询、事中参与、审后告知、审管互动"①的协作机制，实现审批与监管的顺畅衔接。

作为首个全国首府行政审批局，银川市在改革之初就展现出了较高行政层级的改革优势，行政审批局对行政审批部门及事项的整合力度和幅度均较大。相较于经济发展水平较高的地区，银川作为西北地区的省会城市，一直保持着较为强劲的改革自驱力，通过提升制度环境弥补资源禀赋、经济社会发展水平方面的不足。行政审批局成立后，银川市将"一颗印章管审批""审批局外无审批"②确立为改革原则，推动行政审批集成和优化。银川市"57项典型经验和首创做法在全国范围产生广泛的影响，成为西北部地区的改革标杆城市，获得国家发展改革委'南有衢州、北有银川'的赞誉。"③在2020年中国营商环境评价中，银川在开办企业、获得电力等12项指标上获得全国标杆称号，多项指标被作为典型经验向全国推广。④

二 区县级行政审批局：以成都市武侯区为例

四川省成都市武侯区是全国第一家成立行政审批局的地方政府。武侯区探索行政审批局改革过程历经集中审批、并联审批、委托审批、职能划转四

---

① 地方调研：2016年10月。

② 银川市政府办公厅：《银川市全力深化行政审批制度改革》（https：//www.nx.gov.cn/zwxx_11337/sxdt/201807/t20180725_928509.html）。

③ 《银川行政审批改革：勇于创新 敢于突破 蹚出新路》（http：//www.yinchuan.gov.cn/xxgk/yhyshjzc/mtgc/202204/t20220419_3457823.html）。

④ 银川市人民政府网站：《银川行政审批改革：勇于创新 敢于突破 蹚出新路》（http：//www.yinchuan.gov.cn/xxgk/yhyshjzc/mtgc/202204/t20220419_3457823.html）。

个阶段。①

第一阶段：集中审批。2005 年 6 月，武侯区成立"一站式"政务中心，推广"一站式"大厅模式，将政府职能部门的行政审批职能物理集中。但是，武侯区很快发现了"一站式"大厅模式的缺点，"由于一些审批事项涉及多个部门，部门之间出现相互推诿现象，影响了行政审批的效率"。②

第二阶段：并联审批。2007 年至 2008 年 5 月，武侯区在大厅模式的基础上，推行"并联审批"改革，将可以并行推进的行政审批流程同时推进，一定程度上提高了行政效率。并联审批也是当时地方广泛推行的流程优化改革。"并联审批被称为成都行政审批制度的第二次'革命'，成都也因此获得'2007 年中国城市管理进步奖'和第四届中国地方政府创新奖。"③

第三阶段：委托审批。2008 年 5 月至 2008 年 12 月，武侯区探索推广行政审批委托制度改革，将 10 个职能部门的 40 余个事项委托给区政务中心，由政务中心独立的行政审批窗口按类别办理。④ 此次改革中，武侯区特地选择了办件量较少的几个部门，以便较为稳妥地推进试点改革。这是正式推行行政审批局改革之前的探索性改革。第三阶段的改革在形式上比较接近行政审批局模式。虽然这些职能是部门委托行使性质，并非正式划转到行政审批局，但这并不影响为统一行使行政审批职能、探索行政权力行使及运行新机制积累经验。

第四阶段：职能划转。2008 年 12 月，武侯区行政审批局正式成立。行政审批局的主要职能包括：承担相关职能部门划转的行政事项的办理、负责推进行政审批制度改革，依据法律法规和审批管理体系的改革要求，会同相关部门管理和规范行政审批事项、制定行政审批管理办法和流程，简化行政审批环节，优化办事流程，政务服务行政效能监察等职能。⑤

---

① 《全国首个行政审批局是如何运行的》，《领导决策信息》2009 年第 3 期。
② 《全国首个行政审批局是如何运行的》，《领导决策信息》2009 年第 3 期。
③ 《全国首个行政审批局是如何运行的》，《领导决策信息》2009 年第 3 期。
④ 《全国首个行政审批局是如何运行的》，《领导决策信息》2009 年第 3 期。
⑤ 《关于印发〈成都市武侯区行政审批局职能配置内设机构和人员编制规定〉的通知》，成武机编第 128 号，2008 年。

武侯区将区发改局、区物价局、区科技局、区民宗局、区民政局、区司法局、区财政局、区人事局、区编办、区建设局、区商务局、区文体旅游局、区计生局、统计局、城管局、房管局、档案局、人防办、安监局、残联等 20 家部门承担的行政审批职能全部划转区行政审批局。①

在人员编制上，按照行政审批局的机构设置原则，相关部门的行政审批人员，整体划入行政审批局。与此同时，武侯区的改革体现了相对集中的行政许可改革的特征，在改革初期选取办件量较大的部门将行政审批科人员整体划入行政审批局，其他部门依据工作需要，调入部分工作人员。②

在机构性质上，武侯区行政审批局列入区政府主管的政府工作部门，机构规格为正局级。"一站式"大厅区政务服务中心，归口区行政审批局管理，级别为副局级。武侯区行政审批局共设置 5 个部门，包括办公室、行政审批一科、行政审批二科、行政审批三科、规范化服务型政府（机关）建设管理科。三个行政审批科室分别负责不同领域的行政审批事项的办理。③

武侯区行政审批局成立后，先后多次调整机构职能配置、内设机构和人员编制，持续推进改革不断完善机构职能。2009 年，武侯区继续将区教育局、区劳动保障局、区交通局、区统筹委、区卫生局、区环保局承担的主要行政审批职能划转区行政审批局。行政审批职权划转到行政审批局的职能部门总量增加至 22 个。④

在内设部门上，武侯区行政审批局优化内设部门机构，明确行政审批职能部门的职责权限范围。按照社会、经济、建设三个领域，分设"社会类事项审批科""经济类事项审批科"和"建设类事项审批科"。三个大类行政审批科室的建立体现了行政审批局在推进行政审批职权整合上的组织机构优势。武侯区基于三个审批科，建立专业化审批队伍，在大厅设立了 7 个办事

---

① 《关于印发〈成都市武侯区行政审批局职能配置内设机构和人员编制规定〉的通知》，成武机编第 128 号，2008 年。
② 地方调研：2016 年 10 月。
③ 地方调研：2016 年 10 月。
④ 地方调研：2016 年 10 月。

窗口，集中办理行政审批事项。① 此外，武侯区行政审批局增设了政策法规科，"负责行政审批涉及的法律、法规的咨询、解释、宣传、教育和培训工作；负责协助处理涉及审批的法律纠纷"等。② 2011年，武侯区行政审批局将之前内设于政务服务中心的协调管理科、指导监督科并入行政审批局，作为行政审批局的内设科室，更加强化了对两项工作的重视程度。

随着行政审批局独立行使行政审批权，与其他职能部门在分工和配合上的问题逐渐展现，例如行政审批与现场勘查等技术性工作环节的关系、行政审批与监管的关系等。武侯区在2011年的改革中明确提出了要完善行政审批局与其他部门的协作机制、职责分工。在行政审批环节的衔接上，行政审批局负责将需要现场勘查、技术论证和社会听证的相关要求告知职能部门，相关职能部门需要在规定时限内将有关结果反馈给行政审批局。在与监管职能的衔接上，行政审批局向各职能部门通报行政审批事项办理，供监管部门及时掌握行政审批办结情况，相关职能部门需要及时将部门涉及行政审批的法律、法规、规定更新，将上级下发有关文件告知、转送给行政审批局，同时协助协调行政审批局与上级行业主管部门之间有关行政审批的业务关系，③以便行政审批局及时获知行业主管部门的信息，顺畅开展工作。

2015年，随着国家不断深化政府职能转变，深入推进"放管服"改革，武侯区行政审批局根据国家新阶段的改革方向，继续优化内设职能部门，将内设机构调整为办公室、政策法规科、投资项目科、商事登记科、建设房管安监科、城管交通科、环保食药监科、社会事务科、协调督查科，进一步细化了行政审批内设专业科室，强化投资项目审批、商事登记改革、建设工程项目审批等"放管服"改革的重点改革领域。

现阶段，武侯区行政审批局由办公室、行政审批制度改革科、网络理政

---

① 地方调研：2016年10月。

② 《关于印发〈成都市武侯区行政审批局职能配置内设机构和人员编制规定〉的通知》，成武机编128号，2008年。

③ 《关于印发〈成都市武侯区行政审批局（成都市武侯区人民政府政务服务中心）主要职责内设机构和人员编制规定的通知〉》，成武府办发第82号，2011年8月2日（http://gk.chengdu.gov.cn/govInfoPub/detail.action?id=422393&tn=2）。

科、政策法规科、协调督查科、审批档案管理科、主题式审批科、网上审批科、工程建设项目审批管理科、经济类事项审批科、社会类事项审批科组成。内设部门的数量和专业细分程度更高，在前一阶段改革的基础上，设立网络理政科、网上审批科，增加了"互联网+政务服务"的元素；设立主题审批科，体现"一件事"主题集成式行政改革的特点。

武侯区的改革受到了社会各界的广泛关注。武侯区行政审批局成立以来，新华社、《人民日报》《求是》杂志等各级各类媒体纷纷关注武侯区的改革探索。各地参观、考察、调研者络绎不绝，多地党政考察团前来武侯学习行政审批局的经验。[1]

武侯区的探索为行政审批局在全国范围的推广积累了地方经验。作为区（县）级行政审批局的代表案例，武侯区行政审批局在改革的过程中也遇到了基层改革的困难。区（县）级政府更多履行政策执行职能，对于行政权力整合的空间和力度均比较有限。行政审批局成立后，基层推进改革深度整合优化流程，更多局限于本级具有行政审批权限的事项。对于有些事项，需要向上联动多个层级的行政审批事项，区（县）层级行使形式审查、初审职能，由上级部门履行终审职能。行政审批权在基层只是有限程度的整合，较难实现各层级的整体整合。特别是在上级尚未成立行政审批局的阶段，上下不对口的现象较为突出。此外，在上级尚未成立行政审批局的阶段，其他职能部门接受上级部门的业务指导，按照上级行业主管部门的要求履行本级行政审批程序。虽然基层已经成立行政审批局，但在纵向业务流程规定超越本级权限的情况下，本级的机构职能整合不足以推动深度流程优化改革。基层改革效果获得充分释放，很大程度上需要上下沟通、左右协调。然而，受行政层级所限，沟通与协调需要基层改革者付出更多的时间精力，这是区（县）级行政审批局改革普遍存在的问题。

三 开发区行政审批局：以天津滨海新区为例

针对"一站式"大厅审批职能分散、审批效率不高的缺陷，天津深化行

---

① 地方调研：2016 年 10 月。

政审批制度改革，决定以滨海新区先行先试，聚焦投资和服务贸易便利化领域，通过成立行政审批局，推进体制机制创新，激发市场活力。

2009 年年底，天津市滨海新区根据国务院批复设立，探索新的区域发展模式。① 经过多年的发展，天津滨海新区"辖天津经济技术开发区、天津港保税区、天津滨海高新技术产业开发区、天津东疆保税港区、中新天津生态城 5 个国家级开发区，21 个街镇，是全国综合配套改革试验区、国家自主创新示范区、北方首个自由贸易试验区"②。设立以来，天津滨海新区的发展模式经历了从建设工业园区、开发区，到建设与中心城区相辅相成的"姊妹城"的转变。③

战略功能定位及产业发展重心使得天津滨海新区在行政审批业务上具有典型的开发区特征，行政审批的主要业务和高频事项聚焦在企业开办、建设工程、投资贸易领域，涉及的行政审批领域相对集中且比较完整，推行整建制划转的集中式行政审批制度改革的难度相对较小。这也使得天津滨海新区具备成立行政审批局，先行先试探索相对集中的行政许可的改革优势。

2014 年 5 月，天津滨海新区行政审批局成立，被列入政府工作部门，与行政许可服务中心，一套人马、两块牌子。④ 行政审批局对 18 个原有职能部门的行政审批权进行整体划转，"滨海新区发展改革委、经济信息委、建设交通局、教育局、科委、财政局、民政局、司法局、人力社保局、环保市容局、农业局、卫生局、安全监管局、文化广播电视局、档案局、民族宗教侨务办、编办"等部门的 216 项审批职责，全部划转到行政审批局，由行政审批局行使行政审批权。⑤

---

① 《关于印发天津滨海新区综合配套改革试验总体方案的通知津政发》，津政发第 30 号，2008 年 3 月 28 日（https://www.tj.gov.cn/zwgk/szfwj/tjsrmzf/202005/t20200519_ 2365139.html）。

② 天津市滨海新区人民政府网站：《滨海概况》（http：//tjbh.gov.cn/channels/13871.html）。

③ 天津在线：《天津滨海新区建区十周年回顾与启示》（http：//news.72177.com/2020/0110/4513945.shtml）。

④ 艾琳、王刚：《行政审批制度改革中的"亚历山大绳结"现象与破解研究——以天津、银川行政审批局改革为例》，《中国行政管理》2016 年第 2 期。

⑤ 刘常海：《天津滨海新区行政审批局成立实现一颗印章管审批》，《港口经济》2014 年第 6 期。

完成对职能部门的行政审批权力整合后，行政审批局启用行政审批专用章。① 原有的 18 个部门不再行使行政审批权，审批印章由 109 枚减少为 1 枚专用章，实现了"一颗印章管审批"。② 2014 年 9 月 11 日，天津滨海新区行政审批局现场封存 109 枚已经废弃的行政审批公章，③ 结束了多部门分散履行行政审批职能的历史。

行政审批权的整合使得行政审批局内设部门得以精简，业务领域相近的行政审批职能得以聚合成为新的部门。新成立的行政审批局包括 12 个内设部门，如行政审批业务部门涵盖投资项目审批处、经贸商务审批处、环保城管审批处、建设交通审批处、文教卫生审批处、社会事务审批务和涉农事务审批处等。④ 行政审批局组建后推行了一系列改革。

第一，行政审批流程深度优化和再造。行政审批局建立了"车间式流水线"审批方式，采取流水式作业方式，重组优化以前难以联动的跨部门审批环节，"对简单事项实行立等审批，对联办事项实行一口办理，对关联审批实行一章多效，对网上审批实行一次领证，对踏勘验收实行统一勘验"。⑤ 为深度优化后台行政审批流程，滨海新区行政审批局探索"从找部门到找政府"改革，简化对外程序，推行"一口统一接件、部门联动办理、一口统一出证"⑥。

第二，应用信息化手段，实现冗余信息和环节的精简，提升行政审批效率。行政审批局推行"一张表"改革，将办事人所需填写的信息整合到一张申请表，降低办事人重复填写、多次填写信息的频次；持续推行跨部门数据

---

① 刘常海：《天津滨海新区行政审批局成立实现一颗印章管审批》，《港口经济》2014 年第 6 期。

② 艾琳、王刚：《行政审批制度改革中的"亚历山大绳结"现象与破解研究——以天津、银川行政审批局改革为例》，《中国行政管理》2016 年第 2 期。

③ 央视网：《109 枚公章"革"进国家博物馆见证简政放权》（http：//news.cntv.cn/2014/11/17/ARTI1416189298358347.shtml）。

④ 郭晓光：《成立相对集中审批权的行政审批局之思考》，《中国行政管理》2014 年第 8 期。

⑤ 刘常海：《天津滨海新区行政审批局成立实现一颗印章管审批》，《港口经济》2014 年第 6 期。

⑥ 刘常海：《天津滨海新区行政审批局成立实现一颗印章管审批》，《港口经济》2014 年第 6 期。

共享，在商事登记、建设工程项目投资备案、施工许可等改革重点领域，推动工商、质监、国税、地税和公安等信息共享，降低审批时长。①

第三，探索审管联动新机制。行政审批局成立后，行政审批职能和监管职能分别由行政审批局和职能部门履行，行政审批和监管之间的协作关系成为行政审批局需要重新建立的机制。根据相关研究，天津滨海新区探索创新多种机制联动审管。一是整合监管部门。效仿行政审批局整合行政审批职能的方式，天津滨海新区通过政府机构改革整合监管相关部门，建立大监管部门，很大程度上解决了原先分散审批、分散监管的碎片化管理格局效率低下、多头管理、重复管理的问题。滨海新区合并原工商局、食品药品监督局和质量技术监督局，组建市场监督管理局，推进综合监管部门改革。② 二是监管前置嵌入审批。行政审批局建立重点专项会商机制、审查员机制、观察员机制，在某些事项上，由行政审批局商请监管部门派出观察员，参与行政审批流程，从监管部门的角度对审批提出意见，提升审批与监管在业务上的关联度，加强审批与监管的联动、形成合力。③ 三是通过信息化建设，实现审批与监管环节信息的及时双向互动。通过建立网上审批系统，行政审批局联动多个监管部门，实现行政审批部门将审批结果对监管部门的告知。同时，监管部门将监管结果、行政处罚情况及时向行政审批局反馈，便于审批与监管之间的信息互通、高效衔接。④

天津滨海新区建立行政审批局后很快取得了改革成效。要件集成及流程优化改革显著提升了行政审批效率，简单事项当即可办，可在 1 小时至 1 个工作日完成审批的行政审批事项超过 150 项。企业投资项目从项目备案或核

---

① 刘常海：《天津滨海新区行政审批局成立实现一颗印章管审批》，《港口经济》2014 年第6 期。

② 刘琼莲、刘志敏：《中国行政审批制度改革的生长点与聚焦点——以天津市行政审批制度改革为例》，《新视野》2016 年第 6 期。

③ 刘琼莲、刘志敏：《中国行政审批制度改革的生长点与聚焦点——以天津市行政审批制度改革为例》，《新视野》2016 年第 6 期。

④ 刘琼莲、刘志敏：《中国行政审批制度改革的生长点与聚焦点——以天津市行政审批制度改革为例》，《新视野》2016 年第 6 期。

准到获得施工许可，办理累计自然时间由 140 天缩减到 70 天以内。① "据统计，截至滨海新区行政审批局对外运行服务 122 天，办结率达到 98.5%。投资项目、企业设立、单办事项审批用时分别不超过原来的 1/2、1/3、1/4，实现了全国审批速度领先。设立企业比上年同期增加 1432 家，增幅达 54.37%，新设立企业注册资本比去年同期增长 72.04%。"② 天津滨海新区的探索很快对天津市其他区县产生了示范效应。2015 年 3 月，天津市 16 个区县行政审批局全部挂牌运行。③

天津滨海新区行政审批局改革的主要措施和改革路径与地级市、区县级行政审批局具有共性特征，主要采用通过行政审批职能整合，带动行政审批流程深度优化及再造。作为开发区模式的代表，天津滨海新区行政审批局的优势是行政审批业务较为集中、领域相近，改革的整体性、联动性更强。开发区行政审批业务的特征使得相对集中的行政许可改革成效的快速释放。天津滨海新区行政审批局很快成为全国多地的示范样板，特别是为其他地区建立开发区行政审批局探索了宝贵的经验。

2018 年国务院机构改革后，地方纷纷成立政务服务管理部门。天津滨海新区行政审批局进入了新的发展阶段。2019 年 1 月，中共天津市委办公厅、天津市人民政府办公厅印发《天津市滨海新区机构改革实施方案》，组建区政府政务服务办公室，"将区行政审批局（区市民服务中心）的职责，以及组织推动有关部门提供优质规范高效的政务服务、推动整合政务服务信息、'互联网+政务服务'平台运行管理职责等整合，组建区政府政务服务办公室，作为区政府工作部门，加挂区行政审批局、区营商环境办公室牌子"。④

---

① 刘常海：《天津滨海新区行政审批局成立实现一颗印章管审批》，《港口经济》2014 年第 6 期。

② 刘琼莲、刘志敏：《中国行政审批制度改革的生长点与聚焦点——以天津市行政审批制度改革为例》，《新视野》2016 年第 6 期；王建喜：《天津滨海新区全面梳理权力清单推进政府职能转变》（http://news.enorth.com.cn/system/2014/12/09/012316455.shtml）。

③ 艾琳、王刚：《行政审批制度改革中的"亚历山大绳结"现象与破解研究——以天津、银川行政审批局改革为例》，《中国行政管理》2016 年第 2 期。

④ 《天津市滨海新区机构改革实施方案》，2019 年 1 月 4 日（http://tjbh.gov.cn/contents/11959/462345.html）。

第四节　问题与困惑

行政审批局是政府机构改革全新的探索，将行政权力的性质作为政府工作部门的组成依据，打破了官僚体制传统的机构设置逻辑。行政审批局通过集中行政审批权力，提高组织运作效率，做出了有益尝试。但同时，行政审批局在地方的多年探索也发现了相应问题。

第一，对行政审批权力的集中程度存在理解差异。国家"自上而下"推进相对集中的行政许可权的改革，鼓励地方根据本地实际情况探索不同模式。对于集中哪些行政审批权力，集中的内容、范围、程度和形式并未做出统一要求。地方可以"将政府各部门行政许可权交由一个部门行使，或者将一个部门的行政许可权交由另一个部门行使"。[①] 也就是说，行政审批局是推行相对集中的行政许可权改革的方式之一。即便不成立新的部门，也可以通过将几个部门行政审批权集中交由一个部门行使，实现行政许可权的相对集中。国家的改革方案给予地方充分的自主创新空间，促进地方在推进改革的过程中探索出行政权力相对集中的新模式，加深对改革的思考和认知。现阶段多地选择通过成立行政审批局探索相对集中的行政许可改革，但不同地方对"相对集中"的理解存在差异。

首先是对"集中的依据"的理解存在差异。对于根据何种标准集中行政审批权力，有的地方认为应集中业务流程较为简单、标准化程度较高的行政审批职能，对于专业性、技术性较强、现场勘查、技术论证环节较多的行政审批职能，应继续由原有行政审批部门保留。行政审批局并不具备对专业性较强的事项的技术审查能力。[②] 这些复杂事项不必整建制划转至行政审批局，可以通过派驻大厅的方式保留职能部门的行政审批窗口。对于办事人来说，政务服务大厅的空间布局与形式差异并不十分明显，但不同窗口的部门归属

---

① 《天津市滨海新区机构改革实施方案》，2019 年 1 月 4 日（http：//tjbh.gov.cn/contents/11959/462345.html）。

② 宫剑、龙海波：《"行政审批局"：改革模式的地方探索》，《中国经济报告》2016 年第 5 期。

与单纯的"一站式"大厅模式截然不同。这是一种行政审批局与"一站式"大厅相结合的模式。另一种意见认为复杂程度较高、行政审批链条较长、跨越部门数量较多的行政审批职能更应该整体划转至行政审批局。因为通过深度优化流程，提升此类复杂事项的行政审批效率，正是行政审批局组织机构的优势所在。而"一站式"大厅模式受限于分散审批，较难推进行政审批流程的跨部门深度优化整合。

其次是对"集中的程度"的认识差异。各地对与何种行政审批职能应该集中的理解不同，导致地方行政审批局对于行政审批职能的集中程度不尽相同。行政审批职能的集中程度将很大程度上影响行政审批局推进集成整合式改革的力度。实际上，不少地方的行政审批局并未完全吸纳一级政府的全部行政审批事项。例如，"武侯区行政审批局成立后，共计转入 79 大项审批事项，占区政府行政审批事项的 54%，其中行政许可事项被转化比例为 85%"。①

相对集中的行政许可改革的目的是鼓励从应然层面探索何种行政审批权力应该被集中，更有益于提高行政审批效率。但实际上，有些暂不采取集中方式、没有被整建制划转到行政审批局的权限并非出于合理性的考量，而是因为改革遭遇到了障碍和困难。对于"应进未进"的行政审批职能，行政审批局与"一站式"大厅在推行深度流程优化时所面临跨部门障碍相同。

也有声音对行政审批权力的集中表示担忧。如果将一级政府的行政审批权力统一集中到一个部门，会否造成"该机构权限过大，发展成为'超级衙门'"。② 数十个政府职能部门的上百项行政审批权整体划转到一个部门，行政审批局是否会变成新的权力中心，带来因权力过于集中而难以制约的风险？③ 行政审批局模式下，审管分离后，职能部门的监管对象主要是行政相对人，而非针对行政审批部门。那么，建立健全权力监督机制就成为探索相

---

① 贾义猛：《优势与限度："行政审批局"改革模式论析》，《新视野》2015 年第 5 期。
② 贾义猛：《优势与限度："行政审批局"改革模式论析》，《新视野》2015 年第 5 期。
③ 贾义猛：《优势与限度："行政审批局"改革模式论析》，《新视野》2015 年第 5 期。

对集中行政许可权的必要配套改革。多地已经推行建立电子监察系统，通过网上审批系统，对行政审批环节进行全流程监察。

第二，与纵向职能部门及业务系统的关系不够紧密、衔接不畅。行政审批局作为整合多个领域行政审批职能的综合部门，需要向上对应多个职能部门。行政审批局只是划转了原职能部门的行政审批职能，职能部门依然是行业的行政管理及业务指导部门。以往行政职能和其他行政管理职能归属同一部门时，上下级之间的业务对应关系比较清晰，但对于成立行政审批局的地区，上级行业主管部门同时对应下级职能部门和行政审批局。行政审批局根据已划转的行政审批职能的数量，可能需要同时对应数十个上级行业主管部门。

上级部门对下级部门通过发布文件、下达行政指令等方式行使日常的业务指导职能时，通常习惯性地对应下级业务部门，而非对应行政审批局。一方面，行政审批局成立时间不长，尚未在行政系统内被广泛认知和接受，有些部门还没有形成对接行政审批局的工作习惯；另一方面，上下级之间既有的制度管道和工作机制存在路径依赖，上级即便意识到应将新成立的行政审批局纳入行政传达系统，也经常因依赖旧有的传递渠道，只下发给下级业务领域的职能部门，漏发给行政审批局。这使得行政审批局在接受相关工作的指导、参加业务培训、工作会议等方面存在不及时，甚至被遗漏的问题。行业领域的最新发展、改革政策与行政审批息息相关，互为支撑。深化行政审批制度改革需要以行业前沿改革为指导方向，同时行业领域的改革也需要通过推进行政审批制度改革来实现落地。与纵向职能部门的衔接不畅不仅会影响上下级之间的短期互动，也会在长期上影响政府行政审批职能的顺畅履行。

此外，行政审批局横向的系统平台与职能部门的纵向业务系统较难打通，存在"信息孤岛"。随着行政审批局的成立，很多地方同时推进信息平台建设和整合，搭建形成一体化政务服务平台及门户网站，统一面对办事人提供服务。但与此同时，后台依旧被多个并行使用的行政审批业务系统分割为相互独立的"信息孤岛"。这些行政审批系统很多是自上而下由"国家部委、省级行业行政主管部门统一建设的审批专网"，① 行政审批需要在专网内完成流程并出具结果。这些行政审批系统由国家层面搭建在全国范围统一使用，或是省级政府建设在全省范围内推行，下级政府作为系统使用方，主要负责使用系统完成行政审批。纵向的行政审批专网根据不同领域行政审批的业务特征和需求建立，便于上级部门收集汇总数据，也便于跨行政层级的联办事项的衔接。但纵向系统之间相互隔离，实际上又在更深、更隐蔽的系统层面将行政审批局分为不同工作部门，阻碍系统间的信息共享，致使行政审批局相对集中的行政许可权的优势难以充分释放和发挥。②

第三，"审管分离"成为横向部门间协作的新障碍。行政审批局相对集中原职能部门的行政审批权限后，将原有职能部门掌握的行政审批权与监管权分离，形成政府的行政审批权与监管权由不同部门分别行使的"审管分离"格局。这在便于行政审批权和监管权相互监督制约的同时，在工作衔接上造成了行政审批与监管权的相互分离。行政审批与监管环节属于政府行使行政审批权相互连接的先后环节，在两类权力分属不同部门的情况下，需要依靠行政审批部门与监管部门之间的紧密协作，才能实现行政审批环节的审批结果及时传递到下一个监管环节，便于监管部门根据最新信息及时有效履行监管职能。监管部门的监管信息也需要及时回传给行政审批部门，以便行政审批部门将监管结果作为后续审批环节的基础和参考依据。

但现实中，行政审批部门与监管部门之间的双向信息传递及工作衔接存在不畅。很多成立行政审批局的地方已经意识到需要搭建新机制以促进审管衔接。例如，通过信息系统在部门间推送行政审批和行政处罚等监管结果，便于审管之间的信息互通。但较多地方依然存在信息共享时间差问题。例如，行政审批结果未能实时与监管部门同步更新，行政审批和监管之间存在信息间断，间断期成为"监管真空"。而监管信息回传给行政审批部门的时间差也会造成行政审批部门无法依据最新信息推进行政审批。

---

① 郭晓光：《成立相对集中审批权的行政审批局之思考》，《中国行政管理》2014 年第 8 期。
② 郭晓光：《成立相对集中审批权的行政审批局之思考》，《中国行政管理》2014 年第 8 期。

此外，审管责任划分也是行政审批局成立后随之而来的新课题。对于简单事项，行政审批局和职能部门可以相对独立分别行使行政审批权和监管权，两阶段之间的权责较易清晰划分。但对于复杂事项，特别在需要职能部门介入的现场勘查、技术审查等中间环节，职能部门也需要做出判断、给出意见。这实际上相当于行政审批局与其他职能部门共同行使行政审批权限，增加了责任分段划分的复杂程度，需要更加细致剥离分解行政审批过程不同阶段的审批主体，以便准确追踪定位责任主体。

　　"审管分离"还包括行政审批局和监管部门在日常业务管理上的分离。行政审批局在实际工作中经常要与原审批机关发生业务上的联系，当两类权力由同一部门行使时，两者之间的联系和互动不需要通过跨部门机制实现。但当行政审批部门和职能部门分离时，则需要搭建科学合理的跨部门机制实现有效沟通和互动。行政审批局需要与相应行政审批权对应的所有职能部门联系，但搭建"一对多"的跨部门横向机制的难度较大。[①] 例如，"武侯区行政审批局没有'职责同构'格局下相对应的上级主管部门，需要沟通协调时，行政审批局就要与 20 多个区级平行职能部门及其对应的上级职能部门分别沟通，并需要应对来自多个上级部门的大量业务指导、政策学习、目标考核等对接工作，这不仅增加了协调的难度，而且影响工作效率"[②]。

　　虽然行政审批权已经从相关职能部门划转到行政审批局，但职能部门依然是行业主管部门，负责制定和出台行业政策。行政审批局行使行政审批职权，需要随时根据政府的最新政策进行调整。现实情况中，时常出现职能部门发布文件未及时送达行政审批局的情况，致使行政审批要求及流程未能根据政策变更及时进行调整。

---

　① 　宫剑、龙海波：《"行政审批局"：改革模式的地方探索》，《中国经济报告》2016 年第 5 期。
　② 　贾义猛：《优势与限度："行政审批局"改革模式论析》，《新视野》2015 年第 5 期。

第五章　流程再造：简化与重组

　　流程再造是政府改革的重要面向之一，通过简化、优化业务流程改变行政权力运行轨迹，提升行政权力的运行效能，促进治理目标的有效实现。有学者将政府流程再造总结为 ESIA 理论，由流程清除（eliminate）、流程简化（simplify）、流程整合（integrate）、流程自动化（automate）组成。[①] 流程清除指"对原有流程中不必要的活动予以清除"；流程简化指"在前一个环节的基础上，对剩下的流程进行进一步简化"；流程整合指"将各个分散的流程串联起来，使整个流程顺畅、连贯，更好地满足用户需求"；流程自动化指"利用现代信息技术实现流程的自动化运作"。[②]

　　ESIA 理论基本涵盖了政府业务流程再造的主要方式。ESIA 的流程再造强调以政府既有业务流程为基础，无须彻底改变原有业务流程进行全新设计，这更类似于一种基于既有流程的优化和改进思维，再造的成本和风险相对较小。[③] ESIA 理论四个组成要件可以提炼成为简化、优化、技术赋能三个部分，本章主要讨论业务流程的简化和重组。

　　对于行政审批业务流程所包括的环节，学界和实务界目前较少讨论。从相关政府文件中可以看出，行政审批业务流程在更多情况下指办事人的办事

---

① 薛晓东、梁丹妮、叶萍：《ESIA 理论视域下地方政府投资项目行政审批程序优化研究》，《电子科技大学学报》（社科版）2015 年第 1 期。
② 薛晓东、梁丹妮、叶萍：《ESIA 理论视域下地方政府投资项目行政审批程序优化研究》，《电子科技大学学报》（社科版）2015 年第 1 期。
③ 薛晓东、梁丹妮、叶萍：《ESIA 理论视域下地方政府投资项目行政审批程序优化研究》，《电子科技大学学报》（社科版）2015 年第 1 期。

流程。例如，2018 年，中共中央办公厅　国务院办公厅印发的《关于深入推进审批服务便民化的指导意见》，指出要"构建和完善形式直观、易看易懂的审批服务事项办理流程图（表）"①。文件中的办理流程更多强调从办事人角度出发的办事流程，旨在为群众提供清晰的办事指引。地方改革也存在类似理解。浙江推进"最多跑一次"改革，提出要全面梳理群众和企业到政府的办事流程，"按照整体政府理念，以'一窗受理'为切入点"，整合办事流程。②

也有观点认为行政审批业务流程同时包括办事流程和审批流程。例如，天津滨海新区明确提出优化行政审批服务流程。从改革主要内容来看，行政审批流程既包括从办事人角度出发的办事流程，也包括从审批部门角度出发的审批流程。"一窗登记、一号受理"强调的是办事流程优化改革，通过"建立统一的受理中心，集中受理行政审批局办理的全部事项，变多类别分设的单项窗口为全项受理的综合窗口。"③"一网通办""五证合一""一照一码一章一票一备案"等改革措施是从审批流程的角度理解业务流程，通过"再造建设项目联合审批流程"，"简化不必要的审批环节和审批条件，使关联事项紧密连接"，"打破'马路警察、各管一段'的传统审批运行模式"，实现"全链条、闭合式、整体性"协同办理。④

总体上，完整的行政审批业务流程既包括办事流程，也包括行政审批流程，按照组成环节的先后顺序，主要由申请、受理（预审、收件）、审批、办结几个部分组成。⑤ 办事流程主要指的是申请环节，由办事人完成；审批

① 《关于深入推进审批服务便民化的指导意见》，2018 年 5 月 23 日（http：//www.gov.cn/zhengce/2018-05/23/content_ 5293101. htm）。

② 《关于深入推进审批服务便民化的指导意见》，2018 年 5 月 23 日（http：//www.gov.cn/zhengce/2018-05/23/content_ 5293101. htm）。

③ 《关于深入推进审批服务便民化的指导意见》，2018 年 5 月 23 日（http：//www.gov.cn/zhengce/2018-05/23/content_ 5293101. htm）。

④ 《关于深入推进审批服务便民化的指导意见》，2018 年 5 月 23 日（http：//www.gov.cn/zhengce/2018-05/23/content_ 5293101. htm）。

⑤ 《国务院关于加快推进"互联网+政务服务"工作的指导意见》，国发第 55 号，2016 年 9 月25 日（http：//www.gov.cn/zhengce/content/2016-09/29/content_ 5113369. htm）。

流程由受理（预审、收件）、审批、办结几个环节共同组成，由审批部门完成。行政审批业务流程再造既包括对以办事人为主体完成的办事流程的优化，也包括对以审批部门为主体的审批流程的优化。两部分流程都遵循业务流程简化、重组的流程再造逻辑。

第一节　业务流程简化

业务流程的简化主要是通过减少业务流程中的环节、审批条件，降低流程的长度及复杂程度，提升流程效率。被减少的业务环节通常为不必要的冗余或重复性环节。通常来讲，业务流程的简化可以通过流程清除、合并、置换等多种方式实现。实践中，多种方式经常被叠加整合运用。

一　清除

清除是简化业务流程最直接简易的措施，通过削减业务流程中的环节和要件达到流程精简的效果。"减时间、减环节、减流程"就是业务流程清除方面的改革。清除业务环节可能包括多方面的原因。首先是取消重复性冗余环节。例如对于政府部门已经掌握的信息和数据、可以通过既有证照获取的信息无须办事人反复多次提交。"减证便民"等"清理烦扰企业和群众的'奇葩'证明、循环证明、重复证明等各类无谓证明"① 即属于清除重复性业务环节的改革。

其次是取消没有法律法规依据的业务环节。法律法规是论证既有业务环节存在必要性的依据。对于没有法律法规依据的业务环节，需要进行及时清理，通过"全面清理与国家法律、法规不相适应的地方法规和规章，大幅度精简材料和办事环节"。② 清理过程中需要修改法律法规的，则提出修改建

---

① 《关于深入推进审批服务便民化的指导意见》，2018 年 5 月 23 日（http：//www.gov.cn/zhengce/2018-05/23/content_ 5293101. htm）。

② 陈宏彩：《"最多跑一次"改革：新时代的政府效能革命》，《治理研究》2018 年第 3 期。

议，按照法定程序提请修改。①

二　合并

合并是通过整合同质多环节实现业务流程简化，主要目的是将分散式的流程变为集中式的流程。在既有业务流程合并的诸多改革措施中，几种主要的方式包括：合并同时段多主体实施的同质行为、合并多时段实施的同质行为、多层级多主体实施的行为。实施同质行为的主体既可以是审批部门，也可以是办事人。

第一，合并同时段多主体实施的同质行为。对于行政审批过程中同时期发生的多个环节，由不同的审批部门实施性质相同或类似的行政行为，则可以通过合并的方式进行流程简化。例如，投资项目审批改革的"多测合一""多审合一"即属于此种情况。投资项目审批涉及自然资源、住房城乡建设、人防等多个审批部门对项目工程进行测绘，同一个部门也可能进行多次测绘。

改革前，这些处于审批流程同一阶段的测绘事项彼此分立，由多个部门分别进行测绘，形成多个环节。这些行政行为本质上都属于测绘审批，却由审批部门分散多次实施测绘审批，或多个部门多次审批，造成业务流程呈现分散格局。"多测合一"是审批部门将这些处于同一阶段的不同测绘环节合并成为一个环节，由一家机构实施测绘，共享阶段性基础测绘成果，统一审批。照此逻辑，不同部门实施联合测绘，进一步整合跨部门的测绘环节。例如 2020 年 4 月，广东省自然资源厅、住房和城乡建设厅、人民防空办公室联合印发《广东省工程建设项目联合测绘规则》，建立联合测绘制度，整合多项测绘业务整合，推进"多测合一""联合测绘"改革。②

类似"多评合一""多审合一"改革也遵循同样的改革逻辑。投资项目

---

① 《关于深入推进审批服务便民化的指导意见》，2018 年 5 月 23 日（http：//www. gov. cn/zhengce/2018-05/23/content_ 5293101. htm）。

② 祝桂峰：《广东推进"多测合一"改革纪略》（https：//www. mnr. gov. cn/dt/ch/202103/t20210326_ 2618375. html）。

审批存在环境影响评估、能耗评估、水土保持影响评估多项评估，改革前存在多评分立、各自为政的问题。"多评合一"是由政务服务管理部门牵头会同相关部门，进行联合评审，统一给出整改意见。例如，浙江省推行区域评估、多评合一，整合能评、环评、水保等多项评估，实现评估流程的精简。①"多审合一"通常指"多图联审"，是审图机构将多个审图环节合并，根据同一张图纸完成多部门联合审图，实现"区域环评、区域能评，建设、人防、消防施工图'多审合一'"，②避免企业重复多次提交图纸，减少审图环节数量。例如，2017 年 4 月，浙江省建设厅联合省发改、公安、财政、人防、物价、档案和数据管理中心等多个部门共同发布文件，启动施工图联合审查改革。③ 江苏省推动网上联合审图改革，通过材料网上递转、网上审图、网上反馈，实现提交一份材料"多图联审"。④

第二，合并多时段实施的同质行为。政务服务的有些业务环节设置于不同的时段，由相同或多个主体实施同质性行政行为，可以通过合并这些环节实现业务流程的简化。例如，"一站式"大厅集中了相关部门的行政审批，办事人无须在不同职能部门所在的多个地点之间跑动。但由于行政审批窗口过于分散，办事人依然可能在位于"一站式"大厅多个楼层的数个窗口之间来回跑动提交材料、获得审批结果等。"一窗式"采取合并逻辑，按照业务相同或相近的原则，将分散的多个窗口合并，开设综合窗口或岛区，统一收件、统一取件，减少办事人在大厅内不同窗口的跑动次数。国家将行政审批服务的集中办理作为优化行政审批服务的重点改革内容之一，要求各地推进综合窗口改革，"将部门分设的办事窗口整合为综合窗口，完善'前台综合受理、后台分类审批、综合窗口出件'工作模

---

① 《国务院关于加快推进"互联网+政务服务"工作的指导意见》，国发第 55 号，2016 年 9 月 25 日（http：//www.gov.cn/zhengce/content/2016-09/29/content_ 5113369.htm）。

② 《关于深入推进审批服务便民化的指导意见》，2018 年 5 月 23 日（http：//www.gov.cn/zhengce/2018-05/23/content_ 5293101.htm）。

③ 陈宏彩：《"最多跑一次"改革：新时代的政府效能革命》，《治理研究》2018 年第 3 期。

④ 《中共中央办公厅 国务院办公厅印发〈关于深入推进审批服务便民化的指导意见〉》（http：//www.gov.cn/zhengce/2018-05/23/content_ 5293101.htm）。

式，实行一窗受理、集成服务，实现'一窗通办'"。① 地方改革中，广东省佛山市的"一门式"改革比较具有代表性。"一门式"改革注重部门业务协同，"将过去按部门划分的专项窗口整合成民生、公安、注册登记、许可经营、投资建设、税务等六类综合窗口，推行一个综合窗口受理，群众办同一类事项不需再逐个窗口跑。综合窗口受理后，通过信息系统流转给部门审批，部门审核通过再统一反馈到综合窗口，由综合窗口发证，实现'一窗式'综合政府服务。"②

再如，在行政审批流程的多个环节要求重复提交相同的材料。如果要求办事人提交的材料是当次行政审批流程之前有关部门已经获取的材料，则相关环节可以被取消。如果所提交材料确有必要，相关部门此前并不掌握或无法通过其他可靠方式获得，则可以合并在行政审批流程中多次出现的提交环节，凡是能通过部门间物理流转、网络共享复用的材料，可以合并一次提交，避免重复多次提交材料。

第三，多层级多主体实施的同质行为。行政审批过程中，当不同的行政层级共同完成一项行政审批时，可能会出现依行政层级单独设置行政审批环节的情况。例如，将区级初审设置为一个环节、将市级终审设置为另一个环节。此种情况可以通过合并多级审批实现流程简化。有的地方在建设工程施工图审查方面推行市县两级图纸审查联审联动改革。③ 建设工程施工图多级联审与"多审合一"改革相结合，在更大程度上简化审图流程，提升审图效率。

三 置换

置换是将行政审批流程中审批程序较为复杂的环节置换为审批程序较为

---

① 《国务院关于加快推进"互联网+政务服务"工作的指导意见》，国发第 55 号，2016 年 9 月 25 日（http://www.gov.cn/zhengce/content/2016-09/29/content_ 5113369.htm）。

② 《国务院关于加快推进"互联网+政务服务"工作的指导意见》，国发第 55 号，2016 年 9 月 25 日（http://www.gov.cn/zhengce/content/2016-09/29/content_ 5113369.htm）。

③ 国务院办公厅政府信息与政务公开办公室：《全国综合性实体政务大厅普查报告》，《中国行政管理》2017 年第 12 期。

简单的环节。虽然形式上，行政审批流程中整体的环节数量并未减少，但特定环节的审批要求和提交材料减少，审批耗时降低等，使得环节的复杂程度降低，达到流程简化的效果。例如，建设工程项目立项阶段核准改备案。核准制是建设工程项目在立项阶段较为严格的行政审批程序，达到核准标准的项目可获批立项。核准制下，项目单位须向核准机关提供项目申请报告，内容包括项目单位情况；项目名称、建设地点、建设规模、建设内容等拟建项目情况；项目资源利用情况分析以及对生态环境的影响分析；项目对经济和社会的影响分析。① 核准机关根据项目是否危害经济安全、社会安全、生态安全等国家安全；是否符合相关发展建设规划、技术标准和产业政策；是否能够合理开发并有效利用资源；是否对重大公共利益产生不利影响等进行核准审批。②

由于核准制度要求较为严格，需要经过更复杂的审批流程、更长的审批时长。2016 年 11 月，国务院公布《企业投资项目核准和备案管理条例》（国务院令第 673 号），规定仅 "对关系国家安全、涉及全国重大生产力布局、战略性资源开发和重大公共利益等项目，实行核准管理"，③ 除此条款规定之外的项目，实行备案管理。实行备案管理的项目，企业只需要在开工建设前通过在线平台将下列信息告知备案机关企业的基本情况：项目名称、建设地点、建设规模、建设内容、项目总投资额以及项目符合产业政策的声明。

此项改革实际上是对于符合条件的项目，将原先立项阶段实施的核准审批环节置换为备案，在形式上虽然环节数量并未减少，但核准程序上，备案程序的要求大幅精简，所以置换后的行政审批流程获得了简化。

---

① 《企业投资项目核准和备案管理办法》，中华人民共和国国家发展和改革委员会令第 2 号，2017 年 3 月 8 日（http：//www.gov.cn/xinwen/2017-03/23/content_ 5179713.htm）。

② 国务院：《企业投资项目核准和备案管理条例》，2016 年 10 月 8 日（http：//www.gov.cn/zhengce/2020-12/27/content_ 5574475.htm）。

③ 国务院：《企业投资项目核准和备案管理条例》，2016 年 10 月 8 日（http：//www.gov.cn/zhengce/2020-12/27/content_ 5574475.htm）。

第二节　业务流程重组

业务流程重组指流程各环节数量、复杂程度客观上并没有减少和降低，但通过流程重组和整合使得业务流程整体上获得优化，提升运行效能。业务流程重组的主要改革方式包括顺序倒置、连接逻辑变更。

一　顺序倒置

顺序倒置是通过调整互换原有业务流程中不同环节的先后顺序，将前置审批改革为后置审批，从而实现流程优化。例如，商事登记改革是较为典型的顺序变更改革。改革前，经营者要首先通过各类特许经营许可证的行政审批，然后才可以办理营业执照，即"证"（行业许可证）在"照"（营业执照）前。此种业务流程下，完成商事登记的流程较长，市场主体资格获得的时间和经济成本较高。商事登记改革的重要举措就是将改革前"证"与"照"的顺序由"证"在"照"前变更为"照"在"证"前。

2015 年 11 月，《国务院关于"先照后证"改革后加强事中事后监管的意见》（国发〔2015〕62 号）发布，提出了深化商事制度改革调整优化行政审批流程，强化"先照后证"改革监管的意见。经营者从事工商登记前置审批事项目录中的事项需遵循改革前的流程，凭许可证、证件申请商事登记注册。"经营者从事工商登记前置审批事项目录外事项的"，可直接向工商部门申请登记注册，工商部门依法核发营业执照"。[①] 商事登记和行业许可证审批环节的顺序变更后，目录以外的经营者开办企业的流程获得大幅简化。地方政府在前期推进先行先试改革的过程中就已经展示了业务流程简化的效果。例如，重庆作为全国率先全面实施工商登记制度改革的试点省市，在推行"先照后证"改革后，催生了新登记市场主体的"井喷"。据统计，2014 年 1

---

① 《国务院关于"先照后证"改革后加强事中事后监管的意见》，国发第 62 号，2015 年 10 月 13 日（http://www.gov.cn/zhengce/content/2015-11/03/content_ 10263. htm）。

月至 6 月，"重庆市新设各类市场主体 12.57 万户，其中企业 4.23 万，同比增长 33.74%；新设企业注册资本达 1633.13 亿元，同比增长 143.9%"。①

二　连接逻辑变更

连接逻辑变更主要指改变业务流程多个化解之间的连接逻辑，例如从以往的串行连接变为并行连接。行政审批制度改革中常见的行政审批流程串联变并联即属于此种情况。"并联审批是对涉及两个以上部门共同审批办理的事项，实行由一个中心（部门或窗口）协调、组织各责任部门同步审批办理的行政审批模式。"② 行政审批制度改革中，联审联办是将改革前多个审批部门依次串行审批、后置审批部门以前置部门的审批结果为必要前提的业务流程，变为多个审批部门同时并行开展行政审批，不以彼此的行政审批结果为前置条件。并联审批可以采用多种方式推进。例如，各个审批部门不再单独进行审批，而是通过召开并联审批会议、网上联审的方式进行审批。简单事项可以在部门会审当场决定审批结果，复杂事项可以在部门会审结束后的规定时间之内给出意见。③

例如，在建设工程行政审批过程中，改革前串联审批环节环环相扣，中间任何环节遇到障碍，都会拖慢整体审批进程。串联改并联审批后，多个审批环节同步进行，大幅提交行政审批所需时长。特别对于大型跨区域项目，改革效果更为显著。以跨区域管道油气线型项目为例，由于跨越地域较广，改革前，极端情况下的审批文件和需完成的盖章数量超过 1000 项，耗时超过 4 年，改革后可以缩短到 20 余天。④ 对于改革前存在串联关系的多头评审、勘查、审图等，变革环节之间的连接逻辑不仅是将多个环节合并，而是

---

① 邹光祥：《先行先试获改革红利重庆新登记市场主体"井喷"》（http://www.gov.cn/xinwen/2014-07/24/content_2723509.htm）。

② 《国务院关于加快推进"互联网+政务服务"工作的指导意见》，国发第 55 号，2016 年 9 月 25 日（http://www.gov.cn/zhengce/content/2016-09/29/content_5113369.htm）。

③ 薛晓东、梁丹妮、叶萍：《ESIA 理论视域下地方政府投资项目行政审批程序优化研究》，《电子科技大学学报》（社科版）2015 年第 1 期。

④ 四川省人民政府网站：《国务院推网上并联审批专家：巩固审批改革成果》（https://www.sc.gov.cn/10462/10778/12802/12803/2015/2/10/10326708.shtml.bak）。

同时改变串联关系，推行并联审批。

各地普遍开展的并联审批改革效果显著。"投资项目并联审批事项平均涉及 6 个部门，其中 124 个事项涉及部门超过 10 个。实行'并联审批'将平均办理时限由 65.5 天缩短至 21 天。例如，四川省达州市投资建设项目报建审批由 1042 天缩短至 60 天，压缩了 982 天（约为 2.7 年）"。[1]"江苏省镇江市推行'多评合一'改革，项目评估审批周期由 141 个工作日缩短到 50 个工作日以内，压缩比例 64.5%；江苏省盐城市在政务大厅推行'七图'联审，加强市县两级图纸审查联审联动，施工图联审由 40 多个工作日，压缩为 7 个工作日。"[2]

第三节 问题与挑战

流程再造对于组织结构的整合和协作程度、流程规范、各环节衔接效果等要求较高。根据中国行政审批及政务服务机构设置，业务流程再造的组织环境主要分为政务服务大厅和行政审批局两种模式。两种模式为业务流程再造提供了不同的制度环境和空间。

第一，业务流程再造受到职能部门的约束。如前所述，政务服务大厅属于集成式平台型机构。由于各项行政审批职能分属于不同的职能部门，行政审批流程由职能部门制定，不受政务服务大厅的约束。因此在政务服务大厅模式下，行政审批流程再造受到较大局限。政务服务大厅虽然可以在大厅窗口设置、空间格局等外部流程上推行改革，但对于深度优化后台行政审批流程的改革空间较小。这使得对整体流程问题最为熟悉的政务服务管理部门难以针对存在的问题优化后台行政审批流程。通常情况下，政务服务部门推进业务流程改革需与职能部门沟通并达成改革共识。与部门逐一沟通的成本较

---

[1] 国务院办公厅政府信息与政务公开办公室：《全国综合性实体政务大厅普查报告》，《中国行政管理》2017 年第 12 期。

[2] 国务院办公厅政府信息与政务公开办公室：《全国综合性实体政务大厅普查报告》，《中国行政管理》2017 年第 12 期。

高，共识达成程度时常不够理想。特别对于跨部门事项，行政审批流程涉及多个部门，沟通和协调难度更大。

为解决政务服务大厅模式的改革困境，地方开始探索行政审批局模式。行政审批局整建制划转职能部门的行政审批职能，使得改革前的跨部门沟通和协调变为行政审批局的内设职能范围，在变更业务流程的环节顺序、连接方式等改革上，与职能部门分头沟通的情况显著减少，在很大程度上化解了政府服务大厅对于业务流程再造权限不足的困境。但是，行政审批局在推进业务流程再造的深度上存在局限。职能划转后，原属职能部门的行政审批职能由行政审批局行使。理论上，行政审批局有权决定行政审批流程的设置，根据改革要求调整审批要求。然而，实际上，相当数量行政审批职能的行使不仅受到本级政府的管理，同时受到上级行业主管部门的指导和规范，很多行政审批职能的具体履行需要在纵向垂直的审批系统中操作。自上而下统一建设的审批系统确定了实际的业务流程，审批人员需按照系统要求进行内容填报方可完成审批。由于行政审批局并不具备建设和管理纵向垂管审批系统的权限，因而也不具备修改调整审批流程的权力，这实际上削弱了行政审批局推进业务流程再造的权限。

第二，政务服务流程要素欠缺明确规范。在"放管服"改革初期，各部门对行政审批流程改革的关注较弱。据统计，截至2014年6月，国务院各部门"在有行政审批项目的60个部门中，制定了专门行政审批流程规定的部门只有40个，而这40个部门所制定的审批流程仅占整个行政审批事项总数的37.7%，其余20个部门基本没有完整的行政审批流程规定（有的行政审批流程散见于相关法律法规中，缺乏可适用性，不能称其有专门的审批流程），有的部门只有部分审批事项有流程，有的部门一个流程规范适用多个审批事项。在60个部门制定的审批流程中，有25个部门的审批流程不细，对审批流程有详细解释说明的只有6.6%；有流程图的审批事项111个，占9.0%，有的部门将几十个审批项目'打包'共用一张审批流程图"。①

---

① 中国行政管理学会课题组、沈荣华、孙庆国：《规范政府部门行政审批流程：问题分析与对策建议》，《中国行政管理》，2014年第11期。

随着改革的不断推进和深化，近年来，国家政策和地方改革中将流程优化作为政务服务的主要改革内容之一。2016 年，《国务院关于加快推进"互联网+政务服务"工作的指导意见》（国发〔2016〕55 号）也指出要"优化简化服务事项网上申请、受理、审查、决定、送达等流程"①，将政务服务流程划分为不同阶段。2018 年 5 月，中共中央办公厅、国务院办公厅印发《关于深入推进审批服务便民化的指导意见》，明确提出要推进行政审批流程改革，"构建和完善形式直观、易看易懂的审批服务事项办理流程图（表）"。② 各地也纷纷梳理绘制政务服务事项的办事流程图，并向社会公开。

但总体上，申请、受理、审查、决定、送达等阶段划分比较宽泛。地方绘制的流程图更多依赖各地对于行政审批业务流程的理解，详略程度也存在较为明显的差异。虽然在改革实践中逐渐凝聚了共识，可以总结出一些共性因素，但是对于什么是政务服务流程、一般的政务服务流程应由哪些基本要素组成、包括哪些必要环节，缺乏统一和明确的规范。

第三，外部流程优化难度高。行政审批流程不仅涉及审批部门的操作程序，还包括第三方参与的中间环节。各类行政审批中介所提供的技术审查、论证、评估、评价等服务通常作为行政审批部门出具审批结果的前置条件。这些中间环节的业务流程嵌入行政审批流程中，如果耗时过长，则会增加行政审批流程的整体时长。例如，"中介组织前期评估评审时间过长，行政审批的'体外梗阻'严重。"③ 改革过程中，国家和地方都注意到行政审批中介服务改革对实现行政审批制度的整体改革绩效十分关键。这也是国家启动行政审批中介服务改革的重要原因。

2015 年 4 月，《国务院办公厅关于清理规范国务院部门行政审批中介服

---

① 《国务院关于加快推进"互联网+政务服务"工作的指导意见》，国发第 55 号，2016 年 9 月 25 日（http://www.gov.cn/zhengce/content/2016-09/29/content_5113369.htm）。

② 《中共中央办公厅 国务院办公厅印发〈关于深入推进审批服务便民化的指导意见〉》（http://www.gov.cn/zhengce/2018-05/23/content_5293101.htm）。

③ 中国行政管理学会课题组、沈荣华、孙庆国：《规范政府部门行政审批流程：问题分析与对策建议》，《中国行政管理》2014 年第 11 期。

务的通知》（国办发〔2015〕31 号）发布，指出行政审批中介服务存在"环节多、耗时长、收费乱、垄断性强等问题"，决定清理和规范国务院部门行政审批中介服务有关事项，对"作为行政审批受理条件的有偿服务（以下称中介服务），包括各类技术审查、论证、评估、评价、检验、检测、鉴证、鉴定、证明、咨询、试验等"① 行政审批中介服务进行清理规范。同时要求地方各级人民政府参照通知要求，"制定本地区清理规范中介服务工作的具体措施并组织实施"。②

地方在清理规范行政审批中介服务事项的同时，也在探索推进行政审批中介服务流程优化改革。取消无法律法规依据的服务，对于予以保留的行政审批中介事项，制定明确的工作流程，向社会公布。有的地方探索行政审批中介超市改革，为市场上可以提供相关中介服务的机构提供入驻及服务交易平台，统一规范和管理，建立信用评价机制和退出机制，③ 供企业选择参考。这对于规范行政审批中介服务发挥了重要作用。但同时，行政审批中介机构作为市场主体，其服务流程、时长及收费属于市场自主调节范围。一方面，行政审批中介服务机构自行决定服务流程；另一方面，企业根据实际情况自主决定是否选择、选择哪家机构提供服务。行政力量主要通过制定规则的方式规制行政审批中介市场，不直接干预市场具体运行。理论上，行政审批中介服务的中间环节属于市场自主选择领域，如因服务时长较长、服务质量较低，延缓、贻误了行政审批的整体流程，属于企业应当自行承担的后果。通过制定规则对行政审批中介进行规制，对于提升行政审批效率的效果较为间接，有时可能难以达到政府对改革效果的标准和要求。实际上，中间环节的延缓确实可能拖慢行政审批的过程，消解行政审批改革的整体成效。在实践中，不同地方在行政力量的介入程度上存在差异。有的地方为提升行政审批

---

① 《国务院办公厅关于清理规范国务院部门行政审批中介服务的通知》，国办发第 31 号，2015 年 4 月 27 日（http://www.gov.cn/zhengce/content/2015-04/29/content_ 9677. htm）。

② 《国务院办公厅关于清理规范国务院部门行政审批中介服务的通知》，国办发第 31 号，2015 年 4 月 27 日（http://www.gov.cn/zhengce/content/2015-04/29/content_ 9677. htm）。

③ 《关于深入推进审批服务便民化的指导意见》，2018 年 5 月 23 日（http://www.gov.cn/zhengce/2018-05/23/content_ 5293101. htm）。

中介服务环节的效率，将行政审批中介服务流程纳入政府改革范围，对行政审批中介机构提出明确的服务流程和时间要求，并进行绩效考核。这实际上是通过以行政力量介入市场机制的方式提升审批效率。随着改革的不断深化，划清行政权力与市场的边界，平衡政府改革绩效与市场机制自主调节的关系，是行政审批改革中推进外部流程优化需要考量的问题。

第六章　技术赋能：行政权力与智慧政务

第一节　从电子政务到智慧政务

随着信息和通信技术（ICT）的发展，电子政务也不断获得迭代与升级。信息和通信技术很大程度上改变了现代政府的运作方式，成为推进政府现代化的重要动力。电子政务从最初的 1.0 发展到 4.0 乃至更高阶段，内涵和核心特征经历了不断变迁和发展。

一　电子政务 1.0：信息单向传递

电子政务 1.0 是电子政府的初级发展阶段。20 世纪 90 年代中后期，政务服务供给开始注重对现代信息和通信技术的应用，以优化公共部门的内外部组织运作效率，提升政务服务供给质量。在此之前，世界范围的很多国家和地区的公共服务供给呈分散格局并相互独立，而电子政务能够集成各项政务服务，以 "一站式" 电子平台的方式提供一体化的综合服务供给。

电子政务 1.0 的特征较为鲜明，电子政务服务的政府以发布及传播信息为主，注重信息传递和信息交付。[1] 信息传播的有效性是这一时期的重点。[2]

---

[1]　Gohar Feroz Khan, Ho Young Yoon, Ji Young Kim and Han Woo Park, "From E-government to Social Government: Twitter Use by Korea's Central Government", *Online Information Review*, Vol. 38, NO. 1, January 2013.

[2]　Taewoo Nam, "Government 3.0 in Korea: Fad or fashion?" *Proceedings of the 7th International Conference on Theory and Practice of Electronic Governance*, October 2013.

建设可以集成各类信息的门户网站，推进政府信息数字化建设①是 1.0 时期电子政务的主要任务。

这一时期，信息在政府到公众之间单向流动，从公众到政府的回流较少，政府对公众反馈重视程度不高。② 这使得政府与社会公开互动的机会较为有限。市民虽然可以通过政府发布的渠道信息与政府联系，但主动参与治理的机会较少。③

电子政务 1.0 主要是基于 Web1.0 技术。④ 作为 20 世纪 90 年代重要的信息技术革命，⑤ Web1.0 以简单的信息显示和静态门户为主要表现形式，⑥ 利用浏览器获取信息，以互联网网页作为信息发布平台，将巨量无序的网络信息聚合、联合，并通过网页形式较为直观地展现出来，便于用户搜索查询获取信息。Web1.0 技术下，互联网更多作为"文档的网站"提供信息和文件，以供用户阅读为主。

以政府门户网站为核心平台的 Web1.0 表现出信息单向流动和传递的特征。这一技术以数据库、HEML 网页文件、P2P 文件共享、连接协议、Web 搜索引擎等为关键技术标识。⑦ Web1.0 聚焦信息搜索和聚合，未能提供多元主体之间的沟通、互动和参与的渠道和机制。

二　电子政务 2.0：双向互动

电子政务 2.0 是伴随社交网络的兴起而出现的，倡导透明、开放和协作

① Soon Ae Chun, Stuart Shulman, Rodrigo Sandoval and Eduard Hovy, "Government 2.0: Making Connectionsbetween Citizens, Data and Government", *Information Polity*, Vol. 15, No. 1, 2, April 2010.

② Soon Ae Chun, Stuart Shulman, Rodrigo Sandoval and Eduard Hovy, "Government 2.0: Making Connectionsbetween Citizens, Data and Government", *Information Polity*, Vol. 15, No. 1, 2, April 2010.

③ Soon Ae Chun, Stuart Shulman, Rodrigo Sandoval and Eduard Hovy, "Government 2.0: Making Connectionsbetween Citizens, Data and Government", *Information Polity*, Vol. 15, No. 1, 2, April 2010.

④ Alina M. Chircu, "Government 2.0: E-government Evaluation: Towards A Multidimensional Framework", *Electronic Government*, Vol. 5, No. 4, July 2008.

⑤ Phillip Ingram, "The World Wide Web", *Computers & Geosciences*, Vol. 21, No. 6, July 1995.

⑥ J Y Kang, H S Yong, "Web 2.0 Concepts and Perspective", *Communications of the Korean Institution of Information Scientists and Engineers*, Vol. 25, No. 10, 2007.

⑦ 张庆普、陈芝：《Web 和时代的情报学创新探究》，《情报学报》2016 年第 35 期。

的治理文化。① 2005 年，威廉·爱格斯（William D. Eggers）指出网络技术正在改变整个政府机构的行为和使命。② 2010 年 5 月，澳大利亚的政府 2.0 特别工作组发布了专题报告，指出了政府 2.0 的关键革新。一是营造参与式政府。通过改变公共政策，创造一种开放和透明的文化，使政府愿意和市民互动、倾听市民的声音。二是搭建透明政府。公开非敏感的政府信息，使其成为社会可获取利用的国家信息资源。③ 电子政务是政府向开放、协作和参与性的根本转变。④

第一，双向互动是电子政务 2.0 的核心特征。在电子政务 2.0 时期，公众参与是政府与社会双向互动的主要方式。政府和公众在网络中合作和共同生产，各方都在其中做出自己的贡献。⑤ 通过吸纳公众参与政策过程，政府可以获得政策过程前端、后端的社会意见，提高政策的有效性。一方面，在政策过程前端，政府基于电子政务 2.0 的平台，主动吸纳公众需求。政府通过收集用户在政府门户网站上发布的评论、政府代表参与热门话题的讨论和填写在线民意调查的内容等，给予公众参与决策过程的机会。另一方面，在政策过程后端，公众可通过电子信息平台，报告对电子服务的满意程度，对政府工作发表评论，通过此种方式参与政策制定和政务服务供给，对未来的政府行为产生影响。与此同时，政府也可利用信息平台与社会互动，及时回应社会声音，消除或避免出现因信息不对称产生的误解，营造阳光健康的政社互动文化。

电子政务 2.0 时代，政务服务在技术赋能下具备更多社会化、市场化的

---

① Gohar Feroz Khan, "The Government 2.0 Utilizationmodel and Implementation Scenarios", *Information Development*, Vol. 31, No. 2, February 2013.

② Eggers WD, *Government 2.0: Using Technology to Improve Education, Cut Red Tape, Reduce Gridlock, and Enhance Democracy*, Lanham, MD: Rowman & Little-field Publishers, 2005.

③ 陈美：《澳大利亚中央政府开放数据政策研究》，《情报杂志》2017 年第 6 期。

④ Nataša Veljković, Sanja Bogdanović-Dinić and Leonid Stoimenov, "Building E-Government 2.0: A Step Forward in Bringing Government Closer to Citizens", *E-Government Studies and Best Practices*, Vol. 2012, No. 2012, April 2012.

⑤ Imed Boughzala, Marijn Janssen and Saïd Assar, *Case Studies in E-Government* 2.0, 2015, Springer, pp. 1−14.

特征。企业和市民不再只被动地作为服务使用者，更加作为主动的参与者。服务使用者和参与者的双重身份使两者的交互变得更加一体化，① 用户在双向互动中生成数据，提供改进建议，贡献改善服务的想法，助力开发新的政务服务应用。②

　　第二，提供以"用户"为中心的便捷服务。电子政务 1.0 时期，政府主要聚焦如何使常规的政务流程电子化，主要体现为政务信息数字化归集并集中以网页的形式呈现。电子政务 2.0 时期，政府将现代信息及通信技术引入政务服务领域，不应止步于提供网络信息平台，而更应该利用网络提供更多便利可及的政务服务。以用户为中心的政务服务，应基于政民互动，从公众的需求出发，将公众需求切实纳入政策制定过程，对既有政策做出相应的改善，提供更复杂、更无缝、更主动的服务，③ 将公众置于政务服务的中心。④

　　第三，Web2.0 技术和社交媒体工具是电子政务 2.0 的核心技术手段。与 Web1.0 侧重通过静态网页单项传递信息不同，Web2.0 强调用户通过多种社交媒体与网络参与分享、互动、编辑、创造等实现互相连通。⑤ Web2.0 的典型应用包括博客、社交网络平台、基于 Web 的通信模式（如聊天、聊天组）、照片共享、视频播放和共享、音频共享、窗口小部件、虚拟世界、微博、网站的社交注释和书签等。⑥ Web2.0 的核心理念是改变用户单项传播的模式，通过引入多种交流互动平台介质，让用户更多地成为参与者和内容生

---

① DiMaio, "Government 2.0: A Gartner Definition"（http://blogs.gartner.com/andrea_dimaio/2009/11/13/government-2-0-a-gartner-definition/）.

② Imed Boughzala, Marijn Janssen and Saïd Assar, *Case Studies in E-Government* 2.0, 2015, Springer, pp. 1–14.

③ Nataša Veljković, Sanja Bogdanović-Dinić and Leonid Stoimenov, "Building E-Government 2.0: A Step Forward in Bringing Government Closer to Citizens", *E-Government Studies and Best Practices*, Vol. 2012, No. 2012, April 2012.

④ Po-Ling Sun, Cheng-Yuan Ku, Dong-Her Shih, "An Implementation Framework for E-Government 2.0", *Telematics and Informatics*, Vol. 32, No. 3, August 2015.

⑤ Soon Ae Chun, Stuart Shulman, Rodrigo Sandoval and Eduard Hovy, "Government 2.0: Making Connectionsbetween Citizens, Data and Government", *Information Polity*, Vol. 15, No. 1, 2, April 2010.

⑥ Alina M. Chircu, "Government 2.0: E-government Evaluation: Towards A Multidimensional Framework", *Electronic Government*, Vol. 5, No. 4, July 2008.

产制造者。

Web2.0 赋能电子政务 2.0，为其实现政务服务供给方式的改革提供了有力技术支撑，使得电子政务 2.0 的诸多改革目标得以实现。① Web2.0 的技术应用不仅影响了人们彼此交流的方式，也影响了政府与社会的互动方式。公众利用政务互动平台提出改革建议。② Web2.0 应用程序和技术拓宽了政府与公众的沟通方式，有效促进了公众参与政府事务。③ 利用 Web2.0 在促进用户参与和沟通上的技术优势，政府可以为市民提供更好的服务。④

三 电子政务 3.0：定制个性化服务

电子政务 3.0 是基于语义网技术和人工智能等 Web3.0 技术形成新一代智慧政府。⑤ 电子政务 3.0 通常综合运用 Web3.0、语义网、大数据、移动互联网、互联网等信息技术手段，整合社交网站和语义网站的海量信息，并进行语义分析和机器学习，⑥ 从而提供定制化、智能化的政务服务。⑦

电子政务 3.0 的显著特征是可以根据个体的喜好对政务服务进行个性化供给，针对就业机会、天气、交通、教育、福利和金融等各种主题，⑧ 提供

---

① Po-LingSun, Cheng-Yuan Ku, Dong-Her Shih, "An Implementation Framework for E-Government 2.0", *Telematics and Informatics*, Vol. 32, No. 3, August 2015.

② Nataša Veljković, Sanja Bogdanović-Dinić and Leonid Stoimenov, "Building E-Government 2.0: A Step Forward in Bringing Government Closer to Citizens", *E-Government Studies and Best Practices*, Vol. 2012, No. 2012, April 2012.

③ Gohar Feroz Khan, Ho Young Yoon, Ji Young Kim and Han Woo Park, "From E-government to Social Government: Twitter Use by Korea's Central Government", . *Online Information Review*, Vol. 38, No. 1, January 2013.

④ E. Ferro & F Molinari, "Framing Web 2.0 in the Process of Public Sector Innovation: Going Down the Participation Ladder," *European Journal of ePractice*, Vol. 9, No. 1, January 2009.

⑤ David Valle-Cruz, Rodrigo Sandoval Almazán, "E-gov 4.0: A Literature Review Towards the New Government" *Public Organiz Rev*, June 2014.

⑥ Imed Boughzala, Marijn Janssen and Saïd Assar, *Case Studies in E-Government* 2.0, 2015, Springer, pp. 1–14.

⑦ Bernd W. Wirtz, Oliver Tuna Kurtz, "Determinants of Citizen Usage Intentions in E-Government: An Empirical Analysis", *Public Organiz Rev*, Vol. 12, No. 3, September 2017.

⑧ Taewoo Nam, "Government 3.0 in Korea: Fad or fashion?", *Proceedings of the 7th International Conference on Theory and Practice of Electronic Governance*", October 2013.

满足市民独特需求的公共服务。① 通过引入以数据为导向的决策方法，电子政务 3.0 致力于提供低成本、高质量的定制服务。②

Web3.0 通过语义理解、语义搜索、内容聚合等语义技术实现网页的数据和知识挖掘，③ 并呈现智能化特征。基于此技术的电子政务 3.0 因此也可以被视为一个基于语义 Web 的电子政府，并以此获知个性化偏好，作为提供定制化政务服务的基础。④ 人工智能、自然语言处理、机器学习等新技术的发展赋予了 Web3.0 的独特时代特征。⑤

在技术革新的理念上，Web3.0 强调人人参与的网络社会互动。Web3.0 技术支撑多个网站之间的信息关联和交互，通过第三方信息实现多平台信息的整合使用，用户数据跨平台通用。Web3.0 因此不仅是技术革新，更是用户理念创新，通过统一的通信协议，以更加简洁的方式，让用户可以深度参与和体验，并根据个体需求提供服务。

四　电子政务 4.0：移动智慧政务

电子政务 4.0 是基于移动技术的"智慧政府"（smart government）时代，也被称为"移动政府"（m-government）时代。国际数据公司（IDC）认为，智慧政府实施一套业务流程和底层信息技术，使信息能够在政府机构和项目之间无缝流动，从而提供高质量的政务服务。⑥

电子政务 4.0 的首要特征是移动性。使用移动设备是移动政务的关键所

① Bernd W. Wirtz, Oliver Tuna Kurtz, "Determinants of Citizen Usage Intentions in E-Government: An Empirical Analysis", *Public Organiz Rev*, Vol. 12, No. 3, September 2017.

② Taewoo Nam, "Government 3.0 in Korea: Fad or fashion?", *Proceedings of the 7th International Conference on Theory and Practice of Electronic Governance*", October 2013.

③ J Y Kang, H S Yong, "Web 2.0 Concepts and Perspective", *Communications of the Korean Institution of Information Scientists and Engineers*, Vol. 25, No. 10, 2007.

④ Taewoo Nam, "Government 3.0 in Korea: Fad or fashion?", *Proceedings of the 7th International Conference on Theory and Practice of Electronic Governance*", October 2013.

⑤ Jiajia Li, "Research on Interactive Design of Personal Assistant in Web3.0", *Proceedings of 2017 2nd AASRI International Conference on Industrial Electronics and Applications* (*IEA* 2017), May 2017.

⑥ Thom Rubel, "Smart Government: Creating More Effective Information and Services", *Cengage* 2014.

在。移动政务主要指政府和公共组织应用无线通信技术，向其他组织和公民提供服务和共享信息。[①] 移动政务作为一种战略改变了社会参与的结构和方式，提高了社会参与的质量。移动政务旨在通过各种无线和移动技术、应用程序和设备，提高政务服务的可及度，让不同利益相关方（包括市民、企业和所有政府单位）可以更加便利、随时随地触及、获取所需要的政务服务。[②] 在新技术的支撑下，市民可以凭借可靠的基础设施，以便捷的方式获得政务服务，同时获得更好的参与社会活动的机会。[③]

智慧服务是电子政务 4.0 的第二个显著特征。在"智慧政府"的概念中，"智慧"（SMART）可以从复合概念的角度理解，包括五个部分的内容："S"（social）指智慧政府允许公众与政府共同创造，特别是通过社交媒体和众包工具；"M"（mobile）是指使用最新的移动技术来传递信息和服务，无论何时何地，都可以通过应用程序、短信、社交媒体、移动网络，以及云计算等从公众一方获得使用端的反馈和贡献；"A"（analytics）是指使用大数据分析、传感器和文本情境感知来推动政策行动；"R"（radical-openness）是指"默认开放"和"设计开放"优化了问责制度和透明度，使市民有机会参与共同生产，企业能够使用数据进行创新服务；"T"（trust）是指有效的网络安全，使得政务服务可以有效保护隐私。[④]

在服务内容上，智慧化的政务服务主要包括不同的服务类型。[⑤] 一是智慧通信。政府可以使用移动设备以不同的方式联系市民。例如，使用短消息服务（SMS）、社交媒体联系市民，对税收缴纳、护照更新等服务进行信息

---

① Geoffrey A. Sandy, Stuart McMillan, "A Success Factors Model for M-government", *Euro mGov*, Vol. 2005, July 2005.

② A. S. Martín, J. M. González, J. M. González, A. M. Vilas, "Use-me. Gov: Usability-Driven Open Platform for Mobile Government", Formatex Research Centre, 2005.

③ Afshar Jahanshahi, Asghar & Khaksar, Seyed Mohammad Sadegh & Khaksar, Sadeq & Yaghoobi, Noor & Nawaser, Khaled, "Comprehensive Model of Mobile Government in Iran", Indian Journal of Science and Technology, Vol. 4, No. 9, January 2011.

④ Oleg Petrov, "Open Data as A Key Enabler of Smart Government", *17th National Conference on E-Governance Kochi*, Vol. 30, January 2014.

⑤ N. Jotischky and S Nye, "Mobilizing Public Services in Africa: The M-Government Challenge", *Informa Telecoms & Media*, 2011.

告知。二是智慧服务。缴纳罚款、公共交通票务等服务可以使用移动设备发送短信，或利用移动应用程序来完成。三是智慧治理。优化政府机构内设部门之间的沟通和协作，利用移动技术搭建一体化移动端办公平台，使得办公数据在互联网、移动设备上通用并实现顺畅切换衔接，例如可在处理社会诉求、监督公共工程等治理领域广泛应用。

在对智慧政务的质量评价上，电子政务质量的评价体系成为基础。根据相关研究，电子政务服务质量的主要维度包括：易用性（导航、个性化、技术效率）；信任（隐私、安全）；交互环境的功能性（支持填写表格）；可靠性（可访问性、可用性）；内容和信息；市民支持。[①] 在此基础上，有学者对 McCall 质量模型、Boehm 质量模型、Dromey 质量模型、FURPS 质量模型、ISO 9126 质量模型五种模型进行分析和讨论，提取相关特征和了特征，构建了智慧政务质量模型（smart government quality model），由可学习性（learnability）、精准性（accuracy）、可理解性（understanability）等 13 个质量特征构成。[②]

电子政务 4.0 是基于 Web4.0 技术实现的。电子政务 4.0 在 Web4.0 核心技术，特别是在 3D 技术和虚拟技术的支撑下，实现虚拟世界与现实世界的彼此相融，信息处理达到与类似人脑的水平，政务流程变得更加简洁，可避免常见的人为错误，[③] 从而又快又准确地响应政务服务供给需求,[④] 提高政务服务的回应效率和服务质量。

Web4.0 很大程度是基于物联网和人工智能技术。物联网（IoT）是一种

---

① Xenia Papadomichelaki, Gregoris Mentzas, "E-GovQual：A multiple-item Scale for Assessing G-government Service Quality", *Government Information Quarterly*, Vol. 29, No. 1, January 2012.

② Fahad Salmeen Al-Obthani, Ali Abdulbaqi Ameen, "Towards Customized Smart Government Quality Model", *International Journal of Software Engineering & Applications (IJSEA)*, Vol. 9, No. 2, March 2018.

③ David Valle-Cruz, Rodrigo Sandoval Almazán, "E-gov 4.0：A Literature Review Towards the New Government", *Public Organiz Rev*, June 2014.

④ Endang Amalia, S. T., M. M, "Backend Challenges and Issues for E-Government in Indonesia seen through the Perspective of Infrastructure of E-Government Components Cube", *Global Business and Management Research：An International Journal*, Vol. 11, No. 1, 2019.

范式，是通过互联网将对象与各种传感和执行设备互联，提供收集、共享和分析信息的能力。[①] 物联网可以将数字世界中的对象和环境连接起来，为各种利益相关者提供不同应用场景中的多种服务。更为重要的是，物联网不仅可以实现传感设备的互连，还可以基于数据生成洞察力或知识，实现智慧无须人工干预的政务服务供给。[②] 现阶段，物联网已经在交通、能源、公用事业、教育、医疗保健、物理基础设施、公共安全和国防等多个领域得到广泛应用。通过摄像装置、可穿戴设备、智能手机、工业传感器和车辆等各种对象的联动，物联网可以促进政府为市民、企业和社会组织开发更多服务。在物联网设备收集海量数据的基础上，人工智能算法和技术可以分析和学习这些数据，以创造更多公共价值。人工智能技术是智慧政府建设的有力技术支撑。规模数据输入和分析可应用于智慧政府的关键领域，有助于提高治理效率和生活质量。[③]

第二节　中国智慧政务发展历程

中国智慧政务的发展历程经历了由"互联网+行动""互联网+政务服务"、数字政府等不同阶段。互联网及相关数字技术被作为赋能产业发展、政府治理、提升政府履职能力的重要技术力量，政务服务也从最初的聚焦信息化建设逐渐发展为技术赋能，智慧创新供给模式。

根据第 44 次《中国互联网络发展状况统计报告》，截至 2019 年 6 月，中国在线政务服务用户规模达 5.09 亿，占网民整体的 59.6%。[④] 这为政府应

① J. Gubbi, R. Buyya, S. Marusic, M Palaniswami, "Internet of Things (Iot): Avision, Architectural Elements, and Future Directions", *Future Generation Computer Systems*, Vol. 29, No. 7, September 2013.

② S. Chatterjee, A. K. Kar, M. P Gupta, "Success of IoT in Smart Cities of India: An Empirical Analysis", *Government Information Quarterly*, Vol. 35, No. 3, September 2018.

③ S. Chatterjee, A. K. Kar, M. P Gupta, "Success of IoT in Smart Cities of India: An Empirical Analysis", *Government Information Quarterly*, Vol. 35, No. 3, September 2018.

④ 中国网信网：《CNNIC 发布第 44 次〈中国互联网络发展状况统计报告〉》（http://www.cac.gov.cn/2019-08/30/c_1124939590.htm）。

用互联网等数字技术提供了良好的用户基础。更为重要的是，国家推动顶层设计是智慧政务在全国范围迅速发展的关键原因。2015 年以来国务院出台多项有关"互联网+政务"的政策文件，推进改革向纵深方向发展，提高政府服务的质量，使群众办事更加便利，以数字技术支撑的智慧化手段提升了政务服务供给的精准化、个性化程度。

一 "互联联网+行动"

2015 年 7 月，国务院印发《关于积极推进"互联网+"行动的指导意见》（国发〔2015〕40 号）（以下简称《指导意见》）①，明确将互联网技术作为推动技术进步、促进经济社会各领域深度融合的总要技术驱动力，指出"在全球新一轮科技革命和产业变革中，互联网与各领域的融合发展具有广阔前景和无限潜力"。

《指导意见》中，国家政策主要聚焦产业发展，将互联网技术作为推动产业创新和变革的新型技术手段、平台力量。互联网技术成为新的经济增长动力，可以在催生新业态、支撑创新创业、促进多领域深化融合发展等方面大有作为。国家在各个重点产业方向综合提出应用互联网技术的空间和行动意见，包括创业创新、协同制造、现代农业、智慧能源、普惠金融、益民服务、高效物流、电子商务、便捷交通、绿色生态、人工智能 11 个产业领域。

此阶段，政务服务领域尚未系统提出与互联网技术的融合方案，但《指导意见》明确指出了互联网技术与政府服务相结合的方向和发展空间。国家在"互联网+"行动的《指导意见》中强调了互联网技术对于推动效率提升和组织变革的重要意义，希望互联网技术助力政府创新服务模式，成为提供公共服务的重要手段，提升政府科学决策能力和管理水平。

此外，"'互联网+'益民服务"被作为一项行动独立提出，指出要"充分利用互联网、移动互联网应用平台等，加快推进政务新媒体发展建设，加强政

---

① 《关于积极推进"互联网+"行动的指导意见》，国发第 40 号，2015 年 7 月 1 日（http://www.gov.cn/gongbao/content/2015/content_ 2897187. htm）。

府与公众的沟通交流，提高政府公共管理、公共服务和公共政策制定的响应速度，提升政府科学决策能力和社会治理水平，促进政府职能转变和简政放权"。此处的"益民服务"主要从服务行业及产业的角度出发，提出互联网技术的可融合领域，包括发展实体零售商综合利用网上商店、移动支付等体验式购物模式，发展线上线下结合的社区服务新模式，发展更加便捷的城市服务等便民服务新业态，特别从在线医疗卫生、智慧健康养老产业、新型教育服务供给等公共服务产业，提出了互联网技术发展前景。其中，与政务服务的关联度较高的是"便民服务新业态"，主要聚焦在互联网技术赋能便民服务，"推广基于移动互联网入口的城市服务，开展网上社保办理、个人社保权益查询、跨地区医保结算等互联网应用，让老百姓足不出户享受便捷高效的服务"。

二 "互联网+政务服务"：从重点领域到顶层方案

第一，"互联网+政务服务"重点领域。在国家层面明确提出多部委联合制定实施方案，提出了构建"互联网+政务服务"的重点工作领域。此前，多地展开前期改革探索，取得初步成效。例如，福建建成电子证照库、广州开展"一窗式"改革、佛山开展"一门式"改革，上海、深圳开展网上综合受理探索等。基于地方的改革经验，2016年4月，国务院办公厅发布由国家发展改革委联合财政部、教育部、公安部、民政部、人力资源和社会保障部、住房和城乡建设部、国家卫生计生委、国务院法制办、国家标准委9部门共同制定的《推进"互联网+政务服务"开展信息惠民试点实施方案》，[1] 在试点地区推进"一号一窗一网"改革，计划通过两年左右时间实现"一号"申请、"一窗"受理、"一网"通办。

"一号"申请是以公民身份号码作为唯一标识，建成电子证照库，实现群众办事"一号"申请，避免重复提交办事材料、证明和证件等；[2] "一窗"

---

① 《国务院关于加快推进"互联网+政务服务"工作的指导意见》，国发第 55 号，2016 年 9 月 25 日（http：//www.gov.cn/zhengce/content/2016-09/29/content_ 5113369. htm）。

② 《国务院关于加快推进"互联网+政务服务"工作的指导意见》，国发第 55 号，2016 年 9 月 25 日（http：//www.gov.cn/zhengce/content/2016-09/29/content_ 5113369. htm）。

受理是"整合构建综合政务服务窗口，建立统一的数据共享交换平台和政务服务信息系统，实现政务服务事项'一窗'受理，就近能办、同城通办、异地可办"。① "一网"通办是实现"群众网上办事'一次认证、多点互联'"②，多渠道互联，大幅提高政务服务的便捷性。

第二，国家顶层方案。2016年9月，国家出台了"互联网+政务服务"的完整顶层设计。国务院印发《关于加快推进"互联网+政务服务"工作的指导意见》（国发〔2016〕55号）（以下简称《意见》）③，提出了利用互联网技术赋能政务服务改革的总体要求和主要内容，开始"自上而下"全面推行"互联网+政务服务"改革。《意见》指出"互联网+政务服务"对于激发市场活力和社会创造力具有重要意义，要求各地"优化服务流程，创新服务方式，推进数据共享，打通信息孤岛，推行公开透明服务，降低制度性交易成本"，"切实提高政务服务质量与实效"。

《意见》为各地制定了分阶段的整体改革方案。第一阶段各地强化基础改革。2017年年底前，要求各省（区、市）人民政府、国务院有关部门聚焦各自的一体化平台建设，利用互联网技术深入持续推进政务服务标准化改革，公开政务服务事项。第二阶段推进地域联动。2020年年底前，推进全国一体化政务服务体系建设，"建成覆盖全国的整体联动、部门协同、省级统筹、一网办理的'互联网+政务服务'体系，大幅提升政务服务智慧化水平"。

随后，国家对全国"互联网+政务服务"进行了整体设计，推进畅通共享的"互联网+政务服务"技术和服务体系建设。2017年1月，国务院办公厅印发《"互联网+政务服务"技术体系建设指南》，④ 要求各地结合实际统

---

① 《国务院关于加快推进"互联网+政务服务"工作的指导意见》，国发第55号，2016年9月25日（http：//www. gov. cn/zhengce/content/2016-09/29/content_ 5113369. htm）。

② 《国务院关于加快推进"互联网+政务服务"工作的指导意见》，国发第55号，2016年9月25日（http：//www. gov. cn/zhengce/content/2016-09/29/content_ 5113369. htm）。

③ 《国务院关于加快推进"互联网+政务服务"工作的指导意见》，国发第55号，2016年9月25日（http：//www. gov. cn/zhengce/content/2016-09/29/content_ 5113369. htm）。

④ 《国务院办公厅关于印发"互联网+政务服务"技术体系建设指南的通知》，国办函第108号，2016年12月20日（http：//www. gov. cn/zhengce/content/2017-01/12/content_ 5159174. htm）。

筹推动本地区本部门网上政务服务平台建设。

在顶层方案发布后，国家对全国互联网政务服务平台的建设情况进行检查并通报了各地较为普遍存在的问题。2017 年 10 月，国务院办公厅关于全国互联网政务服务平台检查情况的通报（国办函〔2017〕115 号），"对 31 个省（区、市）及新疆生产建设兵团的互联网政务服务平台进行了检查，共随机抽查平台 201 个，其中省级平台 30 个、地市级平台 42 个、区县级平台 129 个"。① 同时，"还抽查了企业设立登记、教师资格认定、排污许可证核发等与企业群众生产生活密切相关的高频服务事项。"②

抽查结果显示，整体上各地在依照国家方案的要求推进改革上较为顺畅。29 个省（区、市）及新疆生产建设兵团建成一体化互联网政务服务平台，其中 16 个平台实现了省、市、县三级全覆盖。平台功能方面，平台搜索、注册、咨询等功能有效可用的比例在 80% 以上；服务事项方面，80% 以上的服务事项规范性、实用性、准确性较好。此外，浙江提出"最多跑一次"、江苏提出"不见面审批"等，③ 进行更多的探索创新，引领地方改革。

同时，各地也存在一些共性问题：办事入口不统一、政务信息不共享、事项上网不同步、平台功能不完善、服务信息不准确。在政务服务登录入口方面，一些地方存在"政务服务平台与政府门户网站'两张皮'"，"同一事项内容不同、标准各异"的问题，"互联网政务服务平台未与本级政府门户网站前端整合，不能提供统一服务入口"。在政务信息共享方面，地方仍存在政务服务平台与部门办事系统未能实现统一身份认证和登录的问题，系统壁垒与数据孤岛依旧存在，导致办事人在不同平台之间重复登录。在网上事项覆盖度方面，相当比例平台网上事项覆盖度不理想，"68% 的平台存在

---

① 《国务院办公厅关于全国互联网政务服务平台检查情况的通报》，国办函第 115 号，2017 年 10 月 6 日（http：//www.gov.cn/zhengce/content/2017-11/03/content_ 5236744.htm）。

② 《国务院办公厅关于全国互联网政务服务平台检查情况的通报》，国办函第 115 号，2017 年 10 月 6 日（http：//www.gov.cn/zhengce/content/2017-11/03/content_ 5236744.htm）。

③ 《国务院办公厅关于全国互联网政务服务平台检查情况的通报》，国办函第 115 号，2017 年 10 月 6 日（http：//www.gov.cn/zhengce/content/2017-11/03/content_ 5236744.htm）。

部分栏目下无内容的问题"①，导致网上不可办，只能通过传统线下方式办理事项。在平台功能方面，咨询和信息查询功能普遍不完善。"87%的投诉平台虽然真实有效，但回复效率偏低，不能做到及时回复。信息查询功能问题较为突出，特别是基层市、县平台，22%的平台搜索功能不可用"②。在服务信息的准确性方面，政务服务事项信息不全面、不细致、不完整的问题较为明显。"33%未明确办理时限、收费标准、联系方式等要素；13%对办理材料表述不清晰"③，存在需要据提交其他材料的兜底性条款；"41%未提供办事表格下载，48%未提供表格填写说明或示范文本；55%未明确办理材料格式要求，例如原件/复印件、纸质版/电子版、份数等"④。在抽检的基础上，国务院要求各地针对存在的问题清理整改，加强平台建设，提高服务能力。⑤

第三，"互联网+政务服务"建设的绩效要求。在互联网+政务服务平台建设的基础上，国家从办事人角度出发对政务服务质量提出了"一门、一网、一次"的整体要求，在总结提炼浙江、江苏等地方改革经验的基础上，在全国范围拓展推广。2018年6月，国务院办公厅印发《进一步深化"互联网+政务服务"推进政务服务"一网、一门、一次"改革实施方案的通知》（国办发〔2018〕45号），要求各地针对"不少地区、部门、领域仍大量存在困扰企业群众的'办证多、办事难'"⑥等问题，"加快构建全国一体化网上政务服务体系建设，推进跨层级、跨地域、跨系统、跨部门、跨业

---

① 《国务院办公厅关于全国互联网政务服务平台检查情况的通报》，国办函第115号，2017年10月6日（http：//www.gov.cn/zhengce/content/2017-11/03/content_5236744.htm）。

② 《国务院办公厅关于全国互联网政务服务平台检查情况的通报》，国办函第115号，2017年10月6日（http：//www.gov.cn/zhengce/content/2017-11/03/content_5236744.htm）。

③ 《国务院办公厅关于全国互联网政务服务平台检查情况的通报》，国办函第115号，2017年10月6日（http：//www.gov.cn/zhengce/content/2017-11/03/content_5236744.htm）。

④ 《国务院办公厅关于全国互联网政务服务平台检查情况的通报》，国办函第115号，2017年10月6日（http：//www.gov.cn/zhengce/content/2017-11/03/content_5236744.htm）。

⑤ 《国务院办公厅关于全国互联网政务服务平台检查情况的通报》，国办函第115号，2017年10月6日（http：//www.gov.cn/zhengce/content/2017-11/03/content_5236744.htm）。

⑥ 《进一步深化"互联网+政务服务"推进政务服务"一网、一门、一次"改革实施方案的通知》，国办发第45号，2018年6月10日（http：//www.gov.cn/zhengce/content/2018-06/22/content_5300516.htm）。

务的协同管理和服务"①，提高互联网+政务服务质量，"让企业和群众到政府办事像'网购'一样方便"。②

在"互联网+政务服务"的质量要求上，"一网、一门、一次"改革明确为各地提出了两个阶段的量化任务要求。第一阶段，到 2018 年年底，在全国范围推广先进地区的经验，对省级、市县级政务服务事项网上可办率、事项覆盖率提出了明确要求，"省级政务服务事项网上可办率不低于 80%，市县级政务服务事项网上可办率不低于 50%"；"市县级政务服务事项进驻综合性实体政务大厅比例不低于 70%"。推进"一窗""一次"改革，要求"50%以上政务服务事项实现'一窗'分类受理"；"省市县各级 30 个高频事项实现'最多跑一次'"，"企业和群众到政府办事提供的材料减少 30%以上"。③

第二阶段，到 2019 年年底，重点领域和高频事项基本实现"一网、一门、一次"。"省级政务服务事项网上可办率不低于 90%，市县级不低于 70%"；在事项覆盖率上，"除对场地有特殊要求的事项外，政务服务事项进驻综合性实体政务大厅基本实现'应进必进'"；在"一窗""一次"改革上，70%以上的政务服务事项实现"一窗"分类受理；省市县各级 100 个高频事项实现"最多跑一次"，企业和群众到政府办事提供的材料减少 60%以上。④

---

① 《进一步深化"互联网+政务服务"推进政务服务"一网、一门、一次"改革实施方案的通知》，国办发第 45 号，2018 年 6 月 10 日（http：//www. gov. cn/zhengce/content/2018-06/22/content_5300516. htm）。

② 《进一步深化"互联网+政务服务"推进政务服务"一网、一门、一次"改革实施方案的通知》，国办发第 45 号，2018 年 6 月 10 日（http：//www. gov. cn/zhengce/content/2018-06/22/content_5300516. htm）。

③ 《进一步深化"互联网+政务服务"推进政务服务"一网、一门、一次"改革实施方案的通知》，国办发第 45 号，2018 年 6 月 10 日（http：//www. gov. cn/zhengce/content/2018-06/22/content_5300516. htm）。

④ 《进一步深化"互联网+政务服务"推进政务服务"一网、一门、一次"改革实施方案的通知》，国办发第 45 号，2018 年 6 月 10 日（http：//www. gov. cn/zhengce/content/2018-06/22/content_5300516. htm）。

三　迈向数字政府

数字政府等理念从被提出，到被国家确定为数字时代政府新形态的建设方向，再到制定系统的顶层设计方案，经历了一系列的政策过程。起初，中国数字政府的内容主要聚焦在"互联网+政务服务"上，通过互联网及数字技术提升政务服务的供给质量。随着"数字中国"被写入党的十九大报告，数字政府的理念开始酝酿形成。2019年，党的十九届四中全会提出"推进数字政府建设"。2021年，"数字中国"首次被写入政府工作报告。政府工作报告指出要"加强数字政府建设，建立健全政务数据共享协调机制，推动电子证照扩大应用领域和全国互通互认，实现更多政务服务事项网上办、掌上办、一次办"。[①] 2021年11月，国务院总理李克强主持召开国务院常务会议，审议通过"十四五"推进国家政务信息化规划，强调要面向满足企业需求和群众期盼，推进数字政府建设。

数字政府建设伴随国家顶层设计的出台进入新阶段。2022年4月19日，中央全面深化改革委员会第二十五次会议审议通过《关于加强数字政府建设的指导意见》（以下简称《指导意见》），会议强调要把数字技术广泛应用于政府管理服务，推动政府数字化、智能化运行，为推进国家治理体系和治理能力现代化提供有力支撑。这意味着数字技术在政府管理领域的应用超越了政务服务的范畴，拓宽了数字政府的建设边界。

2022年6月，《指导意见》由国务院正式发布，[②] 作为数字政府建设的顶层设计方案。《指导意见》肯定了各地各级政府在"最多跑一次""一网通办""一网统管""一网协同""接诉即办"等地方创新上取得的成果，同时指出数字政府建设存在"顶层设计不足，体制机制不够健全"[③] 等诸多

---

① 《政府工作报告——2021年3月5日在第十三届全国人民代表大会第四次会议上》，2021年3月15日（http：//www.gov.cn/premier/2021-03/12/content_ 5592671. htm）。

② 《国务院关于加强数字政府建设的指导意见》，国发第14号，2022年6月6日（http：//www.gov.cn/zhengce/content/2022-06/23/content_ 5697299. htm）。

③ 《国务院关于加强数字政府建设的指导意见》，国发第14号，2022年6月6日（http：//www.gov.cn/zhengce/content/2022-06/23/content_ 5697299. htm）。

问题。

政府数字化履职能力是数字政府的建设目标。《指导意见》将数字政府建设定位于建设"与国家治理体系和治理能力现代化相适应的数字政府体系框架"。① 政府数字化履职能力体系包括：基于大数据监测分析的经济调节能力、基于智慧监管的市场监管能力、基于数字化治理模式创新的社会管理能力、数字化公共服务能力、动态感知和立体防控的生态环境保护能力、数字机关建设及政务运行能力、智能集约的政务公开水平。

系列配套制度体系规范和平台建设是支撑数字政府履职能力的建设的必要举措，包括数字政府安全保障体系、数字政府建设制度规则体系、数据资源体系、平台支撑体系、数字政府建设引领驱动数字化发展。

数字政府安全保障体系建设包括安全管理责任体系建设，明确主体责任及分工，形成跨地区、跨部门、跨层级的安全防护协同联动机制；执行安全制度要求，"建立数据分类分级保护、风险评估、检测认证等制度，加强数据全生命周期安全管理和技术防护"；提升安全保障能力，"运用主动监测、智能感知、威胁预测等安全技术，强化日常监测、通报预警、应急处置，拓展网络安全态势感知监测范围，加强大规模网络安全事件、网络泄密事件预警和发现能力"；提升自主可控能力，攻关数字政府建设领域关键核心技术。

数字政府建设制度规则体系包括数字政府建设管理机制，支持多部门、多地区联动产学研建设发展数字政府，向欠发达地区提供资金、技术支持。完善法律法规制度建设，全面建设数字法治政府，推进新技术应用、流程优化和制度创新，及时修订和清理不适应数字政府建设的法律法规；健全数字政府建设规范，"推进数据开发利用、系统整合共享、共性办公应用、关键政务应用等标准制定"，"推进数字政府标准化建设"等。

数据资源建设体系包括创新构建数据管理机制，强化相关部门的管理职

---

① 《国务院关于加强数字政府建设的指导意见》，国发第 14 号，2022 年 6 月 6 日（http：//www.gov.cn/zhengce/content/2022-06/23/content_ 5697299. htm）。

责，明确数据在各环节的管理责任；深化推动数据共享，建立跨层级、跨部门、跨领域的数据共享机制；促进数据开发利用，构建国家公共数据开放平台，分级分类开放公共数据，释放开发利用公共数据促进社会经济发展的效应。

平台支撑体系主要包括政务云、网络平台、重点应用对数字政府的支撑能力。数字政府平台将统筹建设和管理全国一体化政务云平台体系；统筹建设管理电子政务网络平台，向基层、企事业单位拓展延伸；强化数字化共性应用的集约建设，重点应用领域实现全国统一身份认证登录，互通互认、协同共享。

数字政府建设引领数字化发展主要是发挥数字政府对数字中国其他重点领域的驱动作用，包括发挥数字政府建设的牵引作用，带动数字经济、数字社会、数字生态的创新发展。以数字政府建设提升数字经济治理体系和治理能力现代化水平，创新数字监管模式，发展数字服务产业；以数字政府建设促进数字技术和传统公共服务的结合，推进智慧城市建设，提升城市和乡村治理水平；以数字政府建设健全数据要素市场规则，建立数据产权制度，交易机制等，完善数据要素治理体系。

第三节　新技术与政务服务：以区块链政务服务为例①

区块链、大数据、云计算、移动互联网、物联网等信息技术的出现和快速发展为推进政府数字化提供了有力的技术支撑，助力实现政府治理的融合与升级。数字化转型是推进国家治理体系与治理能力现代化的重要途径，现代信息技术成为必要的技术手段。党的十九届四中全会对推进国家治理体系和治理能力现代化做出部署，明确提出要"建立健全运用互联网、大数据、

---

① 参见张楠迪杨《区域链政务服务：技术赋能与行政权力重构》，《中国行政管理》2020年第1期。

人工智能等技术手段进行行政管理的制度规则"，① 引导鼓励并规范新技术应用于行政管理提升政府治理水平的探索创新。

一 地方探索

近年来，地方开始探索区块链在政务服务场景的应用，改革探索处于起步阶段。各地对区块链政务服务的探索大多处于将区块链部分核心技术应用于政务服务部分场景、审批链条的环节。全国范围内将区块链技术运用于政务服务全场景、全链条的成功经验为数不多。一些城市和地区正在着手探索审批全链条应用。

广东省佛山市禅城区起步较早，主要应用区块链的身份认证技术。2016年7月，广东省佛山市禅城区启动创建广东省大数据综合试验区，开始打造全国首家基于区块链的电子政务服务平台。2017年6月，佛山禅城发布基于区块链技术的政务服务应用"智信禅城"，并陆续落地多个区块链政务服务、区块链社区服务项目。②

南京市主要将电子证照区块链应用于政务服务事项办理。2016年12月，南京开始筹备基于区块链技术的电子证照共享平台建设。③ 2017年4月，南京发布全国第一张基于区块链技术审批的个体营业执照。④ 2019年1月18日，南京发布《南京市区块链示范应用发展白皮书》，为研究和探索区块链技术在政务服务和其他行业的应用提出指引。截至2019年9月，南京区块链政务服务平台已对接国家、省、市52个政府部门，43个业务系统，实现市、区、街道三级1700多个事项全链条应用区块链技术，已归集659项

① 《中共中央关于坚持和完善中国特色社会主义制度推进国家治理体系和治理能力现代化若干重大问题的决定》，2019年11月5日（http://www.gov.cn/zhengce/2019-11/05/content_5449023.htm？ivk_sa=1024320u）。
② 禅城区行政服务中心：《禅城启动创建广东大数据综合试验区》（http://www.e-gov.org.cn/article-160744.html）。
③ 中国采招网：《基于区块链技术的电子证照共享平台建设招标公告》（https://www.bidcenter.com.cn/newscontent-33801622-1.html）。
④ 南京市机构编制委员会办公室，2019年1月。

3743 万张电子证件照，办事项涵盖全市 34 万企业。①

北京市海淀区将区块链技术应用于身份认证、电子证照链建设等多个环节。2018 年 12 月 18 日，首个基于区块链技术的不动产交易事项完成办理，政务服务事项办理开始走向"秒批"。截至 2019 年 9 月，海淀区对接国家、市、区 15 个部门数据，正在探索行政审批全链条区块链技术应用。②

天津口岸在跨境贸易平台建设中引入了区块链技术；重庆市渝中区引用区块链技术进行农产品追溯。其他部分城市也开始着手探索区块链政务服务应用。例如，2019 年 8 月，深圳宣布正在探索推进区块链技术下教育、就业、医疗、住房、交通等高频应用场景的数据链全打通。③ 贵阳提出将区块链技术应用于政府数据共享开放、数据铁笼监管、互联网金融监管等场景。④

随着地方对技术应用的探索，有的地方开始推进制定区块链行动计划，系统布局区块链技术研发以及与各类应用场景的结合，鼓励挖掘区块链技术在政务服务场景的应用潜力。例如，北京市于 2020 年 6 月发布《北京市区块链创新发展行动计划（2020—2022 年）》（以下简称《行动计划》），"把区块链作为核心技术自主创新的重要突破口，全方位推动区块链理论创新、技术突破、应用示范和人才培养，打造经济新增长点"。⑤《行动计划》强调将政务服务作为北京建设落地的区块链技术应用场景之一，"推进区块链共性基础设施建设，助力政务数据跨部门、跨区域可信共享，提高业务协同办理效率"。⑥

①　南京市机构编制委员会办公室，2019 年 1 月；江苏荣泽信息科技股份有限公司，2019 年 9 月。
②　北京市海淀区政务服务管理局，2019 年 9 月。
③　凤凰新闻：《"i 深圳"将利用区块链等技术打通政务服务数据链》（https：//ishare. ifeng. com/o/o/v002DydUNV4wgL6ooN0AVfp4tqHtn6frbVl01yplqhZIQ6k_ _）。
④　《贵阳区块链发展和应用》，贵阳市人民政府办公室，2016 年 12 月。
⑤　《北京市人民政府办公厅关于印发〈北京市区块链创新发展行动计划（2020—2022 年）〉的通知》，京政办发第 19 号，2020 年 6 月 18 日（http：//www. beijing. gov. cn/zhengce/zhengcefagui/202006/t20200630_ 1935625. html）。
⑥　《北京市人民政府办公厅关于印发〈北京市区块链创新发展行动计划（2020—2022 年）〉的通知》，京政办发第 19 号，2020 年 6 月 18 日（http：//www. beijing. gov. cn/zhengce/zhengcefagui/202006/t20200630_ 1935625. html）。

2020年4月，贵州省发布《关于加快区块链技术应用和产业发展的意见》，提出将"区块链+政务服务"作为区块链技术与政府治理融合应用工程之一。"依托'一云一网一平台'，建立政府主导的联盟链，实现数据变化实时探知、访问全程留痕、共享有序关联，持续优化营商环境，服务'一网通办'。"①

2020年5月，广州市工业和信息化局印发《广州市推动区块链产业创新发展的实施意见（2020—2022年）》，指出要推动区块链创新，推进"建链、上链、用链"工程，助力网络强市。在政务服务领域，"将区块链技术与'数字政府'建设紧密结合，探索利用区块链数据共享模式，深化'最多跑一次改革'。在政务、金融、医疗、交通、司法、商务等政府投资的信息化项目领域"。②

2022年2月，深圳市发布《推进新型信息基础设施建设行动计划（2022—2025年）》，将区块链技术定位为前瞻新技术之一，提出要布局并加强区块链设施建设。在政务服务方面，"建立基于区块链技术的政务数据共享平台，促进政务数据跨部门、跨区域的共同维护和利用"。③

二 区块链：技术概念与主要类型

区块链（Block Chain）本质上是一种分布式数据库（Distributed Database），或分布式账本（Distributed Ledger），④用以记录所有参与者的数据事件（Digital Events），其特点是参与者一旦加入区块链，信息向全网公开，防篡改，永久可追溯。任何需要对实际发生的点对点活动进行记录的场景，都可以应用区块链技术进行记账。

---

① 《省人民政府关于加快区块链技术应用和产业发展的意见》，黔府发第5号，2020年4月27日（https：//www.guizhou.gov.cn/zwgk/zcfg/szfwj/qff/202005/t20200509_70477296.html）。

② 《广州市推动区块链产业创新发展的实施意见（2020—2022年）》，2020年5月6日（https：//www.gz.gov.cn/xw/tzgg/content/mpost_5824443.html）。

③ 《深圳市推进新型信息基础设施建设行动计划（2022—2025年）》，深府办函第14号，2022年2月21日（http：//www.sz.gov.cn/zwgk/zfxxgk/zfwj/szfbgth/content/post_9634931.html）。

④ Ølnes Svein, Jansen Arild, "Blockchain Technology as S Support Infrastructure in E-Government", *Proceedings of the International Conference on Electronic Government*, Vol. 10428, August 2017.

区块链的基本单元是区块（Block）。每个区块中包含一系列技术，共同构成区块链的核心特征，例如时间戳（Time Stamp）、哈希函数、梅克尔根（Merkel Root）等。不同技术要素实现不同功能。区块分为"块头"（Head）和"块体"（Body），块体存储实际数据的哈希值（Hash Values），块头存储块体的哈希值、时间戳、难度、梅克尔树根等。前一个区块头希值储存在后一个区块的块头，前后两个区块首连成链。区块内部存储的信息并非原始全量数据，而是原始全量数据的哈希值。哈希值是由原始数据通过逻辑运算生成、并与原始数据对应的小体量数值，体量比原始数据小很多。作为"数字指纹"或"数据标签"，哈希值可以起到标识、识别原始数据的功能。随着运行时间的增长，新的区块被不断添加到区块链上。

区块链主要分为三种类型：公有链、私有链、联盟链，适用于不同的应用场景。三者对参与者的数量和身份的限制不同。公有链对所有参与者公开，参与者无须注册，可匿名自由加入或退出，参与记账并交易。公有链的所有参与者都有争夺记账权的权力，确立记账权需要消耗大量资源。随着参与者数量的增加，公有链会出现效率较低、交易确认延迟的问题。从设计理念上，公有链以牺牲效率换取公平与信任，[①] 是一种完全去中心化的结构。公有链的典型应用是比特币、以太坊等。

私有链是组织内部的封闭网络，完全不公开，例如公司内部的区块链网络。区块链成员的读写权数和记账权由组织指定。私有链的主要目的是实现数据在组织内透明、防篡改、可追溯的共享，链上成员数量有限、身份透明，且无须消耗能源确立记账权且征得所有参与节点同意，因而十分高效。较之公有链，私有链是一种中心化的结构，特点是以效率换公平。[②]

联盟链介于公有链与私有链之间，部分公开。联盟链上的成员通常为同一类型的机构或部门，允许授权成员加入，"只针对特定某个群体的成员和有限的第三方"。[③] 联盟链上成员的读写权和记账权由联盟链的规则决定。由

---

① 王毛路、陆静怡：《区块链技术及其在政府治理中的应用研究》，《电子政务》2018 年第 2 期。
② 王毛路、陆静怡：《区块链技术及其在政府治理中的应用研究》，《电子政务》2018 年第 2 期。
③ 高志豪：《公有链和联盟链的道法术器》，《金卡工程》2017 年第 3 期。

于联盟链不需要通过引入算力竞争确定数据写入权，可大幅节省计算资源都、电力和时间，从而提高区块链运行效率。因此，虽然联盟链的公平程度不及私有链，但确立共识的效率高于私有链。链上成员总数有限，身份透明，具有部分去中化的特点。现阶段最知名的联盟链基础平台是 Linux 基金会主导发起的"超级账本"（Hyperledger）项目。联盟链半开放、透明、高效、可指定主导节点的特点更适合应用在以由政务部门主导、其他政府职能部门为参与协作的政务服务场景。

三 区块链核心技术要素及功用

区块链包含若干核心技术要素，赋予区块链以防篡改、可追溯、安全的特征，令区块链技术具备独特的应用价值。业界目前对区块链的核心技术要素基本达成共识，主要包括：分布式账本技术、共识机制、智能合约、非对称加密。[1]

第一，分布式账本技术。区块链采用"分布式"技术，[2] 这主要指区块链的每个节点都等同存贮链上全部记录。从记录数据的角度讲，链上不存在单一中心，每个节点都是地位等同的分布式中心。分布式账本技术使得区块链可以实现"去中心"，构造"多中心"架构。

分布式账本的主要作用是记录链上活动的内容、发生时间、参与互动的主体和参与方式。这就涉及使用一系列技术记录内容，并确保内容准确真实。这些技术主要包括哈希函数、时间戳（Time Stamp）和梅克尔树（Merkel Tree）。以不同方式部署利用哈希函数计算的哈希值，是区块链式结构得以形成，不同区块相互连接、相互印证的关键。时间戳用于记录活动的时间，使区块中的活动具有时间的唯一性。

梅克尔树是确保当篡改发生时，区块体内上下层数据不能对应的关键技

---

① Ølnes Svein, Jansen Arild, "Blockchain Technology as S Support Infrastructure in E-Government", *Proceedings of the International Conference on Electronic Government*, Vol. 10428, August 2017.

② Seebacher Stefan, Schüritz Ronny, "Blockchain Technology as an Enabler of Service Systems: A Structured Literature Review", *Proceedings of the International Conference on Exploring Services Science*, Vol. 279, April 2017.

术。梅克尔树是一种二叉树状数据结构，区块链多用此种数据结构储存区块链内活动的哈希值，以其发明者拉尔夫·梅克尔（Ralph Merkle）命名。梅克尔树技术特性是由它的生成方式决定的。最底层相邻两个子节点的哈希值生成一个哈希值，上一层再出邻近的两个哈希值生成一个新的哈希值，以此类推直到生成最终的一个哈希值。[①] 哈希值层层生成，任何一处修改，都会导致与上层哈希值不匹配，使分布式账本具有防篡改的特性。梅克尔树带有哈希指针（Hash Pointer），指向数据存在的位置、标明隶属关系，使分布式账本可追溯。

第二，共识机制。共识机制是区块链全网对确定记账权的共识，是确定谁有权将新的区块添加到区块链上的机制。区块链每个节点都将持有完整的账本。在公有链匿名场景下，为保证账本记录真实无误，谁来负责记录至关重要。目前公有链比较常用的共识机制包括工作量共识（Proof of Work，PoW）、权益证明机制（Proof of Stake，PoS）、委托权益证明机制（Delegated Proof of Stake，DPOS）、Pool 验证池等。[②] 各类共识机制各有优缺点，不同应用场景可根据需求选择不同共识机制。

为鼓励链上参与者积极记账，公有链一般设置激励机制，奖励成功获得记账权的参与者。比特币就是公有链系统奖励取得记账权参与者的代币。参与者争夺记账权的过程俗称"挖矿"。私有链由组织负责记账，无须激励机制。

联盟链的共识机制由联盟链自定义的规则确定。联盟链通常内部指定一个或多个预选的节点作为记账人，每个块的生成由所有的预选节点共同决定，其他接入节点可以参与链上活动，但不过问记账过程。[③] 这样就无须消耗大量能源确定记账权，联盟链的运行效率得以提高。

第三，智能合约。智能合约是部署在区块链上的一套自动执行的代码约

---

① Sikorski Janusz J, Haughton Joy, "Kraft Markus. Blockchain Technology in the Chemical Industry: Machine-to-Machine Electricity Market", *Applied Energy*, Vol. 195, June 2017.

② Sikorski Janusz J, Haughton Joy, "Kraft Markus. Blockchain Technology in the Chemical Industry: Machine-to-Machine Electricity Market", *Applied Energy*, Vol. 195, June 2017.

③ 高志豪：《公有链和联盟链的道法术器》，《金卡工程》2017 年第 3 期。

束规则。[①] 智能合约不一定依赖区块链使用，但区块链防篡改的特性可为智能合约提供更可靠的执行环境。智能合约的内容与一般合约基本相同，合约内容由参与方共同约定，并具有执行效力。不同的是，智能合约可实现强制执行，当条件与合约规定内容一致时，合约自动执行。在不更改合约内容的前提下，合约执行不受外力干涉。

第四，非对称加密。非对称加密是一种加密算法，并非区块链技术独有。区块链主要采用非对称加密算法为数据加密。访问数据的资格是被公钥和私钥两种密码共同加密的，[②] 两种密码配对生成，共同用于为数据加密。加密与解密使用的密钥不同，因此被称为"非对称加密"。公钥在数据传输者和接收者之间共享。数据传输者使用数据接收者的公钥对数据加密，数据接收者使用自己的私钥对数据进行解密阅读。

非对称加密技术可有效避免秘钥被盗，从而令数据传输获得更高的安全性。传输者将加密数据和公钥传送给被传输者。在数据和公钥传输的过程中，有可能发生公钥被盗。对称加密技术下，公钥被盗等同于数据被盗。非对称加密技术下，数据要由公钥和私钥共同解密。由于私钥保存在被传输者处，无须传输，所以不会在传输过程中被盗。因此，即便公钥被盗，数据还需要私钥解密才能被阅读。而私钥由 2 的 256 次方的长度函数计算，被破解的可能性极低。非对称加密技术形同为被传输数据加上"双保险"。

四 区块链政务服务技术优势

区块链核心技术要素特征使得该技术在政务服务场景具有较为明显的优势：政务数据主体权责清晰、政务数据防篡改、政务数据传输存储使用安全、部门数据可实时共享、数据共享轻体量等。

第一，政务服务智能化。政务服务流程可以同时实现"去中介化"与

---

① Gatteschi Valentina, Lamberti Fabrizio, Demartini Claudio, et al., "Blockchain and Smart Contracts for Insurance: Is the Technology Mature Enough?", *Future Internet*. Vol. 10, No. 2, February 2018.

② Huh Seyoung, Cho Sangrae, Kim Soohyung, "Managing Iot Devices Using Blockchain Platform", *Proceedings of the 2017 19th International Conference on Advanced Communication Technology*, February 2017.

"去人工核验"。办事人无须提供政府部门已经掌握的材料，对于无须技术审查的事项，审批材料无须在各职能部门物理流转，这改变了传统跨部门协作方式，提高审批效率，实现政务服务智能化。

第二，数据权责边界清晰。传统数据共享主要通过汇集数据的方式实现，此种方式存在一定安全隐患。数据由职能部门共享给其他部门后，不能有效追踪数据的使用及传播途径，数据从哪些部门汇集到哪些部门、由谁保管、如何使用等都是需要回答的问题。基于对数据安全隐患的担忧，数据主责部门共享数据的意愿通常较低。① 这也是"信息孤岛""数据壁垒"难以打通的重要主观原因之一。

区块链政务服务场景下，职能部门自行管理本部门数据。分布式账本技术可实现职能部门数据流向的全程可追溯，可有效降低数据使用过程中的权责推诿，缓解职能部门因无法追踪数据流动与使用而不愿分享数据的问题。

第三，政务服务记录防篡改。区块的链式结构和区块的梅克尔树内使得篡改政务数据几乎不可能发生。任何区块内的政务数据被修改，都会使得此区块内的下层与上层哈希值无法对应。此外，每个删除动作都会产生新增数据。即便是政府职能部门作为原始数据的生产部门，也无法不留痕迹地修改链上数据。

每笔政务数据及办事信息在区块链全网节点留存。例如，政务服务部门向工商业务系统发起匹配办事人营业执照相关信息，此请求将存储于全网所有区块链节点。存储内容包括：发出请求方、请求内容、数据来源方、匹配数据字段内容、匹配时间等。政务服务部门在何时向工商部门系统发出匹配具体哪位办事人的营业执照的什么信息、匹配结果如何，都将以生成新纪录的方式保存于区块链节点网络全网所有节点。对任何单一节点数据的篡改，都会导致该节点数据与其他节点不匹配。此外，联盟链上各部门身份透明，政府部门篡改数据、破坏诚信的成本十分高昂。

第四，政务数据传输存储使用安全。数据在保存与传输中存在盗用与泄

---

① 地方调研，2019 年 2 月。

露的隐患，这是传统数据共享最主要的安全隐患。区块链的多项技术可共同支持与提升数据共享的安全性。区块链对上链数据的全网验证机制可确保链上政务服务数据与外界的安全隔离。智能合约能够实现各职能部门数据的有限共享，降低数据批量泄露的风险。即便数据出现泄露，第三方也难将数据字段用于其他用途。

非对称加密技术提升部门数据使用和传输安全。非对称加密技术下，各职能部门职能读写权限范围内数据。即便政务服务部门和职能部门作为联盟链上的节点都存储全量账本，在被授权之前，并不意味着它们自动具备阅读全部账本的权限。

第五，部门数据可实时调取。传统模式下，职能部门主要通过定期批量推送的方式共享数据，无法保证共享数据的实时性。两期数据推送间隔中，可能存在数据滞后与不准确的问题。[①] 如办事人要件信息已发生变更，但职能部门未能及时推送给政务服务部门，可能导致审批结果依据陈旧信息批出。区块链技术下，审批部门可调取职能部门的实时数据，可有效避免批量推送的数据陈旧问题。

五　区块链政务服务：技术应用与架构

"政务服务场景"主要指政务服务事项的办理。基于现阶段中国区块链政务服务较为前沿的地方探索经验[②]，区块链核心技术要素在政务服务场景中基本都有体现，并在应用中获得了政务服务的业务内涵。

1. 区块链政务服务：技术要素应用环节

基于区块链技术特性，政务服务场景下，区块链技术既可以用于分布存储部门共享用于政务服务事项办理的数据，也可以用于记录政务服务事项的办理过程。政务服务部门是政务服务事项办理的牵头和主导部门，并在办事过程中调用相关数据作为审批依据。因此，政务服务场景通常采用高效、具

---

① 地方调研，2019 年 9 月。
② 主要基于对南京和北京市海淀区的调研。

有部分中心化特点的联盟链。联盟链通常将政务服务部门设置为带有管理职能的排序节点（orderer），将相关职能部门设置为其他节点（peers）。[①] 不同于比特币公链开放匿名的特点，政务服务联盟链上的成员为政府各职能部门，身份透明，链上节点数量有限。政务服务场景中，区块链技术主要服务于政务服务事项办理，并根据政务服务的业务需求对技术的具体应用方式做出调整。

第一，采用"分布式账本"记录部门证照和事项办理信息。部门将已有证照信息上传至区块链，供政务服务部门在事项办理过程中依需调取。职能部门上链的信息分布在证照链全网所有节点同时存储。证照区块中的梅克尔根和哈希指针可用于验证和追踪数据来源于哪些部门，时间戳记录数据的上传时间。政务事项办理过程中，政务部门从证照链调取信息，与事项办理要件要求匹配，生成匹配结果，并根据匹配结果做出审批行为。这一过程可记录在事项办理链上。梅克尔根和哈希指针可用于验证和追踪数据调取路径、匹配结果和审批结果。时间戳记录数据调取、审批结果的发出时间等。

第二，采用"共识机制"明确政务服务上链数据合规。联盟链可指定政务服务部门拥有记账权，负责记账。此处的记账权特指将政务服务相关信息记录在区块链节点网络上的权力。谁有权记录，意味着谁有权在区块链网络上写入信息。例如，政务服务部门负责将其他职能部门计划分享的数据最终上传到区块链网络，供政务服务事项办理使用；政务服务部门也可以被指定拥有记录办事过程中对数据的调取和使用情况等。通常可在政务服务部门部署排序节点，负责接收事项办理信息或其他部门上链数据，并按照排序将信息接入区块链节点网络。

但这并不意味着拥有记账权的政务服务部门可以随意写入数据。在将排序节点部署在政务服务部门的情况下，政务服务部门负责将其他部门上链数据排序。在数据正式写入区块链网络前，数据还需要获得验证。区块链可将

---

① 有关联盟链节点的分类及功能参见 Yang Jian, Lu Zhihui, Wu Jie, "Smart-Toy-Edge-Computing-Oriented Data Exchange Based on Blockchain", *Journal of Systems Architecture*, Vol. 87, June 2018。

链上多个节点指定为背书节点（endorser）。在收到数据上链请求时，背书节点将对请求发出方进行身份验证，确保该上链请求来自合法节点。背书节点还将模拟执行智能合约并将身份验证结果和执行结果返回给请求节点。请求节点将这些信息提交给排序节点，由排序节点排序广播给区块链节点网络。全网节点根据这些信息对背书策略、数据是否被篡改，以及数据的逻辑有效性进行验证。通过验证的数据将被正式写入区块链节点网络。

第三，采用"智能合约"确定数据共享规则。很多时候，政务服务部门在办理事项时并不需要访问职能部门的全量数据，只需要具体数据的某些字段；作为审批依据，政务服务部门只需获知办事人是否具有某些证照，信息是否真实，而无须获知证照内容的具体数据。应用智能合约可明确职能部门在什么情境下，分享哪些数据的哪些字段，政务服务部门在事项审批过程中可以调取哪些数据的哪些字段，返回匹配结果还是其他具体信息。智能合约也可同时约束政务服务部门是否可以沉淀新增数据。

智能合约可由政务服务部门和职能部门共同编制，也可由一方编写、另一方审核确认。例如，智能合约可由职能部门编制，列明部门同意上链分享的数据内容、字段范围等。政务服务部门审核确认后生效，对双方具有共同约束力。

第四，采用"非对称加密"技术明确不同部门的数据读写权限。政务服务部门和职能部门都会被分配公私钥。职能部门数据上链时首先使用政务服务部门的公钥对数据进行加密，可以同时附上本部门的数字签名，以证明数据传输者的身份。政务服务部门调用数据时需用自己的私钥解密。

2. 区块链政务服务：基础数据架构

区块链政务服务基础架构是将以上核心技术要素以一定的方式组织起来，以支撑政务服务的业务需求。区块链政务服务基础架构与区块链一般底层架构大体相同，基础架构的具体承载内容服务于政务服务的业务需求。总体上，区块链政务服务基础架构可分为六层，包括数据层、网络层、共识层、激励层、合约层、应用层。① 每层完成不同的核心功能，自下而上层层封装，叠加新功能，各层相互支撑配合，共同实现区块链的具体应用功能。这六层又可大体分为两部分，一是业务层，包括合约层、应用层、激励层；二是平台层，包括数据层、网络层、共识层。平台层基本功能通常由联盟链基础平台提供，可根据不同业务进行代码改进、二次开发。

第一，数据层。数据层是区块链的物理结构层。区块和区块链部署在数据层，与区块链相关的核心技术，如哈希函数、时间戳、梅克尔树、非对称加密等技术也部署在数据层。数据层用于存储政务服务数据。政府职能部门上传到区块链，供政务事项办理所用的数据都存储在数据层。

第二，网络层。网络层通过相应规则确定政务服务部门和其他职能部门在区块链网络上的分布结构以及信息同步机制。P2P 组网机制用以确定政务服务区块链节点网络的分布结构。数据传播机制确定信息如何在全网广播。例如，职能部门将数据传上区块链节点网络时，可通过职能部门自己的成员节点背书，提交给作为排序节点的政务服务部门排序、打成区块，广播到接入区块链的记账节点（peers）。职能部门内节点通过传输协议完成节点间的同步。除其他职能部门和政务服务部门排序节点以外的节点，按照一定的策略在网络内同步。② 通过这一机制，实现政府职能部门上链数据在区块链节点网络全网多点存储。同时，验证机制也存在于网络层，确定各节点以何种方式验证数据的有效性。

第三，共识层。共识层用来部署共识机制，确定记账权。政务服务场景中，这具体指确定哪个部门拥有写入数据的权力，负责将其他职能部门上传数据记录在区块链的机制部署在共识层。共识层的功能是确定哪些部门具备数据写入权，数据通过何种机制获得链上所有职能部门的验证。

第四，激励层。激励层用来部署激励机制。区块链政务服务采用联盟链，通常指定节点记账，不涉及多节点争夺记账权，因此激励记账并非必要

---

① 地方调研，2019 年 9 月至 11 月。

② 地方调研，2019 年 10 月。

因素，但根据实际需要也可设置激励层。例如，现阶段政府职能部门共享数据意愿弱，可通过设立激励机制，以积分的方式鼓励各部门共享本部门数据。积分可用于兑换其他部门数据的读取权限等。

第五，合约层。合约层主要用于部署智能合约。各部门读写数据的不同权限可通过智能合约自动执行。读写权限以外，根据政务服务业务需求，凡需要自动执行点对点约束性规则的环节，皆可使用智能合约，并将之部署在此层。

第六，应用层。应用层与政务服务办事场景紧密相连，基于区块链技术的各式应用服务于不同业务场景。例如，证照链用于存储职能部门数据，以及读取记录。事项办理链用于记录政务服务事项各环节的办理信息。这些应用可作为"智能审批"的技术基础设施。

第四节　新技术与行政权力重塑

新技术作为一种全新的生产要素投入新一轮技术革命中，不仅会赋能政府改革，还可能为行政权力结构注入全新的特征，在新的维度上重塑行政权力结构。例如，区块链技术不仅可提升政务服务办事效率，优化行政流程，还可在更深层次上引起科层结构的变化。区块链技术下，官僚机构不再只是一种组织结构，而是依据法律处理各种信息的"信息处理器"。[1] 每个政府职能部门都是数据生产部门，因保有特定数据而成为权力中心。

大数据时代，电子政务催生海量数据，数据成为政府部门的主要行政权力来源之一，进一步强化了政府职能部门作为数据权力中心的地位。为应对这种局面，有的地方政务服务部门采取同样的策略，自行沉淀数据以对抗职能部门的数据权力，但这样不仅不能破解中心化的数据权力格局，还会产生重复建设的副效应。区块链技术可有效破解中心化"数据孤岛"结构，推动

---

① Jun Myungsan, "Blockchain Government-a Next Form of Infrastructure for the Twenty-First Century", *Journal of Open Innovation*：*Technology*, Vol. 4, No. 1, March 2018.

行政权力重构。

第一，政务服务网络部分"去中心"。作为数据生产和来源部门，职能部门依然是数据中心。此处的部分"去中心"主要指职能部门不再是数据的控制中心。区块链技术下，上链数据将存在于全网所有节点，数据活动对全部节点公开，并实时多点存储变动情况。

"去中心"的色彩主要体现在政务服务事项的办理过程中。分布式存储的特点使得在各个节点可同时见证、记录并存储所有活动。虽然一般情况下，各职能部门仅具有查阅本部门节点数据的权限，但一旦有需求，政务服务事项办理可实现历史追溯，全过程查询核验，并可在所有节点验证信息。在追溯和查验环节，职能部门将不再具有对数据的解释权和话语权，上链数据及链上政务服务活动记录将拥有实质话语权。在此意义上，区块链政务服务有助于打破以职能部门为中心的数据权力结构。

第二，构建"多中心"沟通结构。区块链技术下，政务服务供给由以职能部门为主导的"中心化"结构，转变为职能部门各负数据主体责任的"多中心"沟通结构。作为数据的保有者，职能部门对上链数据的真实性、准确性负有主体责任。政务服务部门与相关职能部门通过智能合约的制定，进行沟通并固定沟通结果。由政务服务部门和职能部门共同制定的智能合约，清晰约定数据共享规则、读写权限，获得约定双方共识，并自动执行，有助于降低部门沟通和规则执行成本。

第三，形成部分程度的"中心化"管理格局。政务服务的业务特点使得政务服务部门部门需要具有一定程度的中心化色彩。例如，政务服务部门需要调取多部门数据，综合用于行政审批；政务服务需要向职能部门提出上链数据范围及字段需求；政务服务部门需要协同技术方牵头建设区块链政务服务平台等。区块联盟链可通过将排序节点部署在政务服务部门的方式，赋予其记账、沉淀、调阅与使用数据的管理权限。与此同时，区块链的技术特性使得行政权力结构透明化，链上任何被赋权的部门都会审慎行使手中权力。

第五节 问题与局限

新技术赋能政务服务可以有效优化政务服务供给模式，提升服务供给效能和质量。在充分利用及释放技术红利的同时也要正视技术可以发挥最大效力的领域。每项技术都有特定的擅长领域，也存在应用的局限，以及可能产生的新问题。此外，新技术的应用不是"万能药"，并不能替代行政审批制度的基础结构性改革。例如，行政审批事项梳理、行政审批标准化改革等基础改革往往成为新技术发挥效力的前提。扎实的基础改革将促进新技术最大限度赋能政务服务，反之则会阻碍技术效能的释放。以区块链技术为例，多中心、可追踪、防篡改等优势使得区块链技术成为智慧政务时代有力的技术工具，但该项技术有明确的应用场景和范围，只能根据其技术特性服务于有限的治理目标。与此同时，区块链技术也存在一些缺点，在应用过程中应加以注意。

第一，快速审批与决策辅助。区块链作为信息技术基础设施是一种政府治理工具，有特定的适用情景，服务于有限治理目标。区块链技术的主要优势更适用于政务服务事项办理流程。区块链技术支撑的"数据共享"主要用于微体量的数据字段匹配，通过快速匹配提升行政效率。这与通过汇集数据实现数据共享的传统思路存在本质区别。数据汇集形成的大数据中心的优势在于通过海量数据分析，辅助决策，对数据的实时性要求不高，职能部门可定期将数据批量汇入数据池。基于不同技术手段的相对优势，实现治理工具与目标的精准匹配是智慧政务时代面临的重要议题之一。

第二，跨区域通办。目前有些地方开始探索政务服务全城通办、跨区域通办。但由于后台打通程度不高，后台仍主要靠部门流转、跨地域物流流转的传统方式。区块链技术可支撑政务服务事项跨区域办理，未来可深入探索具体应用模式，特别可从京津冀、长三角、珠三角等已经初步搭建一体化制度机制的区域做起。但区块链技术支撑跨区域通办依旧需要以相关部门数据上链为前提。实现跨区域通办需要首先做好同城通办。

第三，"轻体量"与"重体量"悖论。单一区块只存储实际数据的哈希值，与实际数据的体量相比具备"轻体量"的特征。但政务服务事项办件量大，快速交互，加之区块链数据只增不减，区块链政务会在短时间内快速累积大量区块，使得存储成本大幅提升。中国区块链政务服务正在起步阶段，多地正在进行部分场景的应用实践，即便云存储可以提高存储效率，但随着区块链政务服务应用场景的拓展，数据存储容量与保留时限问题都不容小觑。这更加提示着我们要将区块链技术应用于最能体现其技术优势的领域，在优劣势之间寻求平衡。

第四，跨链政务服务。随着优化服务不断推向深入，目前有地方已经开始探索集成政务服务相关服务，为办事人提供一体化服务。例如，在不动产登记的二手房交易场景集成煤气水电等服务，办事人在完成二手房登记过户后可一并完成煤气水电等后期必要办理服务的勾选办理，真正实现以场景为单位的"一站式"办理。但目前各地对于集成服务的实践大多仅限于前台用户体验集成，后台依旧分流办理。未来可探索区块链技术对集成办理的应用。这涉及对区块链技术的跨链应用，需要政务服务与金融服务、医疗健康、商业服务等其他社会领域数据实现互联共通，将对政务数据的安全保护提出更高的要求。

第七章　未来展望：智慧政务治理框架

基于智慧政务4.0的核心特点，智慧政务要求在管理端、服务对象端、技术端都能实现"智慧化"。因此，本书从管理端改革、用户端改革、系统端改革三个面向构建新技术支持的智慧政务治理体系。借助区块链、大数据、人工智能等新技术打造"全覆盖、全流程、全周期、全时段"的"全场景"智慧政务治理体系。

第一节　管理端改革：智慧政务治理模式

一　智慧政务的主要特征

第一，用户导向。管理端转变治理思维，能够从办事人的角度出发换位思考，感知办事人需求，是构建"服务型"政府的必备能力。这需要在改革政策措施出台之前，充分征求办事人需求，改革措施和平台设计推出后，充分征求社会体验意见，不断推进完善政策及平台设计方案。对于日常需求，启动需求获知机制，定期收集办事人的各类需求。

第二，精准服务。精准服务指针对办事人的特定需求提供的服务，这不只是群体性服务，而是基于精准需求识别"一人一案"的个人化服务。实现精准服务的前提是基于大数据的用户画像，识别用户在政务服务方面的关键特征，例如性别和年龄等基础数据、职业、办事历史等，对常办业务进行精准推送。

第三，预判服务。主动服务指根据办事人需求、办事历史、大数据积累、生命周期进行用户画像，识别办事人当下生命周期、办事人综合情况，可能需要办理的事项，以及可能享受的相关政策，主动推送潜在办理事项和支持政策。

例如，某企业办事人处于发展期，平台将主动推送该企业所处行业在"生产经营""员工事务"领域可能会办理的事项，供办事人参考。此外，平台还将根据企业所处行业、贷款记录、政务服务事项办理历史等，主动向办事人推送可申请的政府补贴、资助、奖励等政策及申请方式，办事人可在政务平台启动政府支持政策的申请程序。

再如，根据某个人办事人年龄、职业、婚姻状况等基础信息判定办事人所处生命周期，主动向办事人推送该生命周期的常办事项。同时，根据该办事人的办事历史、婚育状况、家庭成员组成等为办事人画像，勾勒办事人的个性化需求，向办事人推送可办事项以及可申请的政府资助、帮扶、津贴等。

第四，敏捷服务。敏捷治理是"一套具有柔韧性、流动性、灵活性或适应性的行动或方法"[1]，能够快速应对新技术的变化和迭代，提供灵敏有效的公共治理模式。智慧政务的敏捷服务应可以快速识别用户需求的变化，敏锐感知用户需求所发生的细微改变，并以此调整政务服务的供给方式和内容。这是一种基于多元广泛参与以及共同生产，从而实现政务服务快速更新的服务供给模式，由传统静态服务供给变为持续的、动态更新的服务供给模式。这种模式下，用户获得的是持续修正、不断贴合当下实时需求的政务服务。

二 智慧政务的核心能力

（一）整合服务能力：全场景覆盖

全场景服务能力指政务服务从办事人角度出发，以办事人的最终办事目

---

[1] 薛澜、赵静：《走向敏捷治理：新兴产业发展与监管模式探究》，《中国行政管理》2019年第8期。

标为驱动，梳理场景，打通政务事项和社会事项，让政务服务的、链条延伸到社会中，办好"一件事"。这需要厘清政务服务的所有可能性场景，制定清晰的全场景"总账"。

一个场景/一件事，是从办事人角度出发，主要指办事人实现办事目的需要办理的事项数量的总和。因此，一个场景/一件事既可能由单一事项构成，也可能由多个事项构成。但通常来讲，构建场景更多为多个关联性政务服务事项的集合。通过场景识别和构建，优化单一事项办理及多事项联办流程，实现办事人场景内多事项一体化办理。

一个场景/一件事应由办事人办理事项的最终目的界定，这与生命周期的不同阶段有本质区别。目前地方比较习惯以"生命周期"的视角审视和界定政务服务的不同的环节。有的地方改革将生命周期的不同环节视为一个场景单元，或一件事。但是各地对于一个场景、一件事的范围，所应包含的基本要素的判定多有不同，并未形成统一界定标准，有的环节包括多个场景、多件事，并非一个场景、一件事。

例如，有地方将个人办事领域的"扶残助残"作为一件事。实际上，其中包含"残疾人证到期更换""低保、低边、特困对象认定""困难残疾人生活补贴""重度残疾人护理补贴""临时困难补助""就业扶持补助等各类补助""个体户养老保险补贴""医疗救助对象认定及救助金给付"多个事项。此种分类方式更多从管理逻辑出发，可辅助政府内部分类管理参考。同时，应从办事人办事逻辑出发对场景进行重新分类，细化界定为办事人办事角度的"一件事"。

(二) 弹性服务能力：触发服务供给

触发服务能力是一种政务服务的联想能力，指办理一个事项触发的其他事项，需要逐一事项梳理事项的法律依据，识别并判断单一事项的前后触发事项。并将触发事项分为"必然触发事项""可能触发事项"两类，将"必然触发事项"归入同一场景、将"可能触发事项"作为联想推送内容，供办事人根据实际情况选择。

例如，高频事项"缴费人员增减申报"有可能是"单位基本信息变更"

的触发事项。根据该事项的法律依据《中华人民共和国社保法》第五十七条，"……用人单位的社会保险登记事项发生变更或者用人单位依法终止的，应当自变更或者终止之日起三十日内，到社会保险经办机构办理变更或者注销社会保险登记……"这意味着，当企业办事人办理"单位信息变更"事项后，有可能需要接续办理"缴费人员增减申报"。

（三）精准服务能力：个性化政策推送

智慧政务要求办事人可以获得贴合自身需求的专属服务，获得精准的服务供给。目前的政务服务主要基于政府服务事项办理。事项范围以外的服务较少纳入，且多以通用信息的展示为主。智慧政务的事项办理应趋向于个性化政策服务。所谓"个性化政策服务"主要指办事人可以收到政务服务部门根据用户画像的综合政策推送。与传统通用信息在门户网站的展示不同，个性化综合政策针对办事人的个体特点进行推送，每个办事人都有可能不同，可最大程度获得贴近自身需求的政策推送。个性化政策服务能力是政务服务精准化的集中体现，有助于缓解服务供给方与用户之间的信息不对称。这些政策既包括办事人的常办事项，也包括办事人所处生命阶段和个人特质可能需要办理的事项。

（四）衍生服务能力：服务边界延伸

衍生服务能力指政务服务适当延伸服务边界，围绕办事人办理政务服务事项的初衷，提供衍生服务。例如"企业开办"是政务服务的场景之一。其中，办事人的办事初衷是成功开办一家企业并顺利开始运营。各地目前的"一件事""场景化"改革已尝试将营业执照、行业许可证以及水电气等相关社会化服务纳入政务服务的场景，推动一体化改革。

在未来仍可以继续拓展衍生服务范围。以办事人开办并开始运营公司所需要处理的全部事宜为线索，推出办事人在各个环节可能需要做出的决策。这些决策即是衍生服务的覆盖范围。例如，办事人有意选择一地投资开办企业，在办理营业执照之前，首先可能需要考虑营业场所的具体位置。而具体位置的选择可能和区域内产业聚集程度、同行业分布情况有关，此外产业园、科技园等可向企业提供给优惠政策的区域也可能成为企业落地的考量因素之一。这些因素都是辅助企业做出选址决策的信息。这些信息即为政务服务的衍生服务范围。政务服务平台可以作为衍生服务的供给平台。例如，可通过地图搜索向办事人提供查询，办事人可获得关于区域范围内同行业市场主体的分布情况、政策性园区分布情况等信息。

衍生服务属于社会化服务，政务服务部门可根据具体情况决定供给方式，可引入社会力量共同参与服务供给。例如通过包括购买服务、公私合作、服务租赁等方式供给衍生服务。购买服务是财政全负担模式，办事人可获得免费的衍生在线服务。公私合作是财政部分负担模式，政务服务部门引入服务供给方共同负担开发衍生服务。用户可享受免费的基础服务，定制服务需要付费。服务租赁是财政零负担模式。引入的服务供给方负担全部服务开发成本，用户可享受免费的基础服务，以及付费的定制服务。

（五）协同服务能力

智慧政务的重要特征是服务供给方与使用方存在智能交互，实现政务服务部门与社会的协同共治。"全时段"智慧政务应可实现随时随地的智能交互。办事人应可以在自己的登录页面与政务服务平台24小时交互，全时段将用户端的任何反馈提交给平台。这些反馈包括但不限于：对平台和职能部门的建议、意见、投诉，以及任何希望反馈的内容。

反馈方式要实现多元，以用户最方便的方式进行，需同时包括：文字留言、语音留言、上传图片、上传视频，与 AI 客服互动等。人工客服在规定时间内回复意见。同时可推进与政务服务热线的协作，实现数据和信息共享互联。

参与式治理也是智能交互的内容之一。邀请社会利益相关方参与治理是提升政务服务治理能力的重要面向。政务服务部门可以将各式体验项目、希望征求社会意见和体验的项目内嵌于个人登录平台，感兴趣的用户可自主点击参加各式体验项目。社会利益相关方参与政务服务框架及产品设计和决策过程，不仅可以有效吸纳意见，还有助于化解潜在不满和矛盾。

第二节　用户端改革：办事人服务界面构建

一　信息查询：极简搜索层级

用户页面应呈现极简搜索层级。有些地方政务网、政务 App 的搜索层级较为复杂，办事人搜索查询有效信息的便捷度不高。目前，地方政务服务网设计各异、模块繁多，政务网的展示与宣传功能往往多于实用功能。

实际上，搜索功能往往是政务服务平台被使用频率最高的服务。然而政务网主页搜索功能条搜索到的信息通常为综合信息，包括政策文本、媒体报道、事项办理等多类信息，办事人需耗费较多精力从中识别有效信息和政务服务事项办理入口。例如，在进入政务网主页后，需要点选"政务服务"，选择"个人服务""法人服务"，再拉至页面下端选择区域，在区域的搜索条才能有针对性搜索具体事项。此外，有的事项即便通过复杂的搜索层级找到了所需办理的事项，页面跳转相关职能部门户网站，因前期搜索被清空，也需要重新搜索。

繁复的搜索层级大幅降低了办事人的效率。特别是对于政府门户网站与政务服务网合一的平台，改革主要集中于办事人进入政务服务事项办理入口后的流程优化，信息查询与搜索环节的改革仍然比较薄弱。对用户较为理想的展示方式为，于政务服务平台首页中心显著位置设置针对政务服务事项的搜索栏，无须登录即可查询事项办理信息及流程，实现极简搜索。

二　界面功能：精准全功能

用户登录后即进入个性化页面，实现"一人一页""一企一页"。个性化页面应实现全功能，具体模块可包括：全渠道咨询（人工、人工智能、文字及语音留言）、全平台搜索（政务网、政务 App，小程序）、事项办理、自主设计模块区域。政务服务网、政务 App、小程序等可实现一号登录、无缝切换、联动对接。

智慧政务应能实现帮助办事人拣选信息，提高信息获取的有效性。数字时代最耗费办事人时间精力的往往不是政务服务事项办理过程，而是对各类信息的拣选过程。个性化界面应遵循精准极简风格，这包括风格的极简、信息的精准。风格极简需要个性化页面铺排依照模块功能的重要程序、自上而下简单铺排，给办事人展现清晰有序的视觉效果。

精准的信息指信息的有效性，需要明确个人界面的主功能。个人界面主要为了服务于事项办理和与办事人个体直接相关的政策信息获取，重点不在于获取一般性、普适性的宣传信息和综合性服务信息。这部分信息的传递可以展示在政务服务平台主页面，无须嵌入个人界面。个性化界面更需要展示与办事人紧密相关的信息，精准推送个性化有效信息。

三　服务供给：个性化共同生产

个性化共同生产的政务服务供给模式可使办事人深度参与服务供给过程。政务服务供给方为办事人预留功能渠道，让办事人有机会在用户层共同参与政务服务供给模式的设计，与政务服务供给方一起决定服务的供给内容、供给方式等。

智慧政务能够以双向互动的方式供给个性化服务。用户自主设计及参与是双向互动共同生产的重要体现。用户根据自身需求和关注领域，搜索并在个人界面自主添加或取消功能模块。政务服务平台主动推动的服务项目和政策等信息进入选择区，用户可自主点选添加到主功能区。双向互动的选择过程和结果信息进入后台大数据机器学习，用于更精准的用户画像。

四　关联服务：全方位联想

关联服务指与办事人正在办理或查询事项信息存在逻辑关联的政务服务事项及信息。智慧政务场景应可实现办事人在政务平台任何一个层级位置搜索事项时，无论登录与否，都能够显示被搜索事项的关联服务。关联服务包括：同一政务服务场景的其他相关事项信息、当前政务服务事项的前后触发事项、与当前政务服务事项相关的支持政策等；不同类别的信息应分类分模块以方便办事人阅读的形式呈现；同一政务服务场景的其他相关事项很可能是办事人在办理当前事项后会接续办理的事项或有需要进一步了解的信息；当前政务服务事项的前后触发事项不一定属于同一政务服务场景，但是在当满足一定条件时办事人可能会继续办理的事项；与当前政务服务事项相关的政策指办事人在办理相关事项后有可能需要了解的政策。不仅限于事项办理的相关信息，而是扩展到与之关联的部门政策。

第三节　系统端改革：新技术支撑平台建设

系统端改革旨在对管理改革理念及目标、用户端效果实现技术支撑，综合支撑业务融合、数据融合，支持跨层级、跨地域、跨系统、跨部门、跨业务的政务服务供给，从而实现政务服务从数字化到智能化、智慧化的转变。

一　智慧政务技术架构：区块链应用场景

智慧政务的核心技术手段包括区块链、云计算、人工智能（AI）、语音识别等。智慧政务多个应用场景可以区块链为核心技术，辅以其他新技术手段的技术支撑体系来搭建完整的服务层级。区块链技术在政务服务场景中的具体应用可包括：身份识别、用户授权、事项索引、电子证照核对、跨部门、长链条、跨层级行政审批，构建由认证链、证照链、授权链、协议链、目录链、事项链等组成的政务服务区块链技术支撑体系。

认证链用于实现办事人的身份识别，通过指纹、人脸识别等生物特征证明"我是我"。认证链可实现由办事人身份信息调集各类身份证照信息，相互匹配印证，有效识别身份。同时，对于身份信息的新建和变更，实时数据上链可有效避免信息迟滞造成的审批漏洞。

证照链用于调集办事人的各类证照信息，办事人前期已经出示的相关证件都会记录在册，证照的颁发部门可实现证照办理、证照信息变更的实时上链共享，实现对办事人在证照层面的用户画像。证照链一是可以不再需要办事人反复出示证件，提升办事便捷度；二是方便跨部门协同审批，提升审批质量和效率。证照链的要点是证照信息的实时共享，确保新建和变更信息实时上链，实现完整的用户画像。

授权链用于办事人授权给代办人代理事项办理业务。传统纸质代办授权会出现虚假代办的情况。授权链可通过利用区块链技术完成透明、可追溯、不可篡改的授权程序，确保授权人、被授权人身份，以及授权行为真实发生。

协议链用于对上链数据的权限管理。链上节点对数据的读取权限不同，政务服务部门主要需要读取各职能部门数据、职能部门之间可能需要互相读取，及写入本部门数据等。协议链通过智能合约及非对称加密技术约束各方读取权限，实现对数据的安全管理。

目录链用于数据索引，这是将数据进行资源管理的有效方式。便于政务部门综合掌握各职能部门的数据资源，并通过目录掌握并追踪可用数据的情况，依据政务服务业务内容的发展和信息需求的产生，可以随时提出数据请求。

事项链用于记录事项办理的全过程。这是区块链政务服务最为重要的链条。从办事人发起事项办理的一刻开始，数据的调取方、调取的内容、数据流向方向、新写入上链的审批意见等都会记录在事项链上，用以全过程追踪审批流程。事项链的另一个重要功能是可以有效降低职能部门对共享数据安全隐患的担忧。传统数据共享模式下，职能部门共享数据难以追踪数据使用轨迹，职能部门作为数据主责部门对数据滥用和数据安全负有主体责任。事项链可以清晰追踪数据的链上路径，打消职能部门的数据共享顾虑。

二　智慧政务办事流程：区块链行政审批

办事人发起办事流程后，政务服务部门依据需求向有关部门发起数据匹配请求，数据匹配结果在区块链节点生成后被推送回审批部门，审批部门根据数据匹配情况批出事项办结结果。不同于传统模式，区块链政务服务流程中，匹配请求、数据匹配均可通过区块链技术自动实现，无须人工介入。

第一，办事人发起办事。办事人是政务服务事项办理的发起者。传统政务服务模式下，办事人发起事项办理需要提交事项要件。即便对于全流程网上办理的事项，办事人也需要将相关证件上传至系统。区块链政务服务模式下，办事人只需要出示身份认证信息，通过生物识别技术，验明身份，即可发起事项办理。办事人无须提交政府相关职能部门已有的证照数据信息。

第二，政务部门提出数据匹配请求。政务服务部门是政务服务事项的受理和办结者。在办事人提请办事需求后，政务服务部门向区块链节点网络提出数据匹配请求，例如，办事人申请办理的事项需要验证婚姻信息、住房信息。政务服务部门可向职能部门提出匹配此两项信息的请求。

第三，职能部门数据自营自管。链上职能部门数据并非全量共享给政务服务部门，而是应政务部门的匹配请求，进行数据匹配，匹配规则可由智能合约设置约束条件和规则，并生成匹配结果，将匹配结果推送回政务服务部门。

第四，事项办结。政务服务部门根据区块链节点返回的匹配结果，判定办事人条件是否符合事项办理要求，决定是否通过审批，并向办事人告知结果。

三　个性化精准服务：人工智能（AI）、机器学习

人工智能（AI）、机器学习用于构建智能搜索、政务服务事项联动、衍生服务推送等服务。机器学习的核心要义是通过大数据挖掘和分析用户的使用历史、既有行为模式，推演计算行为规律，做出决策判断。办事人办理政务服务事项、咨询、搜索、个人页面的个性化设置等功能都可以应用机器学习技术辅助用户画像，捕捉用户的使用习惯，预测使用规律，用于精准推送用户关注度高、与用户相关的信息和服务。

四　智慧政务平台架构：多级交互、实时共享

根据国家对"互联网+政务服务"平台体系的设计，智慧政务的平台架构由"国家级平台、省级平台、地市级平台三个层级组成"。[①] 每个层级包

---

① 《国务院办公厅关于印发"互联网+政务服务"技术体系建设指南的通知》，国办函第108号，2016年12月20日（http://www.gov.cn/zhengce/content/2017-01/12/content_5159174.htm）。

括用户及服务层、业务应用层、应用支撑层、数据资源层、技术设施层。层级之间实现统一注册、身份认证，通过政务服务数据共享平台进行资源目录注册、信息共享、业务协同、监督考核、统计分析等，实现政务服务事项就近能办、同城通办、异地可办。[①] 层级之间的交互应以深度推进全国政务服务标准化改革为基础，实现同一事项同一标准。层级间数据交互与共享应实现实时或限时可达，避免滞后共享对改革效能及行政资源的损耗。

五 智慧政务兼容性：多平台、跨系统联动

多平台联动指智慧政务全部平台联动运行。全平台包括 PC 端（政务网）、移动端各渠道（政务 App、小程序等）。多平台联动要求无论办事人从哪个平台登入启动办事程序，办事流程自动实现云端实时存储，多平台共享。办事人在任何环节及时间点可更换平台入口，在办事过程中实现平台间无缝切换，无须多次登录、重复输入信息。

多系统联动指事项的具体办理系统在用户端实现联动。由于多个垂直管理系统，纵向系统林立，具有操作性的办法是实现用户端多系统联动，一号登录。避免用户端受到多个办事系统的干扰，尽量降低系统更换对办事人的影响。

目前更多地方的"一网通办"已实现由政务服务一体化平台，通过统一身份认证登录。但在具体事项的办理过程中，实际办理过程仍需跳转相关部门门户网站，重新搜索，多次登录，程序烦琐。"多系统联动、一号登录"指办理任何政务服务事项通过一体化政务服务平台登录后，在办理具体事项时，如需跳转其他职能部门的系统无须二次登录，直接跳转办理页面，让办事人对"一号登陆，一次登录"改革有切实的获得感。

六 基础数据资源层建设

构建一体的后台政务数据库，汇集需求侧用户访问、信息资讯、信息检

---

① 《国务院办公厅关于印发"互联网+政务服务"技术体系建设指南的通知》，国办函第108号，2016年12月20日（http://www.gov.cn/zhengce/content/2017-01/12/content_ 5159174. htm）。

索、服务引导、咨询问答、监督评价、个性化推送；汇集供给侧标准化的事项清单、办事指南、审查工作细则、业务办理流程等信息，全面支撑政务服务场景办事人"我要看""我要查""我要办""我要问"，以及政务服务部门主动推送的需求。数据库须具备"入口多元、出口唯一"的特点。"入口多元"通过多渠道补充积累信息，办事人、政务服务部门、职能部门、各行政层级、其他社会公众等对多平台的使用痕迹、政策信息更新等都通过多元入口汇总至后台；"出口唯一"指对后台信息的任何调取和使用都出自一体化数据库，确保信息输出的一致性。

参考文献

一　中文文献

专著

胡建淼：《行政法学》，法律出版社 1998 年版。

黎国智：《行政法辞典》，山东大学出版社 1989 年版。

刘瀚等：《依法行政论》，社会科学文献出版社 1993 年版。

罗豪才：《行政法学概论》，北京大学出版社 1996 年版。

王小鲁、樊纲、胡李鹏：《中国分省份市场化指数报告（2018）》，社会科学文献出版社 2021 年版。

应松年：《行政行为法——中国行政法制建设的理论与实践》，人民出版社 1992 年版。

张国庆：《行政管理学概论》，北京大学出版社 1990 年版。

张楠迪扬：《规制之手：中国建设工程领域政府与行政审批中介关系》，中国社会科学出版社 2018 年版。

译著

［美］弗兰克·古德诺：《政治与行政》，王元、杨百朋译，华夏出版社 1987 年版。

［法］莫里斯·奥里乌：《行政法与公法精要：上册》，龚觅等译，辽海出版社，春风文艺出版社 1999 年版。

［日］西冈久鞆、松本昌悦、川上宏二郎：《现代行政法概论》，康树华译，甘肃人民出版社 1990 年版。

期刊

艾琳、王刚、张卫清:《由集中审批到集成服务——行政审批制度改革的路径选择与政务服务中心的发展趋势》,《中国行政管理》2013 年第 4 期。

艾琳、王刚:《行政审批制度改革中的"亚历山大绳结"现象与破解研究——以天津、银川行政审批局改革为例》,《中国行政管理》2016 年第 2 期。

蔡国华:《"三集中"的行政审批体制分析》,《中国行政管理》2012 年第 12 期。

陈宏彩:《"最多跑一次"改革:新时代的政府效能革命》,《治理研究》2018 年第 3 期。

陈美:《澳大利亚中央政府开放数据政策研究》,《情报杂志》2017 年第 6 期。

陈时兴:《行政服务中心对行政审批制度改革的机理分析》,《中国行政管理》2006 年第 4 期。

程文浩:《国家治理过程的"可视化"如何实现——权力清单制度的内涵、意义和推进策略》,《人民论坛·学术前沿》2014 年第 9 期。

董新宇、苏竣:《电子政务与政府流程再造——兼谈新公共管理》,《公共管理学报》2004 年第 4 期。

高志豪:《公有链和联盟链的道法术器》,《金卡工程》2017 年第 3 期。

宫剑、龙海波:《"行政审批局":改革模式的地方探索》,《中国经济报告》2016 年第 5 期。

郭晓光:《成立相对集中审批权的行政审批局之思考》,《中国行政管理》2014 年第 8 期。

国务院办公厅政府信息与政务公开办公室:《全国综合性实体政务大厅普查报告》,《中国行政管理》2017 年第 12 期。

胡税根、徐靖芮:《中国政府权力清单制度的建设与完善》,《中共天津市委党校学报》2005 年第 1 期。

贾涛、陈翔:《国外一站式政府服务机构建设的做法及对中国的启示》,《中国行政管理》2007年第5期。

贾义猛：《优势与限度："行政审批局"改革模式论析》，《新视野》2015年
    第5期。

江赛民：《论对行政权的重新界定》，《石家庄法商职业学院教学与研究》
    （综合版）2006年第4期。

姜晓萍、汪梦：《国外政府流程再造的核心问题与启示》，《社会科学研究》
    2009年第6期。

姜晓萍：《政府流程再造的基础理论与现实意义》，《中国行政管理》2006年
    第5期。

李靖华：《政府一站式服务研究综述》，《科技进步与对策》2005年第9期。

李文峰：《浙江"最多跑一次"的创新实效——基于"第三方评估"的报
    告》，《浙江学刊》2018年第5期。

林毅：《行政许可的性质探讨》，《西南交通大学学报》（社会科学版）2002
    年第2期。

刘常海：《天津滨海新区行政审批局成立实现一颗印章管审批》，《港口经
    济》2014年第6期。

刘红波：《一站式政府的概念解析与角色定位》，《电子政务》2012年第
    8期。

刘启川：《独立型责任清单的构造与实践基于31个省级政府部门责任清单实
    践的观察》，《中外法学》2018年第2期。

刘琼莲、刘志敏：《中国行政审批制度改革的生长点与聚焦点——以天津市
    行政审批制度改革为例》，《新视野》2016年第6期。

莫于川：《行政职权的行政法解析与建构》，《重庆社会科学》2004年第
    1期。

南开大学周恩来政府管理学院课题组：《职能整合与机构重组：关于大部门
    体制改革的若干思考》，《天津社会科学》2008年第3期。

全津、雷欣：《厘清政府市场边界推进权力清单制度》，《理论导报》2014年
    第2期。

汝绪华、汪怀君：《政府权力清单制度：内涵、结构与功能》，《海南大学学报》（人文社会科学版）2017年第2期。

沈荣华、杨国栋：《论"一站式"服务方式与行政体制改革》，《中国行政管理》2006年第10期。

施雪华、孙发锋：《政府"大部制"面面观》，《理论参考》2008年第5期。

石亚军、于江：《大部制改革：期待，沉思与展望——基于对五大部委改革的调研》，《中国行政管理》2012年第7期。

宋林霖、赵宏伟：《论"放管服"改革背景下地方政务服务中心的发展新趋势》，《中国行政管理》2017年第5期。

宋林霖：《"行政审批局"模式：基于行政组织与环境互动的理论分析框架》，《中国行政管理》2016年第6期。

宋世明、刘小康、尹艳红、张弦：《推进简政放权改革——银川设置行政审批服务局的变革、冲击与挑战》，《行政管理改革》2016年第11期。

孙柏瑛、杨新沐：《地方政府权力清单制度：权力监督制约的新探索》，《行政科学论坛》2014年第6期。

孙彩红：《改革开放以来行政审批制度改革历史与发展逻辑》，《行政论坛》2022年第2期。

唐权、杨立华、梁家春、麦艳航：《"实体一站式政府"与"网络一站式政府"研究综述》，《济南大学学报》（社会科学版）2014年第2期。

唐志远、颜佳华：《省级政府权力清单研究——基于31个省级政府公开文本的分析》，《湖南社会科学》2018年第2期。

王佃利、吕俊平：《整体性政府与大部门体制：行政改革的理念辨析》，《中国行政管理》2010年第4期。

王慧志：《大同市率先开展"两集中两到位"工作》，《政府法制》2011年第25期。

王克稳：《中国行政审批与行政许可关系的重新梳理与规范》，《中国法学》2007年第4期。

王毛路、陆静怡：《区块链技术及其在政府治理中的应用研究》，《电子政务》2018 年第 2 期。

熊光清、刘高林：《互联网时代行政审批的流程再造——以广东省佛山市禅城区"一门式"政务服务改革为例》，《江苏行政学院学报》2020 年第 1 期。

薛澜、赵静：《走向敏捷治理：新兴产业发展与监管模式探究》，《中国行政管理》2019 年第 8 期。

薛晓东、梁丹妮、叶萍：《ESIA 理论视域下地方政府投资项目行政审批程序优化研究》，《电子科技大学学报》（社科版）2015 年第 1 期。

杨解君：《行政许可的概念与性质略谈——与郭道晖先生共同探讨》，《南京大学学报》（哲学·人文科学·社会科学版）2000 年第 3 期。

袁维海、姚玫玫：《有权必有责晒权要晒责——安徽省探索行政权力、责任清单制度》，《安徽行政学院学报》2015 年第 1 期。

张定安、彭云、武俊伟：《深化行政审批制度改革推进政府治理现代化》，《中国行政管理》2022 年第 7 期。

张弘：《行政权概念冲突与重新认识和确定》，《辽宁大学学报》（哲学社会科学版）2004 年第 3 期。

张楠迪杨：《区域链政务服务：技术赋能与行政权力重构》，《中国行政管理》2020 年第 1 期。

张楠迪杨：《职能重组与业务流程再造视角下的政府部门协作——以我国"多规合一"改革为例》，《公共管理学报》2021 年第 1 期。

张庆普、陈芝：《Web 和时代的情报学创新探究》，《情报学报》2016 年第 35 期。

《"找茬窗口"彰显为民初心》，《领导决策信息》2017 年第 48 期。

赵伟欣：《推进负面清单、权力清单和责任清单制度，处理好政府和市场关系》，《现代管理科学》2016 年第 8 期。

赵勇：《推进流程再造与建设"整体性政府"——大城市政府构建权力清单制度的目标指向》，《上海行政学院学报》2019 年第 1 期。

中国行政管理学会课题组、沈荣华、孙庆国：《规范政府部门行政审批流程：

问题分析与对策建议》,《中国行政管理》2014 年第 11 期。

中国行政管理学会课题组、靳江好、文宏、赫郑飞:《政务服务中心建设与
　　管理研究报告》,《中国行政管理》2012 年第 12 期。

周亚越、张芝雨:《政府责任清单:需要构建完整责任链》,《浙江工业大学
　　学报》(社会科学版) 2016 年第 3 期。

朱旭峰、张友浪:《创新与扩散:新型行政审批制度在中国城市的兴起》,
　　《管理世界》2015 年第 10 期。

朱最新:《行政权概念新释》,《武汉大学学报》(哲学社会科学版) 2005 年
　　第 6 期。

　　政府文件

《2010 年广东省人民政府工作报告》,2010 年 2 月 5 日 (http://www.gov.
　　cn/govweb/test/2010-02/05/content_ 1529229_ 3.htm)。

《北京市人民政府办公厅关于印发〈北京市区块链创新发展行动计划
　　(2020—2022 年)〉的通知》,京政办发第 19 号,2020 年 6 月 18 日
　　(http://www.beijing.gov.cn/zhengce/zhengcefagui/202006/t20200630 _
　　1935625.html)。

《成都市行政审批制度改革若干规定》,成都市政府令第 81 号,2000 年 12 月
　　12 日 (http://www.asianlii.org/chi/cn/legis/sc/laws/3f3d208ecb38a30871
　　be963bc6ec3604ad4f94b3/)。

《重庆市发展改革委 (市、区县、乡镇) 三级行政权力事项清单 (2020
　　年)》,2021 年 4 月 11 日 (http://fzggw.cq.gov.cn/zwgk/zfxxgkml/qzqd/
　　202104/t20210411_ 9139788.html)。

《关于贯彻行政审批制度改革的五项原则需要把握的几个问题》,国审改发第
　　1 号,2001 年 12 月 11 日 (https://www.gd.gov.cn/gkmlpt/content/0/
　　137/post_ 137161.html#7)。

《关于积极推进"互联网+"行动的指导意见》,国发第 40 号,2015 年 7 月 1
　　日 (http://www.gov.cn/gongbao/content/2015/content_ 2897187.htm)。

《关于开展政府部门职责清理规范行政权力运行工作的通知》,浙编第 22 号,

2013 年 11 月 20 日（https：//www. zjjgbz. gov. cn/zcfgzcwj/2763. jhtml）。

《关于深化政务公开加强政务服务的意见》，2011 年 6 月 8 日（http：//
　　www. gov. cn/gongbao/content/2011/content_ 1927031. htm）。

《关于深入推进审批服务便民化的指导意见》，2018 年 5 月 23 日（http：//
　　www. gov. cn/zhengce/2018-05/23/content_ 5293101. htm）。

《关于推行地方各级政府工作部门权力清单制度的指导意见》，2015 年 3 月
　　24 日（http：//www. gov. cn/xinwen/2015-03/24/content_ 2837962. htm）。

《关于印发〈成都市武侯区行政审批局（成都市武侯区人民政府政务服务中
　　心）主要职责内设机构和人员编制规定的通知〉，成武府办发第 82 号，
　　2011 年 8 月 2 日（http：//gk. chengdu. gov. cn/govInfoPub/detail. action?
　　id=422393&tn=2）。

《关于印发〈成都市武侯区行政审批局职能配置内设机构和人员编制规定〉
　　的通知》，成武机编第 128 号，2008 年。

《关于印发〈成都市武侯区行政审批局职能配置内设机构和人员编制规定〉
　　的通知》，成武机编第 59 号，2009 年。

《关于印发天津滨海新区综合配套改革试验总体方案的通知津政发》，津政发
　　第 30 号，2008 年 3 月 28 日（https：//www. tj. gov. cn/zwgk/szfwj/tjsrmzf/
　　202005/t20200519_ 2365139. html）。

《广州市推动区块链产业创新发展的实施意见（2020—2022 年）》，2020 年 5
　　月 6 日（https：//www. gz. gov. cn/xw/tzgg/content/mpost_ 5824443. html）。

《国家发展改革委商务部关于印发〈市场准入负面清单（2018 年版）〉的通
　　知》，发改经体第 1892 号，2018 年 12 月 28 日（https：//www. ndrc.
　　gov. cn/xxgk/zcfb/tz/201812/t20181228_ 962356. html? code＝&state＝123）。

《国家发展改革委商务部关于印发〈市场准入负面清单（2022 年版）〉的通
　　知》，发改体改规第 397 号，2022 年 3 月 28 日（https：//www. ndrc. gov. cn/
　　xwdt/ztzl/sczrfmqd/tzggg1/202203/t20220328_ 1320712. html? code ＝ &state ＝
　　123）。

《国务院办公厅关于成立国务院推进政府职能转变和"放管服"改革协调小

组的通知》，国办发第 65 号，2018 年 7 月 19 日（http：//www. gov. cn/zhengce/content/2018-07/25/content_ 5309035. htm）。

《国务院办公厅关于成立国务院推进职能转变协调小组的通知》，国办发第 29 号，2015 年 4 月 18 日（http：//www. gov. cn/zhengce/content/2015-04/21/content_ 9648. htm）。

《国务院办公厅关于成立国务院行政审批制度改革工作领导小组的通知》，国办发第 71 号，2001 年 9 月 24 日（http：//www. gov. cn/zhengce/content/2016-10/10/content_ 5116889. htm）。

《国务院办公厅关于聚焦企业关切进一步推动优化营商环境政策落实的通知》，国办发第 104 号，2018 年 10 月 29 日（http：//www. gov. cn/zhengce/content/2018-11/08/content_ 5338451. htm）。

《国务院办公厅关于开展工程建设项目审批制度改革试点的通知》，国办发第 33 号，2018 年 5 月 14 日（http：//www. gov. cn/zhengce/content/2018-05/18/content_ 5291843. htm）。

《国务院办公厅关于清理规范国务院部门行政审批中介服务的通知》，国办发第 31 号，2015 年 4 月 27 日（http：//www. gov. cn/zhengce/content/2015-04/29/content_ 9677. htm）。

《国务院办公厅关于全国互联网政务服务平台检查情况的通报》，国办函第 115 号，2017 年 10 月 6 日（http：//www. gov. cn/zhengce/content/2017-11/03/content_ 5236744. htm）。

《国务院办公厅关于印发"互联网+政务服务"技术体系建设指南的通知》，国办函第 108 号，2016 年 12 月 20 日（http：//www. moe. gov. cn/jyb_xxgk/moe_ 1777/moe_ 1778/201701/t20170113_ 294766. html）。

《国务院办公厅关于印发进一步深化"互联网+政务服务"推进政务服务"一网、一门、一次"改革实施方案的通知》，国发办第 45 号，2018 年 6 月 22 日（http：//www. gov. cn/zhengce/content/2018 - 06/22/content_ 5300516. htm）。

《国务院办公厅关于印发全国深化"放管服"改革优化营商环境电视电话会议

重点任务分工方案的通知》，国办发第 39 号，2019 年 8 月 1 日（http：//www. gov. cn/zhengce/content/2019-08/12/content_ 5420694. htm）。

《国务院办公厅关于印发自由贸易试验区外商投资准入特别管理措施（负面清单）的通知》，国办发第 23 号，2015 年 4 月 20 日（http：//www. gov. cn/zhengce/content/2015-04/20/content_ 9627. htm）。

《国务院办公厅关于印发国务院部门权力和责任清单编制试点方案的通知》，国办发第 92 号，2016 年 1 月 5 日（http：//www. gov. cn/zhengce/content/2016-01/05/content_ 10554. htm）。

《国务院关于"先照后证"改革后加强事中事后监管的意见》，国发第 62 号，2015 年 10 月 13 日（http：//www. gov. cn/zhengce/content/2015-11/03/content_ 10263. htm）。

《国务院关于第二批取消 152 项中央指定地方实施行政审批事项的决定》，国发第 9 号，2016 年 2 月 3 日（http：//www. gov. cn/zhengce/content/2016-02/19/content_ 5043903. htm）。

《国务院关于第一批取消 62 项中央指定地方实施行政审批事项的决定》，国发第 57 号，2015 年 10 月 11 日（http：//www. gov. cn/zhengce/content/2015-10/14/content_ 10222. htm）。

《国务院关于加快推进"互联网+政务服务"工作的指导意见》，国发第 55 号，2016 年 9 月 25 日（http：//www. gov. cn/zhengce/content/2016-09/29/content_ 5113369. htm）。

《国务院关于加强数字政府建设的指导意见》，国发第 14 号，2022 年 6 月 6 日（http：//www. gov. cn/zhengce/content/2022 – 06/23/content _ 5697299. htm）。

《国务院关于取消 13 项国务院部门行政许可事项的决定》，国发第 10 号，2016 年 2 月 3 日（http：//www. gov. cn/zhengce/content/2016 – 02/23/content_ 5045277. htm）。

《国务院关于取消和调整一批行政审批项目等事项的决定》，国发第 11 号，2015 年 2 月 24 日（http：//www. gov. cn/zhengce/content/2015 – 03/13/

content_ 9524. htm）。

《国务院关于取消和调整一批行政审批项目等事项的决定》，国发第 27 号，2014 年 7 月 22 日（http：//www. sdbb. gov. cn/page/content/A011206/3612. html）。

《国务院关于取消和调整一批行政审批项目等事项的决定》，国发第 50 号，2014 年 10 月 23 日（http：//www. gov. cn/zhengce/content/2014－11/24/content_ 9238. htm）。

《国务院关于取消和下放 50 项行政审批项目等事项的决定》，国发第 27 号，2013 年 7 月 13 日（http：//www. gov. cn/zwgk/2013－07/22/content_ 2452368. htm）。

《国务院关于取消和下放一批行政审批项目的决定》，国发第 44 号，2013 年 11 月 8 日（http：//www. gov. cn/zhengce/content/2013 － 12/10/content 1205. htm）。

《国务院关于取消和下放一批行政审批项目的决定》，国发第 5 号，2014 年 1 月 28 日（http：//www. gov. cn/zwgk/2014－02/15/content_ 2602146. htm）。

《国务院关于取消和下放一批行政审批项目等事项的决定》，国发第 19 号，2013 年 5 月 15 日（http：//www. gov. cn/zhengce/content/2013 － 05/17/content_ 1306. htm）。

《国务院关于取消一批职业资格许可和认定事项的决定》，国发第 35 号，2016 年 6 月 8 日（http：//www. gov. cn/zhengce/content/2016 － 06/13/content_ 5081742. htm）。

《国务院关于取消一批职业资格许可和认定事项的决定》，国发第 41 号，2015 年 7 月 23 日（www. gov. cn/zhengce/content/2015－07/23/content_ 10028. htm）。

《国务院关于取消一批职业资格许可和认定事项的决定》，国发第 5 号，2016 年 1 月 20 日（http：//www. gov. cn/zhengce/content/2016－01/22/content_ 5035351. htm）。

《国务院关于取消一批职业资格许可和认定事项的决定》，国发第 68 号，2016 年 12 月 1 日（http：//www. gov. cn/zhengce/content/2016 － 12/08/

content_ 5144980. htm）。

《国务院关于全面推进依法行政的决定》，国发 23 号，1999 年 11 月 8 日（http：//www. gov. cn/gongbao/content/2000/content_ 60201. htm）。

《国务院关于实行市场准入负面清单制度的意见》，国发 55 号，2015 年 10 月 2 日（http：//www. gov. cn/zhengce/content/2015-10/19/content_ 10247. htm）。

《国务院关于投资体制改革的决定》，国发第 20 号，2004 年 7 月 16 日（http：//www. gov. cn/zwgk/2005-08/12/content_ 21939. htm）。

《国务院关于推进国内贸易流通现代化建设法治化营商环境的意见》，国发第 49 号，2015 年 8 月 26 日（http：//www. gov. cn/zhengce/content/2015-08/28/content_ 10124. htm）。

《国务院关于议事协调机构设置的通知》，国发第 13 号，2008 年 3 月 21 日（http：//www. gov. cn/zhengce/content/2016-06/14/content_ 5082270. htm）。

《国务院关于印发优化口岸营商环境促进跨境贸易便利化工作方案的通知》，国发第 37 号，2018 年 19 月 13 日（http：//www. gov. cn/zhengce/content/2018-10/19/content_ 5332590. htm）。

《国务院关于印发中国（上海）自由贸易试验区总体方案的通知》，国发第 38 号，2013 年 9 月 27 日（http：//www. gov. cn/zwgk/2013-09/27/content_ 2496147. htm）。

《国务院批转关于行政审批制度改革工作实施意见的通知》，国发第 33 号，2001 年 10 月 18 日（http：//www. gov. cn/gongbao/content/2001/content_ 61155. htm）。

《湖南省人民政府办公厅关于印发〈省直部门审批服务"三集中三到位"改革实施方案〉和〈省政务服务中心部门集中入驻方案〉的通知》，湘政办发第 2 号，2020 年 2 月 17 日（http：//www. yuelu. gov. cn/yl_ xxgk/bmxxgkml/qzwzx/zcwj/202002/t20200221_ 6886271. html）。

《江苏省政府关于印发江苏省政务服务管理规定的通知》，苏政发第 56 号，2016 年 4 月 25 日（http：//jszwb. jiangsu. gov. cn/art/2016/5/2/art_ 82398_ 9836502. html）。

《企业投资项目核准和备案管理办法》，中华人民共和国国家发展和改革委员会令第 2 号，2017 年 3 月 8 日（http：//www. gov. cn/xinwen/2017-03/23/content_ 5179713. htm）。

《全国深化"放管服"改革转变政府职能电视电话会议重点任务分工方案的通知》，国办发第 79 号，2018 年 8 月 5 日（http：//www. gov. cn/zhengce/content/2018-08/14/content_ 5313752. htm？trs＝1）。

《汕头市行政审批制度改革若干规定》，汕府第 50 号，2002 年 4 月 1 日（http：//www. law-lib. com/law/law_ view1. asp？id＝38727）。

《深圳市推进新型信息基础设施建设行动计划（2022—2025 年）》，深府办函第 14 号，2022 年 2 月 21 日（http：//www. sz. gov. cn/zwgk/zfxxgk/zfwj/szfbgth/content/post_ 9634931. html）。

《省人民政府关于加快区块链技术应用和产业发展的意见》，黔府发第 5 号，2020 年 4 月 27 日（https：//www. guizhou. gov. cn/zwgk/zcfg/szfwj/qff/202005/t20200509_ 70477296. html）。

《市政府关于推行行政审批"三集中、三到位"工作的实施意见》，通政发第 73 号，2011 年 11 月 7 日（http：//www. nantong. gov. cn/ntsrmzf/szfwj/content/560e6756-d1fc-4611-8dfe-0c0f1e49e9e0. html）。

《司法部关于〈网上政务服务若干规定（征求意见稿）〉公开征求意见的通知》，2019 年 1 月 30 日（http：//www. moj. cn/pub/sfbgw/lfyjzj/lflfyjzj/201901/t20190130_ 150557. html）。

《天津市滨海新区机构改革实施方案》，2019 年 1 月 4 日（http：//tjbh. gov. cn/contents/11959/462345. html）。

《浙江省人民政府关于全面开展政府职权清理推行权力清单制度的通知》，浙政发第 8 号，2014 年 4 月 9 日（http：//www. gov. cn/xinwen/2014-04/09/content_ 2655207. htm）。

《政府工作报告》，2015 年 3 月 16 日（http：//www. gov. cn/guowuyuan/2015-03/16/content_ 2835101. htm）。

《政府工作报告——2021 年 3 月 5 日在第十三届全国人民代表大会第四次会

议上》，2021 年 3 月 15 日（http：//www. gov. cn/premier/2021－03/12/content_ 5592671. htm）。

《中共中央关于坚持和完善中国特色社会主义制度推进国家治理体系和治理能力现代化若干重大问题的决定》，2019 年 11 月 5 日（http：//www. gov. cn/zhengce/2019－11/05/content_ 5449023. htm？ ivk _ sa = 1024320u）。

《中共中央关于全面深化改革若干重大问题的决定》，2013 年 11 月 15 日（http：//www. gov. cn/jrzg/2013－11/15/content_ 2528179. htm）。

法律、法规

贵州省人民代表大会常务委员会：《贵州省政务服务条例》，2021 年 5 月 27 日。

国务院：《企业投资项目核准和备案管理条例》，2016 年 10 月 8 日。

国务院：《中华人民共和国政府信息公开条例》，2007 年 4 月 5 日。

全国人民代表大会常务委员会：《中华人民共和国行政许可法》，2003 年 8 月 27 日。

四川省人民代表大会常务委员会：《四川省政务服务条例》，2013 年 4 月 2 日。

电子文献

鲍聪颖：《世界银行积极评价中国营商环境改革成效"北京样本"向全球推广》（http：//m. people. cn/n4/2020/0728/c1198-14273731. html）。

光明网：《十年来中国营商环境全球排名从第 96 位跃升至第 31 位》（https：//m. gmw. cn/baijia/2022-06/28/1303018761. html）。

广东省人民政府网站：《佛山禅城："一门式"优服务推动高质量发展》（http：//www. gd. gov. cn/zwgk/zdlyxxgkzl/xzsp/content/post_ 2574788. html）。

广西壮族自治区人民政府门户网站：《权责清单》（http：//zwfw. gxzf. gov. cn/gxzwfw/qzqdnew/showByDept. do？ webId = 1）。

华夏时报网：《国务院机构改革：组建应急管理部》（https：//baijiahao. baidu. com/s？ id = 1594792981260915619&wfr = spider&for = pc. ）。

吉林省人民政府网：《建立"前台综合受理、后台分类审批、综合窗口出件"的全新工作模式》（http：//www. jl. gov. cn/szfzt/zxft/szfzxft/zxft2018/lyszpycgggzjxs/ftzy/201811/t20181109_ 6494579. html）。

今日中国：《国务院总理李克强答中外记者提问（实录）》（http：//www. chinatoday. com. cn/ctchinese/news/article/2013-03/17/content_ 528144. htm）。

平顶山市人民政府：《〈市场准入负面清单（2022 年版）〉发布较上版减少6 项》（http：//www. pds. gov. cn/contents/20112/144199. html）。

群众路线网：《放权不卸责履职更规范浙江省发布全国首张责任清单》（http：//qzlx. people. com. cn/n/2014/1101/c364565-25952553. html）。

人民网：《国务院各部门行政审批事项汇总清单公布 共 1235 项》（http：//politics. people. com. cn/n/2014/0317/c1001-24655460. html）。

山东政务服务：《山东省省级政府部门权责清单》（http：//zwfw. shandong. gov. cn/sdzw/qdgz/qzqd/qdbb_ index. do？orgcode=SD370000RS）。

世界银行：《研究方法》（https：//archive. doingbusiness. org/zh/methodology）。

世界银行：《营商环境报告》项目简介（https：//archive. doingbusiness. org/zh/about-us）。

四川省人民政府网站：《国务院推网上并联审批专家：巩固审批改革成果》（https：//www. sc. gov. cn/10462/10778/12802/12803/2015/2/10/10326708. shtml. bak）。

天津市滨海新区人民政府网站：《滨海概况》（http：//tjbh. gov. cn/channels/13871. html）。

天津在线：《天津滨海新区建区十周年回顾与启示》（http：//news. 72177. com/2020/0110/4513945. shtml）。

王建喜：《天津滨海新区全面梳理权力清单推进政府职能转变》（http：//news. enorth. com. cn/system/2014/12/09/012316455. shtml）。

王勇：《组建自然资源部不再保留国土资源部、国家海洋局、国家测绘地理信息局》（https：//www. chinanews. com/gn/2018/03-13/8466379. shtml）。

新华网：《李克强出席第八届夏季达沃斯论坛开幕式并发表致辞》（http：//

www. xinhuanet. com//politics/2014-09/11/c_ 126972711. htm）。

凤凰新闻：《"i 深圳"将利用区块链等技术打通政务服务数据链》
（https：//ishare. ifeng. com/c/s/v002DydUNV4wgL6ssN0AVfp4tqHtn6frbVl01
yplqhZIQ6k_ _ ）。

徐彬：《国内首份市长权力清单：邯郸市长 93 项法定权力》（http：//
news. sohu. com/20050825/n226783612. shtml）。

央视网：《109 枚公章"革"进国家博物馆见证简政放权》（http：//news.
cntv. cn/2014/11/17/ARTI1416189298358347. shtml）。

姚宗：《再"瘦身"8 项内容 2020 年版市场准入负面清单出炉》（http：//
finance. people. com. cn/n1/2020/1217/c1004-31969358. html）。

银川市人民政府网站：《银川行政审批改革：勇于创新敢于突破蹚出新路》
（http：//www. yinchuan. gov. cn/xxgk/yhyshjzc/mtgc/202204/t20220419 _
3457823. html）。

银川市政府办公厅：《银川市全力深化行政审批制度改革》（https：//
www. nx. gov. cn/zwxx_ 11337/sxdt/201807/t20180725_ 928509. html）。

中共中央纪律检查委员会、中华人民共和国监察部：《中国共产党中央纪律
检查委员会第五次全体会议公报》（https：//www. ccdi. gov. cn/xxgkn/hyzl/
201307/t20130726_ 40471. html）。

中国采招网：《基于区块链技术的电子证照共享平台建设招标公告》
（https：//www. bidcenter. com. cn/newscontent-33801622-1. html）。

中国电子政务网：《禅城启动创建广东大数据综合试验区》（http：//www. e-
gov. org. cn/article-160744. html）。

中国共产党历次全国代表大会数据库：《江泽民在中国共产党第十四次全国
代表大会上的报告》（http：//cpc. people. com. cn/GB/64162/64168/64567/
65446/4526308. html）。

中国机构编制网：《国务院明确行政审批制度改革工作由中央编办牵头》
（http：//www. scopsr. gov. cn/zlzx/bbwj/201811/t20181120_ 326710. html）。

中国网信网：《CNNIC 发布第 44 次〈中国互联网络发展状况统计报告〉》

（http：//www. cac. gov. cn/2019－08/30/c_ 1124939590. htm）。

中国政府门户网站：《国信办首次公开发布信息化发展的政府报告》
（http：//www. gov. cn/zfjs/2005－08/12/content_ 22198. htm）。

中央政府门户网站：《〈市场准入负面清单（2019 年版）〉再减二十项》
（http：//www. gov. cn/xinwen/2019－11/23/content_ 5454758. htm）。

中央政府门户网站：《安徽省建设统一网上审批平台 年底前投入试运行》
（http：//www. gov. cn/xinwen/2014－05/18/content_ 2681504. htm）。

中央政府门户网站：《发改委：中国已初步构建中国特色、国际可比的营商
环境评价指标体系》（http：//www. gov. cn/xinwen/2018－08/28/content_
5317019. htm）。

中央政府门户网站：《福建泉州市日前正式启动"全程式网上审批"模式》
（http：//www. gov. cn/zfjs/2007－05/28/content_ 628155. htm）。

中央政府门户网站：《广州：816 项行政审批再砍一半 积极推行网上审批》
（http：//www. gov. cn/gzdt/2009－04/06/content_ 1278517. htm）。

中央政府门户网站：《国务院：全面实行行政许可事项清单管理》（http：//
www. gov. cn/xinwen/2022－01/06/content_ 5666757. htm）。

中央政府门户网站：《国务院一年多取消下放 7 批共 632 项行政审批等事项》
（http：//www. gov. cn/xinwen/2014－09/09/content_ 2746921. htm）。

中央政府门户网站：《吉林省商务厅推动政务公开 提高网上审批质量》
（http：//www. gov. cn/gzdt/2011－12/18/content_ 2023087. htm）。

中央政府门户网站：《李克强在全国推进简政放权放管结合职能转变工作电
视电话会议上的讲话》（http：//www. gov. cn/guowuyuan/2015－05/15/
content_ 2862198. htm）。

中央政府门户网站：《李克强主持召开国务院常务会议（2014 年 1 月 8 日）》
（http：//www. gov. cn/guowuyuan/2014－01/08/content_ 2591050. htm）。

中央政府门户网站：《辽宁省将建立省市县统一的网上审批平台》（http：//
www. gov. cn/xinwen/2014－09/04/content_ 2745129. htm）。

中央政府门户网站：《宁夏建设用地全程网上审批 时间缩减为 8 个工作日》

（http：//www. gov. cn/gzdt/2013-01/11/content_ 2309655. htm）。

中央政府门户网站：《青海省电子口岸企业入网网上审批系统正式启用》（http：//www. gov. cn/gzdt/2011-11/04/content_ 1985956. htm）。

中央政府门户网站：《人社部将深入推进职业资格制度改革》（http：//www. gov. cn/xinwen/2016-02/01/content_ 5038145. htm）。

中央政府门户网站：《粤将扩大网上审批试点范围 三年内覆盖省直部门》（http：//www. gov. cn/gzdt/2010-07/07/content_ 1647333. htm）。

钟晓军：《怎样建设好政府网站》（https：//www. gmw. cn/01gmrb/2006-02/14/content_ 373099. htm）。

祝桂峰：《广东推进"多测合一"改革纪略》（https：//www. mnr. gov. cn/dt/ch/202103/t20210326_ 2618375. html）。

邹光祥：《先行先试获改革红利重庆新登记市场主体"井喷"》（http：//www. gov. cn/xinwen/2014-07/24/content_ 2723509. htm）。

二 外文文献

Alina M. Chircu, "Government 2. 0：E-government Evaluation：Towards AMulti-dimensional Framework", *Electronic Government*, Vol. 5, No. 4, July 2008.

Asghar Afshar Jahanshahi, Seyed Mohammad Sadegh Khaksar, Sadeq Khaksar, Noor Mohammad Yaghoobi, Khaled Nawaser, "Comprehensive Model of Mobile Government in Iran", *Indian Journal of Science and Technology*, Vol. 4, No. 9 January 2011.

Asmare Emerie Kassahun, Alemayehu Molla, Pradipta Sarkar, *Government Process Reengineering：What We Know and What We Need to Know*, IGI Global, 2012.

A. Ponce-Alvarez, "Spontaneous Transient Synchronization Networks Emerge form Large-scale Interactions", *Clinical Neurophysiology*, Vol. 127, No. 3, March 2016.

Bernd W. Wirtz, Oliver Tuna Kurtz, "Determinants of Citizen Usage Intentions in

E-Government: An Empirical Analysis", *Public Organization Review*, Vol. 12, No. 3, September 2017.

Christopher Pollitt, "Joined-up Government: ASurvey. *Political Studies Review*", Vol. 1, No. 1, February 2003.

Christopher Hood, *Governmental Bodies and Government Growth Quangos in Britain*, Springer, 1982.

David Valle-Cruz, Rodrigo SandovalAlmazán, "E-gov 4.0: A Literature Review Towards the New Government" *Public Organiz Rev*, June 2014.

David Valle-Cruz, Rodrigo Sandoval Almazán, "E-gov 4.0: A Literature Review Towards the New Government" *Public Organiz Rev*, June 2014.

David Richards, Martin Smith, "The Tensions of Political Control and Administrative Autonomy: from NPM to AReconstituted Westminster Model", *Autonomy and Regulation: Coping with Agencies in the Modern State*, September 2006.

Dennis Kavanagh, David Richards, "Departmentalism and Joined-up Government", *Parliamentary Affairs*, Vol. 54, No. 1, January 2001.

DiMaio, "Government 2.0: A Gartner Definition" (http://blogs.gartner.com/andrea_ dimaio/2009/11/13/government-2-0-a-gartner-definition/).

Endang Amalia, S.T., M.M, "Backend Challenges and Issues for E-Government in Indonesia Seen through the Perspective Ofinfrastructure of E-Government Components Cube", *Global Business and Management Research: An International Journal*, Vol. 11, No. 1, 2019.

Fahad Salmeen Al-Obthani, Ali Abdulbaqi Ameen, "Towards Customized Smart Government Quality Model", *International Journal of Software Engineering & Applications* (*IJSEA*), Vol. 9, No. 2, March 2018.

Francesco Molinari, Enrico Ferro, Mario Boella, "Framing Web 2.0 in the Process of Public Sector Innovation: Going Down the Participation Ladder", *European Journal of ePractice*, Vol. 9, No. 1, January 2009.

Geoffrey A. Sandy, Stuart McMillan. "A Success Factors Model for M-Government", *Euro mGov*, Vol. 2005, July 2005.

Gohar Feroz Khan, Ho Young Yoon, Ji Young Kim, Han Woo Park, "From E-government to Social Government: Twitter Use by Korea's Central Government", *Online Information Review*, Vol. 38, NO. 1, January 2013.

Gohar Feroz Khan, "The Government 2.0 Utilizationmodel and Implementation Scenarios", *Information Development*, Vol. 31, No. 2, February 2013.

Imed Boughzala, Marijn Janssen, Saïd Assar, *Case Studies in E-Government 2.0*, 2015, Springer.

J Y Kang, H S Yong, "Web 2.0 Concepts and Perspective", *Communications of the Korean Institution of Information Scientists and Engineers*, Vol. 25, No. 10, 2007.

James Radcliffe, "The Role of Politicians and Administrators in Departmental Re-organization: The Case of the Department of the Environment", *Public Administration*, Vol. 63, No. 2, June 1985.

Janine O'Flynn, Fiona Buick, Deborah Blackman, John Halligan, "You Win Some, You Lose Some: Experiments with Joined-up Government", *International Journal of Public Administration*, Vol. 34, No. 4, June2011.

Janusz J. Sikorski, Joy Haughton, Markus Kraft, "Blockchain Technology in the Chemical Industry: Machine-to-Machine Electricity Market", *Applied Energy*, *Vol.* 195, June 2017.

Jayavardhana Gubbi, Rajkumar Buyya, Slaven Marusic, Marimuthu Palaniswami, "Internet of Things (Iot): Avision, Architectural Elements, and Future Directions", *Future Generation Computer Systems*, Vol. 29, No. 7, September 2013.

Jiajia Li, "Research on Interactive Design of Personal Assistant in Web3.0", *Proceedings of 2017 2nd AASRI International Conference on Industrial Electronics and Applications (IEA 2017)*, May 2017.

Jian Yang, Zhihui Lu, Jie Wu, "Smart-Toy-Edge-Computing-Oriented Data Exchange Based on Blockchain", *Journal of Systems Architecture*, *Vol.* 87, *June* 2018.

Jostein Askim, Tom Christensen, Anne Lise Fimreite, Per Lægreid, "How to Carry Out Joined-Up Government Reforms: Lessons from the 2001–2006 Norwegian Welfare Reform", *International Journal of Public Administration*", Vol. 32, No. 12, October 2009.

Lisheng Dong, Tom Christensen, Martin Painter, "A Case Study of China's Administrative Reform: The Importation of the Super-department", *The American Review of Public Administration*, Vol. 40, No. 2, April 2010.

A. S. Martín, J. M. González, J. M. González, A. M. Vilas, "USE-ME. GOV: Usability-Driven Open Platform for Mobile Government", Formatex Research Centre, 2005.

Michael Clarke, John Stewart, "Handling the Wicked Issues", *The Managing Care Reader*, Vol. 273, 2003.

Myungsan Jun, "Blockchain Government-a Next Form of Infrastructure for the Twenty-First Century", *Journal of Open Innovation: Technology*, Vol. 4, No. 1, March 2018.

Nataša Veljković, Sanja Bogdanović-Dinić, Leonid Stoimenov, "Building E-Government 2. 0: A Step Forward in Bringing Government Closer to Citizens", *E-Government Studies and Best Practices*, Vol. 2012, No. 2012, April 2012.

NJotischky, S. Nye, "Mobilizing Public Services in Africa: The M-Government Challenge", *Informa Telecoms & Media*, 2011.

Oleg Petrov, "Open Data as AKey Enabler of Smart Government", 17*th National Conference on E-Governance Kochi*, Vol. 30, January2014.

Paul Bernal, "Web 2. 5: The Symbiotic Web, *International Review of Law, Computers & Technology*, Vol. 24, No. 3, March 2010.

Phillip Ingram, "The World Wide Web", *Computers & Geosciences*, Vol. 21, No. 6, July 1995.

Po-LingSun, Cheng-Yuan Ku, Dong-Her Shih, "An Implementation Framework for E-Government 2.0", *Telematics and Informatics*, Vol. 32, No. 3, August 2015.

Robert Gregory, *Theoretical Faith and Practical Works: De-autonomizing and Joining-up in the New Zealand State Sector*, Autonomy and Regulation: Coping with Agencies in the Modern State, 2006.

Robyn Keast, "Joined-up Governance in Australia: How the Past Can Inform the Future", *International Journal of Public Administration*, Vol. 34, No. 4, March 2011.

Seebacher Stefan, Schüritz Ronny, "Blockchain Technology as an Enabler of Service Systems: A Structured Literature Review", *Proceedings of the International Conference on Exploring Services Science*, Vol. 279, April 2017.

Seyoung Huh, Sangrae Cho, Soohyung Kim, "Managing Iot Devices Using Blockchain Platform", *Proceedings of the 2017 19th International Conference on Advanced Communication Technology*, February 2017.

Sheshadri Chatterjee, Arpan Kumar Kar, MP Gupta, "Success of IoT in Smart Cities of India: An Empirical Analysis", *Government Information Quarterly*, Vol. 35, No. 3, September 2018.

Soon Ae Chun, Stuart Shulman, Rodrigo Sandoval, Eduard Hovy, "Government2.0: Making Connectionsbetween Citizens, Data and Government," *Information Polity*, Vol. 15, No. 1, 2, April 2010.

Taewoo Nam, "Government 3.0 in Korea: Fad or fashion?", *Proceedings of the 7th International Conference on Theory and Practice of Electronic Governance*, October 2013.

The World Bank, "Business Enabling Environment (BEE)" (https://www.worldbank.org/en/programs/business-enabling-environment).

Thom Rubel, "Smart Government: Creating More Effective Information and Services", *Cengage* 2014.

Tom Christensen, Lisheng Dong, Martin Painter, "Administrative Reform in China's Central Government—How Muchlearning from the West'?" *International Review of Administrative Sciences*, Vol. 74, No. 3, September 2008.

Tom Christensen, Per Lægreid, "The Whole-of-Government Approach to Public Sector Reform", Public Administration Review, Vol. 67, No. 6, November 2007.

Tom Ling, "Delivering Joined-up Government in the UK: Dimensions, Issues and Problems", *Public Administration*, Vol. 80, No. 4, December 2002.

Valentina Gatteschi, Fabrizio Lamberti, Claudio Demartini, Chiara Pranteda, Víctor Santamaría, "Blockchain and Smart Contracts for Insurance: Is the Technology Mature Enough?", *Future Internet.* Vol. 10, No. 2, February 2018.

Vernon Bogdanor, *Joined-up Government*, Oxford University Press, 2005.

William D. Eggers, *Government 2.0: Using Technology to Improve Education, Cut Red Tape, Reduce Gridlock, and Enhance Democracy*, Lanham, MD: Rowman & Little-field Publishers, February2005.

Xenia Papadomichelaki, Gregoris Mentzas, "E-GovQual: A Multiple-item Scale for Assessing G-government Service Quality", *Government Information Quarterly*, Vol. 29, No. 1, January 2012.

Ølnes Svein, Jansen Arild, "Blockchain Technology as S Support Infrastructure in E-Government", *Proceedings of the International Conference on Electronic Government*, Vol. 10428, August 2017.